《龙川文集》选注

〔宋〕陈 亮 著

卢敦基 庄国瑞 选注

浙江人民出版社

图书在版编目（CIP）数据

《龙川文集》选注 / （宋）陈亮著 ；卢敦基，庄国
瑞选注． — 杭州：浙江人民出版社，2024.3
　　ISBN 978-7-213-11303-1

　　Ⅰ．①龙… Ⅱ．①陈… ②卢… ③庄… Ⅲ．①陈亮
（1143-1194）-文集 Ⅳ．①B244.91-53

中国国家版本馆CIP数据核字（2024）第002690号

《龙川文集》选注

〔宋〕陈亮 著 卢敦基 庄国瑞 选注

出版发行：浙江人民出版社（杭州市体育场路347号 邮编 310006）
　　　　　市场部电话：(0571)85061682　85176516

丛书策划：王利波 卓挺亚　　　　营销编辑：陈雯怡 陈芊如 张紫懿
责任编辑：诸舒鹏　　　　　　　　责任印务：程 琳
责任校对：马 玉　　　　　　　　大家读浙学经典印章设计：锁 剑
封面设计：王 芸
电脑制版：杭州天一图文制作有限公司
印　　刷：杭州钱江彩色印务有限公司
开　　本：710毫米×1000毫米　1/16　　印　张：20
字　　数：240千字　　　　　　　　插　页：6
版　　次：2024年3月第1版　　　　印　次：2024年3月第1次印刷
书　　号：ISBN 978-7-213-11303-1
定　　价：89.00元

如发现印装质量问题，影响阅读，请与市场部联系调换。

"浙江文化研究工程成果文库"总序

有人将文化比作一条来自老祖宗而又流向未来的河，这是说文化的传统，通过纵向传承和横向传递，生生不息地影响和引领着人们的生存与发展；有人说文化是人类的思想、智慧、信仰、情感和生活的载体、方式和方法，这是将文化作为人们代代相传的生活方式的整体。我们说，文化为群体生活提供规范、方式与环境，文化通过传承为社会进步发挥基础作用，文化会促进或制约经济乃至整个社会的发展。文化的力量，已经深深熔铸在民族的生命力、创造力和凝聚力之中。

在人类文化演化的进程中，各种文化都在其内部生成众多的元素、层次与类型，由此决定了文化的多样性与复杂性。

中国文化的博大精深，来源于其内部生成的多姿多彩；中国文化的历久弥新，取决于其变迁过程中各种元素、层次、类型在内容和结构上通过碰撞、解构、融合而产生的革故鼎新的强大动力。

中国土地广袤、疆域辽阔，不同区域间因自然环境、经济环境、社会环境等诸多方面的差异，建构了不同的区域文化。区域文化如同百川归海，共同汇聚成中国文化的大传统，这种大传统如同春风化雨，渗透于各种区域文化之中。在这个过程中，区域文化如同清溪山泉潺潺不息，在中国文化的共同价值取向下，以自己的独特个性支撑着、引领着本地经济社会的发展。

从区域文化入手，对一地文化的历史与现状展开全面、系统、扎实、有序的研究，一方面可以借此梳理和弘扬当地的历史传统和文化资源，繁荣和丰富当代的先进文化建设活动，规划和指导未来的文化发展蓝图，增强文化软实力，为全面建设小康社会、加快推进社会主义现代化提供思想保证、精神动力、智力支持和舆论力量；另一方面，这也是深入了解中国文化、研究中国文化、发展中国文化、创新中国文化的重要途径之一。如今，区域文化研究日益受到各地重视，成为我国文化研究走向深入的一个重要标志。我们今天实施浙江文化研究工程，其目的和意义也在于此。

千百年来，浙江人民积淀和传承了一个底蕴深厚的文化传统。这种文化传统的独特性，正在于它令人惊叹的富于创造力的智慧和力量。

浙江文化中富于创造力的基因，早早地出现在其历史的源头。在浙江新石器时代最为著名的跨湖桥、河姆渡、马家浜和良渚的考古文化中，浙江先民们都以不同凡响的作为，在中华民族的文明之源留下了创造和进步的印记。

浙江人民在与时俱进的历史轨迹上一路走来，秉承富于创造力的文化传统，这深深地融汇在一代代浙江人民的血液中，体现在浙江人民的行为上，也在浙江历史上众多杰出人物身上得到充分展示。从大禹的因势利导、敬业治水，到勾践的卧薪尝胆、励精图治；从钱氏的保境安民、纳土归宋，到胡则的为官一任、造福一方；从岳飞、于谦的精忠报国、清白一生，到方孝孺、张苍水的刚正不阿、以身殉国；从沈括的博学多识、精研深究，到竺可桢的科学救国、求是一生；无论是陈亮、叶适的经世致用，还是黄宗羲的工商皆本；无论是王充、王阳明的批判、自觉，还是龚自珍、蔡元培的开明、开放，等等，都展示了浙江深厚的文化底蕴，凝聚了浙江人民求真务实的创造精神。

代代相传的文化创造的作为和精神，从观念、态度、行为方式和价值取向上，孕育、形成和发展了渊源有自的浙江地域文化传统和与时俱进的浙江文化精神，她滋育着浙江的生命力、催生着浙江的凝聚力、激发着浙江的创造力、培植着浙江的竞争力，激励着浙江人民永不自满、永不停息，在各个不同的历史时期不断地超越自我、创业奋进。

悠久深厚、意韵丰富的浙江文化传统，是历史赐予我们的宝贵财富，也是我们开拓未来的丰富资源和不竭动力。党的十六大以来推进浙江新发展的实践，使我们越来越深刻地认识到，与国家实施改革开放大政方针相伴随的浙江经济社会持续快速健康发展的深层原因，就在于浙江深厚的文化底蕴和文化传统与当今时代精神的有机结合，就在于发展先进生产力与发展先进文化的有机结合。今后一个时期浙江能否在全面建设小康社会、加快社会主义现代化建设进程中继续走在前列，很大程度上取决于我们对文化力量的深刻认识、对发展先进文化的高度自觉和对加快建设文化大省的工作力度。我们应该看到，文化的力量最终可以转化为物质的力量，文化的软实力最终可以转化为经济的硬实力。文化要素是综合竞争力的核心要素，文化资源是经济社会发展的重要资源，文化素质是领导者和劳动者的首要素质。因此，研究浙江文化的历史与现状，增强文化软实力，为浙江的现代化建设服务，是浙江人民的共同事业，也是浙江各级党委、政府的重要使命和责任。

2005年7月召开的中共浙江省委十一届八次全会，作出《关于加快建设文化大省的决定》，提出要从增强先进文化凝聚力、解放和发展生产力、增强社会公共服务能力入手，大力实施文明素质工程、文化精品工程、文化研究工程、文化保护工程、文化产业促进工程、文化阵地工程、文化传播工程、文化人才工程等"八项工程"，实施科教兴国和人才强国战略，加快建设教育、科技、卫生、体育等"四个强省"。作为文化建设"八项工程"之一的文化研究工程，其任务就是系统研究浙江文化的历史成就和当代发展，深入挖掘浙江文化底蕴、研究浙江现象、总结浙江经验、指导浙江未来的发展。

浙江文化研究工程将重点研究"今、古、人、文"四个方面，即围绕浙江当代发展问题研究、浙江历史文化专题研究、浙江名人研究、浙江历史文献整理四大板块,开展系统研究,出版系列丛书。在研究内容上,深入挖掘浙江文化底蕴,系统梳理和分析浙江历史文化的内部结构、变化规律和地域特色,坚持和发展浙江精神;研究浙江文化与其他地域文化的异同,厘清浙江文化在中国文化中的地位和相互影响的关系;围绕浙江生动的当代实践,深入解读浙江现象,总结浙江经验,指导浙江发展。在研究力量上,通过课题组织、出版资助、重点研究基地建设、加强省内外大院名校合作、整合各地各部门力量等途径,形成上下联动、学界互动的整体合力。在成果运用上,注重研究成果的学术价值和应用价值,充分发挥其认识世界、传承文明、创新理论、咨政育人、服务社会的重要作用。

我们希望通过实施浙江文化研究工程,努力用浙江历史教育浙江人民、用浙江文化熏陶浙江人民、用浙江精神鼓舞浙江人民、用浙江经验引领浙江人民,进一步激发浙江人民的无穷智慧和伟大创造能力,推动浙江实现又快又好发展。

今天,我们踏着来自历史的河流,受着一方百姓的期许,理应负起使命,至诚奉献,让我们的文化绵延不绝,让我们的创造生生不息。

2006 年 5 月 30 日于杭州

"浙江文化研究工程成果文库"序言

易炼红

国风浩荡、文脉不绝，钱江潮涌、奔腾不息。浙江是中国古代文明的发祥地之一，是中国革命红船启航的地方。从万年上山、五千年良渚到千年宋韵、百年红船，历史文化的风骨神韵、革命精神的刚健激越与现代文明的繁荣兴盛，在这里交相辉映、融为一体，浙江成为了揭示中华文明起源的"一把钥匙"，展现伟大民族精神的"一方重镇"。

习近平总书记在浙江工作期间作出"八八战略"这一省域发展全面规划和顶层设计，把加快建设文化大省作为"八八战略"的重要内容，亲自推动实施文化建设"八项工程"，构筑起了浙江文化建设的"四梁八柱"，推动浙江从文化大省向文化强省跨越发展，率先找到了一条放大人文优势、推进省域现代化先行的科学路径。习近平总书记还亲自倡导设立"文化研究工程"并担任指导委员会主任，亲自定方向、出题目、提要求、作总序，彰显了深沉的文化情怀和强烈的历史担当。这些年来，浙江始终牢记习近平总书记殷殷嘱托，以守护"文献大邦"、赓续文化根脉的高度自觉，持续推进浙江文化研究工程，接续描绘更加雄浑壮阔、精美绝伦的浙江文化画卷。坚持激发精神动力，围绕"今、古、人、文"四大板块，系统梳理浙江历史的传承脉络，挖掘浙江文化的深厚底蕴，研究浙江现象、总结浙江经验、丰富浙江精神，实施"'八八战略'理论与实践研究"等专题，为浙江干在实处、走在前列、勇立潮头提供源源不断的价值引导力、文化凝聚力、精神推动力。坚持打造精品力作，目前一期、二期工程已经完结，三期工程正在进行中，出版学术著作超过1700部，推出了"中国历代绘画大系"等一大批有重大影响的成果，持续擦亮阳明文化、和合文化、宋韵文化等金名片，丰富了中华文化宝库。坚持砥炼精兵强将，锻造了一支老中青梯次配备、传承有序、学养深厚的哲学社会科学人才队伍，培养了一批高水平学科带头人，为擦亮新时代浙江学术品牌提供了坚实智力人才支撑。

文化是民族的灵魂，是维系国家统一和民族团结的精神纽带，是民族生命力、创造力和凝聚力的集中体现。在以中国式现代化全面推进强国建设、民族复兴伟业的新征程上，习近平文化思想在坚持"两个结合"中，以"体用贯通、明体达用"的鲜明特质，茹古涵今明大道、博大精深言大义、萃菁取华集大成，鲜明提出我们党在新时代新的文化使命，推动中华文脉绵延繁盛、中华文明历久弥新，推动全党全国各族人民文化自信明显增强、精神面貌更加奋发昂扬。特别是今年9月，习近平总书记亲临浙江考察，赋予我们"中国式现代化的先行者"的新定位和"奋力谱写中国式现代化浙江新篇章"的新使命，提出"在建设中华民族现代文明上积极探索"的重要要求，进一步明确了浙江文化建设的时代方位和发展定位。

文明薪火在我们手中传承，自信力量在我们心中升腾。纵深推进文化研究工程，持续打造一批反映时代特征、体现浙江特色的精品佳作和扛鼎力作，是浙江学习贯彻习近平文化思想和习近平总书记考察浙江重要讲话精神的题中之义，也是浙江一张蓝图绘到底、积极探索闯新路、守正创新强担当的具体行动。我们将在加快建设高水平文化强省、奋力打造新时代文化高地中，以文化研究工程为牵引抓手，深耕浙江文化沃土、厚植浙江创新活力，为创造属于我们这个时代的新文化贡献浙江力量。要在循迹溯源中打造铸魂工程，充分发挥习近平新时代中国特色社会主义思想重要萌发地的资源优势，深入研究阐释

"八八战略"的理论意义、实践意义和时代价值，助力夯实坚定拥护"两个确立"、坚决做到"两个维护"的思想根基。要在赓续厚积中打造传世工程，深入系统梳理浙江文脉的历史渊源、发展脉络和基本走向，扎实做好保护传承利用工作，持续推动优秀传统文化创造性转化、创新性发展，让悠久深厚的文化传统、源头活水畅流于当代浙江文化建设实践。要在开放融通中打造品牌工程，进一步凝炼提升"浙学"品牌，放大杭州亚运会亚残运会、世界互联网大会乌镇峰会、良渚论坛等溢出效应，以更有影响力感染力传播力的文化标识，展示"诗画江南、活力浙江"的独特韵味和万千气象。要在引领风尚中打造育德工程，秉持浙江文化精神中蕴含的澄怀观道、现实关切的审美情操，加快培育现代文明素养，让阳光的、美好的、高尚的思想和行为在浙江大地化风成俗、蔚然成风。

我们坚信，文化研究工程的纵深推进，必将更好传承悠久深厚、意蕴丰富的浙江文化传统，进一步弘扬特色鲜明、与时俱进的浙江文化精神，不断滋育浙江的生命力、催生浙江的凝聚力、激发浙江的创造力、培植浙江的竞争力，真正让文化成为中国式现代化浙江新篇章中最富魅力、最吸引人、最具辨识度的闪亮标识，在铸就社会主义文化新辉煌中展现浙江担当，为建设中华民族现代文明作出浙江贡献！

2023 年 12 月

丛书引言

陈　来

　　改革开放以来，浙江的经济社会发展取得了迅速的、巨大的进步。面对于此，浙江省政府和学术界，积极探讨经济社会发展的文化根源，展开了不少对于"浙学"的梳理、探讨和总结，使之成为当代浙江文化发展的一项重要课题。

　　就概念来说，"浙学"并不是一个新的概念，而是一个宋代以来就不断使用于每个时代用以描述浙江学术文化的概念。经过20余年的梳理，如浙江学者吴光、董平等的研究，已经大致弄清了浙学及与之相关的学术学派观念的历史源流，为我们今天总结思考这一问题提供了坚实的基础。

　　本文所理解的"浙学"，当然以历史上的浙学观念为基础，但强调其在新时代的意义。今天我们所讲的浙学，应该是"千百年来的浙江人的文化创造和代代相传的文化传统"，包含了"浙江大地上曾经有的文化思想成果"，因此这一浙学概念不是狭义的，而是广义的大浙学的观念。

　　这样一个大浙学的观念，在历史上有没有依据呢？我认为是有的，从宋代以后，浙学的观念变化过程就是一个内涵和外延不断扩大的过程。以下我们就对这一过程作一个简述。

一

众所周知，最早提出"浙学"这一观念的是南宋大儒朱熹。但浙学的开端，现有的研究者基本认为可以追溯到汉代的王充。王充在其《论衡》中提倡的"实事疾妄"的学术精神，明显影响到后来浙学的发展。王充之后，浙学又经历了相当长的演化过程，不过直到南宋，浙江才有了成型的学术流派。朱熹不仅提出并使用浙学的概念，而且还使用"浙中学者""浙中之学""浙间学问"等概念，这些概念与他使用的浙学概念类似或相近。朱熹说：

> 浙学尤更丑陋，如潘叔昌、吕子约之徒，皆已深陷其中，不知当时传授师说，何故乖诞便至于此？（《朱子文集》卷五十《答程正思》）

潘叔昌，名景愈，金华人，是吕祖谦的弟子，而吕子约是吕祖谦的弟弟，可见朱子这里所说的浙学是指以吕祖谦为代表的婺学。《朱子年谱》淳熙十一年（1184）下："是年辩浙学。"所列即朱子与吕子约书等，说明朱子最开始与浙学的辩论是与以吕子约为首的婺学辩论。上引语录中朱熹没有提到其他任何人。这也说明，朱子最早使用的浙学概念是指婺学。

《朱子年谱》列辩浙学之后，同年中又列了辩陈亮之学。事实上，朱子与陈亮的辩论持续了两年。这也说明《朱子年谱》淳熙十一年一开始所辩的浙学不包括陈亮之学，以后才扩大到陈亮的永康之学。朱子也说：

> 婺州近日一种议论愈可恶，大抵名宗吕氏，而实主同父，深可忧叹。（《朱子文集》，《续集》卷一《答黄直卿》）

同父（同甫）是陈亮的字，朱子还说："海内学术之弊，江西顿悟，永康事功。"（《朱子年谱》淳熙十二年）用事功之学概括陈亮永康之学的宗旨要义。

《朱子年谱》淳熙十二年（1185）言"是岁与永嘉陈君举论学"，说明到了淳熙十二年，朱子与浙学的辩论从吕氏婺学、陈亮永康之学进一步扩大至陈傅良之学。绍熙二年（1191）又扩大至叶适之学。陈傅良、叶适二人皆永嘉学人，此后朱子便多以"永嘉之学"称之，而且把永康、永嘉并提了。

《朱子年谱》为朱子门人李方子等编修，李本年谱已有"辩浙学"的部分，说明朱子门人一辈当时已正式使用浙学这个概念。

朱子谈到永嘉之学时说：

> 因说永嘉之学，曰："张子韶学问虽不是，然他却做得来高，不似今人卑污。"（《朱子语类》卷一百二十三）

这是朱子晚年所说，他以张子韶之学对比永嘉之学，批评永嘉之说卑污，这是指永嘉功利之说。

> "永嘉学问专去利害上计较，恐出此。"又曰："'正其谊不谋其利，明其道不计其功。'正其谊，则利自在；明其道，则功自在。专去计较利害，定未必有利，未必有功。"（《朱子语类》卷三十七）
>
> 因言："陆氏之学虽是偏，尚是要去做个人。若永嘉永康之说，大不成学问，不知何故如此。"（《朱子语类》卷一百二十二）

这里的"大不成学问"，也是指卑陋、专去利害上计较功利。

以上是对南宋浙学观念的概述。朱子提出的浙学，原指婺州吕学，后扩大到永康陈亮之学，又扩大到永嘉陈傅良、叶适之学，最后定位在指南宋浙江的事功之学。由于朱子始终将浙学视为"专言功利"之学而加以批判，故此时的"浙学"之概念不仅是贬义词，而且所指也有局限性，并不足以反映当时整个浙学复杂多样的形态和思想的丰富性。

二

现在我们来看看明代。明代浙江学术最重要的是阳明学的兴起。那么，阳明学在明代被视为浙学吗？

明代很少使用"浙学"一词，如《宋元学案》中多次使用浙学，《明儒学案》竟无一例使用。说明宋人使用"浙学"一词要远远多于明人，明代学术主流学者几乎不用这一概念。不过，明代万历时的浙江提学副使刘麟长曾作《浙学宗传》，此书具有标志性的意义。《浙学宗传》仿照周汝登《圣学宗传》，但详于今儒，大旨以王阳明为主，而援朱子以入之。此书首列杨时、朱子、象山，以作为浙学的近源：

> 缘念以浙之先正，呼浙之后人，即浙学又安可无传？……论浙近宗，则龟山、晦翁、象山三先生。其子韶、慈湖诸君子，先觉之鼻祖欤？阳明宗慈湖而子龙溪数辈，灵明耿耿，骨骨相贯，丝丝不紊，安可诬也！（刘麟长《浙学宗传序》）

刘麟长不是浙江人，他把南宋的杨时、朱熹、陆九渊作为浙学的近宗之源，而这三人也都不是浙江人。如果说南宋理学的宗师是浙学的近宗，那么远宗归于何人？刘麟长虽然说是尧舜孔孟，但也给我们一个启发，即我们把王充作为浙学的远源应该也是有理由的。然后，刘麟长把南宋的张子韶（张九成）、杨慈湖（杨简）作为浙学的先觉鼻祖，这两位确实是浙江人。《浙学宗传》突出阳明、龙溪，此书的意义是，把阳明心学作为浙学的主流，而追溯到宋代张子韶和杨慈湖，这不仅与朱子宋代浙学的观念仅指婺州、永康、永嘉之学不同，包括了张九成和杨简，而且在学术思想上，把宋代和明代的心学都作为浙学，扩大了浙学的范围。

此书的排列，在杨时、朱熹、陆九渊居首之后，在宋代列张九成、吕祖谦、杨简、何基、王柏、金履祥、许谦。刘麟长说："于越东莱先生与吾里考亭夫子，问道质疑，卒撰于正，教泽所渐，金华四贤，称朱学世嫡焉。"何基以下四人皆金华人，即"北山四先生"，这四先生都是朱学的传人。这说明在刘麟长思想中，浙学也是包括朱子学的。这个问题我们下面再讲。

此书明代列刘伯温、宋潜溪、方正学、吴叡仲、陈克庵、黄世显、谢文肃、贺医闾、章枫山、郑敬斋、潘孔修、萧静庵、丰一斋、胡支湖、王阳明、王龙溪、钱绪山、邵康僖、范栗斋、周二峰、徐曰仁、胡川甫、邵弘斋、郑淡泉、张阳和、许敬庵、周海门、陶石篑、刘念台、陶石梁、陈几亭。其中不仅有王阳明学派，还有很多是《明儒学案》中《诸儒学案》的学者，涵盖颇广。但其中最重要的应是王阳明和刘宗周（念台）。可见王阳明的心学及其传承流衍是刘麟长此书所谓浙学在明代的主干。在此之前蔡汝楠也说过"吾浙学自得明翁夫子，可谓炯如日星"，把王阳明作为浙学的中坚。

三

朱子的浙学观念只是用于个人的学术批评，刘麟长的浙学概念强调心学是主流，而清初的全祖望则是在学术史的立场上使用和理解浙学这一概念，他对浙学范围的理解就广大得多。

全祖望对南宋永嘉学派的渊源颇为注意，《宋元学案》卷六：

王开祖，字景山，永嘉人也。学者称为儒志先生。……又言：

> "由孟子以来，道学不明。今将述尧、舜之道，论文、武之治，杜淫邪之路，开皇极之门。吾畏天者也，岂得已哉!"其言如此。是时，伊、洛未出，安定、泰山、徂徕、古灵诸公甫起，而先生之言实遥与相应。永嘉后来问学之盛，盖始基之。

这是认为，北宋，在二程还未开始讲学时，被称为"宋初三先生"的胡瑗（安定）、孙复（泰山）、石介（徂徕）等刚刚讲学产生影响，王开祖便在议论上和"三先生"远相呼应而成为后来永嘉学派的奠基人。

全祖望在《宋元学案·周、许诸儒学案》案语中说：

> 世知永嘉诸子之传洛学，不知其兼传关学。考所谓"九先生"者，其六人及程门，其三则私淑也。而周浮沚、沈彬老，又尝从蓝田吕氏游，非横渠之再传乎？鲍敬亭辈七人，其五人及程门。……今合为一卷，以志吾浙学之盛，实始于此。（《宋元学案》卷三十二）

这就指出，在南宋永嘉学派之前，北宋的"永嘉九先生"（周行己、许景衡、沈躬行、刘安节、刘安上、戴述、赵霄、张辉、蒋元中）都是二程理学的传人。南宋浙学的盛行，以"永嘉九先生"为其开始。这就强调了二程理学对浙学产生的重要作用，也把二程的理学看作浙学的奠基源头。

> 祖望谨案：伊川之学，传于洛中最盛，其入闽也以龟山，其入秦也以诸吕，其入蜀也以谯天授辈，其入浙也以永嘉九子，其入江右也以李先之辈，其入湖南也由上蔡而文定，而入吴也以王著作信伯。（《宋元学案》卷二十九）

这就明确指明伊川之学是由"永嘉九先生"引入浙江，"永嘉九子"是二程学说入浙的第一代。

"九先生"之后，郑伯熊、薛季宣都是程氏传人，对南宋的永嘉学派起了直接的奠基作用。《四库全书总目提要》说："朱子喜谈心性，季宣兼重事功，永嘉之学遂为一脉。"

> 永嘉以经制言事功，皆推原以为得统于程氏。永康则专言事功而无所承，其学更粗莽抢魁，晚节尤有惭德。述《龙川学案》。（《宋元学案》卷五十六）

永嘉学派后来注重经制与事功，其源头来自二程；而永康只讲事功不讲经制，这正是因为其学无所承。

> 祖望谨案：永嘉之学统远矣，其以程门袁氏之传为别派者，自艮斋薛文宪公始。艮斋之父，学于武夷，而艮斋又自成一家，亦人门之盛也。其学主礼乐制度，以求见之事功。（《宋元学案》卷五十二）

按照全祖望的看法，永嘉之学的学统可远溯及二程，袁道洁曾问学于二程，又授其学于薛季宣，而从薛氏开始，向礼乐兵农方向发展，传为别派。此派学问虽为朱子所不喜，被视为功利之学，但其程学渊源不可否认。

> 梓材谨案：永嘉之学，以郑景望为大宗，止斋、水心，皆郑氏门人。郑本私淑周浮沚，以追程氏者也。（《宋元儒学案》序录）

王梓材则认为，"永嘉九先生"之后，真正的永嘉学派奠基于郑景望，而郑景望私淑周行己，追慕二程之学。

梓材谨案：艮斋为伊川再传弟子，其行辈不后于朱、张，而次于朱、张、吕之后者，盖永嘉之学别起一端尔。（《宋元儒学案》序录）

王梓材也认为，薛季宣是二程再传，但别起一端，即传为别派，根源上还是程学。

黄百家《宋元学案·龙川学案》案语说：

永嘉之学，薛、郑俱出自程子。是时陈同甫亮又崛兴于永康，无所承接。然其为学，俱以读书经济为事，嗤黜空疏随人牙后谈性命者，以为灰埃，亦遂为世所忌，以为此近于功利，俱目之为浙学。（《宋元学案》卷五十六）

总之，传统学术史认为，两宋浙学的总体格局是以程学为统系的，南宋的事功之学是从这一统系转出而"别为一派"的。

二程门人中浙人不少，在浙江做官者亦不少，如杨时曾知余杭、萧山。朱熹的门人、友人中浙人亦不少，如朱子密友石子重为浙人，学生密切者巩仲至（婺州）、方宾王（嘉兴）、潘时举（天台）、林德久（嘉兴）、沈叔晦（定海）、周叔瑾（丽水）、郭希吕（东阳）、辅广（嘉兴）、沈偁（永嘉）、徐寓（永嘉）等都是浙人。

全祖望不仅强调周行己是北宋理学传入浙江的重要代表，"永嘉九先生"是浙学早期发展的引领者，永嘉学派是程氏的别传，更指出朱熹一派的传承在浙学中的地位：

勉斋之传，得金华而益昌，说者谓北山绝似和靖，鲁斋绝似上蔡，而金文安公尤为明体达用之儒，浙学之中兴也。述北山四先生学案。（《宋元学案》卷八十二）

勉斋即黄榦，是朱子的高弟，北山即何基，鲁斋即王柏，文安即金履祥，再加上许谦，这几人都是金华人，是朱学的重要传人，代表了南宋末年的金华学术。全祖望把"永嘉九先生"称为"浙学之始"，把"北山四先生"称为"浙学之中兴"，可见他把程朱理学看作浙学的主体框架，认为程朱理学的一些学者在特定时期代表了浙学。这一浙学的视野就比宋代、明代要宽广很多了。于是，浙学之中，不仅有事功之学，有心学，也有理学。

其实，朱学传承，不仅是勉斋传北山。黄震的《日钞》说：

> 乾淳之盛，晦庵、南轩、东莱称三先生。独晦庵先生得年最高，讲学最久，尤为集大成。晦庵既没，门人如闽中则潘谦之、杨志仁、林正卿、林子武、李守约、李公晦，江西则甘吉父、黄去私、张元德，江东则李敬之、胡伯量、蔡元思，浙中则叶味道、潘子善、黄子洪，皆号高弟。（《宋元学案》卷六十三《勉斋学案》附录）

浙江的这几位传朱学的人，都是朱子有名的门人，如叶味道，"嘉定中，叶味道、陈埴以朱学显"（《宋元学案》卷三十二）。"永嘉为朱子学者，自叶文修公（味道）、潜室（陈埴）始。"（《宋元学案》卷六十五》）黄子洪名士毅，曾编《朱子语类》"蜀类"。潘子善名"时举"。这说明南宋后期永嘉之学中也有朱学。

关于朱学，全祖望还说：

> 四明之专宗朱氏者，东发为最，《日钞》百卷，躬行自得之言也，渊源出于辅氏。晦翁生平不喜浙学，而端平以后，闽中、江右诸弟子，支离舛戾固陋无不有之，其能中振之者，北山师弟为一支，东发为一支，皆浙产也。（《宋元学案》卷八十六）

他把黄震（字东发）视为四明地区传承朱学最有力的学者，说黄震出自朱子门人辅广。全祖望指出，南宋末年，最能振兴朱学的，一支是前面提到的金华的“北山四先生”，一支就是四明的黄震。他特别指出，这两支都是浙产，即都是浙学。《宋元学案》序录底本谓：“勉斋之外，庆源辅氏其庶几乎！故再传而得黄东发、韩恂斋，有以绵其绪焉。”

此外，全祖望在浙江的朱学之外，也关注了浙江的陆学：

> 槐堂之学，莫盛于吾甬上，而江西反不逮……甬上之西尚严陵，亦一大支也。（《宋元学案》卷七十七）

“甬上四先生”是陆学在浙江的代表。全祖望称之为“吾甬上”，即包含了把浙江的陆学派视为浙学的一部分之意。严陵虽在浙西，但在全祖望看来，是浙江陆学在甬上之外的另一大支，自不能不看作浙学的一部分。

四

谈到浙学就不能不谈及浙东学派的概念。

黄宗羲是浙东学派这一概念的最早使用者之一。在《移史馆论不宜立理学传书》中，他反驳了史馆馆臣“浙东学派最多流弊”的说法，这说明馆臣先已使用了“浙东学派”这个概念，并对浙东学术加以批评。黄宗羲认为：

> 有明学术，白沙开其端，至姚江而始大明。……逮及先师蕺山，学术流弊，救正殆尽。向无姚江，则学脉中绝；向无蕺山，则流弊充塞。凡海内之知学者，要皆东浙之所衣被也。今忘其衣被之

功，徒訾其流弊之失，无乃刻乎！（《黄宗羲全集》增订本第十册）

黄宗羲认为陈白沙开有明一代学脉，至王阳明始大明，这说明他是站在心学的立场上论述明代思想的主流统系。他同时指出，阳明之后流弊充塞，刘蕺山（刘宗周）出，才将流弊救正过来。所以，明代思想学术中，他最看重的是陈白沙、王阳明和刘蕺山，而王阳明、刘蕺山被视为浙东学术的中坚。在这个意义上，他强调要看到浙东学派的功绩，而不是流弊。黄宗羲是在讨论浙东学派的历史功绩，但具体表述上他使用的是"学脉"，学脉比学派更宽，超出了学派的具体指向。从黄宗羲这里的说法来看，他对"浙东学派"的理解是儒学的、理学的、哲学的，而不是历史的。而黄宗羲开其端，万斯同、全祖望等发扬的清代浙东学派则以史学为重点，不是理学、哲学的发展了。

浙东学派的提法，可以看作是历史上一个与浙学观念类似的、稍有局限的学术史观念。因为浙东学派在名称上就限定了地域，只讲浙东，不讲浙西。这和"浙学"不分东西是不同的。浙东学派这样一个概念的提出也是有理由的，因为历史上浙学的发展，其重点区域一直在浙东，宋代、明代都是如此。

在全祖望之后，乾隆时章学诚《浙东学术》提出：

浙东之学，虽出婺源，然自三袁之流，多宗江西陆氏，而通经服古，绝不空言德性，故不悖于朱子之教。至阳明王子，揭孟子之良知，复与朱子抵牾。蕺山刘氏本良知而发明慎独，与朱子不合，亦不相诋也。梨洲黄氏，出蕺山刘氏之门，而开万氏弟兄经史之学，以致全氏祖望辈，尚存其意，宗陆而不悖于朱者也。唯西河毛氏，发明良知之学，颇有所得，而门户之见，不免攻之太过，虽浙东人亦不甚以为然也。

世推顾亭林氏为开国儒宗，然自是浙西之学，不知同时有黄梨洲氏出于浙东，虽与顾氏并峙，而上宗王、刘，下开二万，较之

> 顾氏，源远而流长矣。顾氏宗朱，而黄氏宗陆，盖非讲学专家，各
> 持门户之见者，故相互推服，而不相非诋。学者不可无宗主，然必
> 不可有门户。故浙东、浙西，道并行而不悖也。（《文史通义》内
> 篇卷五）

其实，清初全祖望在回顾北宋中期的学术思想时曾指出：

> 庆历之际，学统四起。齐、鲁则有士建中、刘颜夹辅泰山而
> 兴。浙东则有明州杨、杜五子，永嘉之儒志、经行二子，浙西则有
> 杭之吴存仁，皆与安定湖学相应……（《宋元学案》卷六）

这说明全祖望在回顾浙学发展之初，就是浙东、浙西不分的。章学诚
认为浙东之学，出于朱熹，而从"三袁"（袁燮为"明州四先生"之
一，袁燮与其子袁肃、袁甫合称"三袁"）之后多宗陆象山，但是宗
陆不悖于朱。他又说王阳明与朱子不合亦不相诋，这就不符合事实了，
阳明批评朱子不少，在其后期尤多。章学诚总的思想是强调学术上不
应有门户之见，宗陆者应不悖朱，宗朱者可不诋陆，不相非诋。他认
为浙东与浙西正是如此，道并行而不悖。所以，他论浙学，与前人如
黄宗羲不同，是合浙东、浙西为一体，这就使其浙学观较之前人要宽
大得多了。

> 四明之学多陆氏。深宁之父亦师史独善以接陆学，而深宁绍
> 其家训，又从王子文以接朱氏，从楼迂斋以接吕氏，又尝与汤东涧
> 游，东涧亦兼治朱、吕、陆之学者也。和齐斟酌，不名一师。
> （《宋元学案》卷八十五》

《宋元学案·深宁学案》中把兼治陆学、朱学、吕学，没有门户之见的
状态描述为"和齐斟酌"。章学诚用"并行不悖"概括浙学"和齐斟

酌"的性格，也是很有见地。

由以上所述可见，"浙学"所指的内容从宋代主要是事功之学，到明代扩大到包含心学，再到清初进一步扩大到包含理学，"浙学"已经变成一个越来越大的概念；经过全祖望、章学诚等的论述，浙学由原来只重浙东学术而变成包括浙东、浙西，成为越来越宽的概念。这些为我们今天确立大的浙学概念，奠定了深厚的历史基础。

五

有关儒学的普遍性与地域性，我一向认为，中国自秦汉以来，各地文化已经交流频繁，并没有一个地区是孤立发展的，特别是在帝国统一的时代。宋代以后，文化的同质性大大提高，科举制度和印刷业在促进各地文化的统一性方面起了巨大作用。因此，儒学的普遍性和地域性是辩证的关系，这种关系用传统的表述可谓"理一而分殊"，统一性同时表达为各地的不同发展，而地域性是在统一性之下的地方差别。没有跳出儒学普遍性之外的地域话语，也不可能有离开全国文化总体性思潮涵盖的地方儒学。不过，地域文化的因素在交往还不甚发达的古代，终究是不能忽视的，但要弄清地域性的因素表现在什么层次和什么方面。如近世各地区的不同发展，主要是因为各地的文化传统之影响，而不是各地的经济—政治结构不同。所以，问题的关键不在于承认不承认地域性的因素，而在于如何理解和认识、掌握地域性因素对思想学术的作用。

近一二十年，全国各地，尤其是经济发达的地区或文化教育繁荣发展的地区，都很注重地域文化的挖掘与传承。这可以看作是中国崛起的总态势下、中华文化自觉的总体背景之下各种局部的表达，有着积极的意义，也促进了地域文化研究的新开展。其中浙学的探讨似乎是在全国以省为单位的文化溯源中特别突出的。这一点，只要对比与浙江地域文化最接近、经济发展和教育发展水平最相当的邻省江苏，就很清楚。江苏不仅没有浙江那么关注地域文化总体，其所关注的也往往是"吴文化"一类。指出下面一点应该是必要的，即与其他省份多侧重"文化"的展示不同，浙江更关注的是浙学的总结发掘。换言之，其他省份多是宣传展示广义的地域文化的特色，而浙江更多关注的是学术思想史意义上的地域学术的传统，这是很不相同的。

当然，这与一个省在历史上是否有类似的学术资源或论述传统有关。如朱熹在南宋时已使用"浙学"，主要指称婺州吕氏、永康陈亮等所注重的着重古今世变、强调事功实效的学术。明代王阳明起自越中，学者称阳明学在浙江的发展为"浙中心学"；清初黄宗羲倡导史学，史称"浙东史学"。明代以后，"浙学"一词使用渐广。特别是，"浙东史学"或"浙东学派"的提法，清代以来已为学者所耳熟能详，似乎成了浙学的代名词。当代关于浙学的探讨持续不断，在浙江尤为集中。可以说，南宋以来，一直有一种对浙学的学术论述，自觉地把浙学作为一个传统来寻求其建构。我以为这显示着，至少自南宋以来，浙江的学术思想在各朝各代都非常突出，每一时代浙江的学术都在全国学术中成为重镇或重点，产生了较大影响。所谓浙学也应在这一点上突出其意义，而与其他各省侧重于"文化"展现有所分别。事实上，"浙学"与"浙江文化"的意义就并不相同。总之，这些历史上的浙学提法显示，宋代以来，每一时代总有一种浙学被当时的学术思想界所重视、所关注，表明近世以来的浙江学术总是积极地参与中国学术思想、思潮的发展潮流，使浙学成为宋代以来中国学术思想发展中的重要成分。每一时代的浙江学术都在全国发出一种重要的声音，影响了全国，使浙学成为中国学术思想史内在的一个重要部分。

当然，每一时代的浙江学术及其各种学术派别往往都有所自觉地与历史上某一浙学的传统相联结而加以发扬，同时参与全国学术思想的发展。因此，浙学的连续性是存在的，但这不是说宋代永嘉事功学影响了明代王阳明心学，或明代阳明心学影响了清代浙东史学，而是说每一时期的学术都在以往的浙学传统中有其根源，如南宋"甬上四先生"可谓明代浙中心学的先驱，而浙东史学又可谓根源于南宋浙学等。当然，由于全国学术的统一性，每一省的学术都不会仅仅是地方文化的传承，如江西陆氏是宋代心学的创立者，但其出色弟子皆在浙江如甬上；而后来王阳明在浙中兴起，但江右王学的兴盛不下于浙中，这些都是例子。浙学的不断发展不仅是对以往浙江学术的传承，也是对全国学术思想的吸收、回应和发展，是"地方全国化"的显著例子。

对浙学的肯定不必追求一个始终不变的特定学术规定性，然而，能否寻绎出浙学历史发展中的某种共同特征或精神内涵呢？浙学中有哪些是与浙江的历史文化特色有密切关联，从而更能反映浙江地域文化和文化精神的呢？关于历代浙学的共同特征，已经有不少讨论，未来也还会有概括和总结。我想在这里提出一种观察，即南宋以来，浙江的朱子学总体上相对不发达。虽然朱熹与吕祖谦学术关系甚为密切，但吕氏死后，淳熙、绍熙年间，在浙江并未出现朱子学的重要发展，反而出现了以"甬上四先生"为代表的陆学的重要发展。南宋末年至元初，"金华四先生"的朱子学曾有所传承，但具有过渡的特征，而且在当时的浙江尚未及慈湖心学的影响，与"甬上四先生"在陆学所占的重要地位也不能相比。元、明、清时代，朱子学是全国的主流学术，但在文化发达的浙江，朱子学始终没有成为重点。这似乎说明，浙江学术对以"理"为中心的形而上学的建构较为疏离，而趋向于注重实践性较强的学术。不仅南宋的事功学性格如此，王阳明心学的实践性也较强，浙东史学亦然。朱子学在浙江相对不发达这一事实可以反衬出浙江学术的某种特色，我想这是可以说的。从这一点来说，虽然朱熹最早使用"浙学"的概念，但我们不能站在朱熹批评浙学是功利主义这样的立场来理解浙学，而是要破除朱熹的偏见，跳出朱熹的局限来认识这一点。对此，我的理解是，与重视"理"相比，浙学更重视的是"事"。黄宗羲《艮斋学案》案语："永嘉之学，教人就事上理会，步步著实，言之必使可行，足以开物成务。"（《宋元学案》卷五十二）这个对永嘉之学的概括，是十分恰当的。南宋时陈傅良门人言："陈先生，其教人读书，但令事事理会，……器便有道，不是两样，须是识礼乐法度皆是道理。"此说正为"事即理"思想的表达。故永嘉之学的中心命题有二，一是"事皆是理"，二是"事上理会"。这些应该说不仅反映了永嘉学术，而且在一定意义上反映了浙学的性格。总之，这个问题的思考和回答是开放的，本丛书的编辑目的之一，正是为了使大家更好地思考和回答这些问题。

浙学是"浙江大地上曾经有的文化思想成果"，浙学在历史上本来就不是单一的，而是富于多样性的。这些成果有些是浙江大地上产生的，有些是从全国各地引进发展的，很多对浙江乃至全国都发生了重要影响。正如学者指出的，南宋的事功学、明代的心学、清代的浙东史学是"浙学最具坐标性质的思想流派"，是典型的根源于浙江而生的学术思想，而民国思想界重要的浙江籍学者也都继承了浙学的"事上理会""并行不悖""和齐斟酌"的传统，值得不断深入地加以总结研究。

目 录

导　读

每个时代都想以最快捷的方式接近和认识前贤，假如他们真想的话。

对于入《宋史·儒林传》的南宋永康人士陈亮（1143—1195）[1]，近年出现了一个新的称谓——"中国唯一的状元思想家"。[2]这个说法在学术圈子内或许不一定被广泛认同，但它确乎体现了糅合中西古今对陈亮的看法和适应今天人们为快捷把握历史人物所作的努力："状元"一词承载了国人对文的推崇以及对被推崇对象无所不知、无所不晓的戏剧性想象，"思想家"一词又保证了其在现代生活中的特色与应该享有的历史地位，"唯一"则更是突出了人物的"独角兽"特征。对21世纪的中国人来说，这个称谓尽管我个人觉得略显累赘，但也可算是一个兼顾经典性和普及性的想法。

"大家读浙学经典"的策划者，毫无疑义地是以"浙学大家"的名义接近和认识着陈亮。如此，刻画陈亮，本导读先从"浙学"入手，再旁及其余，可能是一种更为适宜的选择吧。

一、"浙学"巨擘

关心"浙学"的人们都知道，"浙学"这一概念，最早是由它的对

---

①关于陈亮卒年，一般认为是绍熙五年（1194），束景南先生根据韩淲《涧泉日记》考定为庆元元年（1195）正月。本书从此说。

②方如金：《陈亮研究十大误区考论》，《河北大学学报（哲学社会科学版）》2014年第6期。

立者和批判者朱熹提出的。《朱子语类》卷一二三云：

> 江西之学只是禅，浙学却专是功利。禅学，后来学者摸索一上，无可摸索，自会转去。若功利，则学者习之，便可见效，此意甚可忧。

"浙学"的特征，朱熹已经点出，是"功利"，也就是做事求见效的意思。而"浙学"的代表人物是谁？朱子的心目中当然有一连串名单。因为如果是单独一人，朱熹断不可能将此学术倾向冠以"浙学"之名。当时的金华吕祖谦、永嘉郑伯熊等，应该都在朱熹的"浙学"名单上。但陈亮在其中也有重要位置，这在朱熹的另一条评论中明白可见，载《朱子语类》卷一二三：

> 陈同甫学已行到江西，浙人信向已多，家家谈王伯，不说萧何、张良，只说王猛；不说孔、孟，只说文中子，可畏，可畏！

到今天，陈亮与朱熹的论争，已经成为中国思想史上的一个著名公案。围绕着它，已产生并还在产生众多的论文论著。论争甚至越出了国境。而陈亮，也正是凭借那场他自己都始料未及的论争，充分阐述了自己的思想观点，并体现了现今被称为"浙学"的思想精髓。所以，提及"浙学"巨擘陈亮，不能不说到朱熹。而他们的相识、相知、相违，则像极了当今的爱情故事：因陌生而携手，因熟知而分离。

他俩的相知，说来奇怪，竟萌发于陈亮自认的生平第一知己吕祖谦病逝。时当淳熙八年（1181），陈亮38岁。吕祖谦出身于官宦世家，自身也有极大的社会和学术影响。陈亮与吕祖谦的交往较早。他少年得志，意气风发，20岁与吕氏同试漕台时，并没有将吕氏看得多高。用陈亮自己的话，是"自负不在伯恭后"。然而不过数年，吕氏科举中第，仕途顺利，并多与学界领袖如朱熹、张栻等交往，任考官时还选拔了陆九渊，且勤于撰述，著作甚多，在学界地位崇高，被列为与朱熹、张栻并称的"东南三贤"之一，为一代学术宗师。然吕氏对陈亮非常优容，晚年尤其，所谓"箴切诲戒"，"无所不尽"。

说陈亮在学术上凭借了一些吕氏的声望，似非苟言。即使声望高如朱熹，也曾邀请吕氏入闽相会，一起编写理学名著《近思录》。而事实上，朱熹完全有能力独自担当编书工作，只为了要借重吕氏学术地位，朱子主动采取了此种策略。但人与人之间的投契，其原因多数情形下非常复杂。陈亮与吕祖谦的契合，可能有性格互补的因素。陈亮慷慨激昂、任性使气，吕祖谦则平和中正。吕祖谦在官场，恪守"职分之内，不可惰偷；职分之外，不可侵越"的原则，内不旷职，外不立异。他不议论朝中之事，特别是人事；对上司，在不违反原则的前提下尽量遵从。他也多能容纳他人，听进人家的意见，这与陈亮慷慨激昂、使气任性的性格，恰是一个鲜明的对照。

吕祖谦的逝世，让陈亮悲痛万分，也让他留下了一篇日后让朱熹讨厌万分的《祭吕东莱文》。但在另一方面，吕氏之死，倒也可能让陈亮心中空出了一方殿堂，亟待有新的奇伟高明之士填补。恰好朱熹当年冬天被任命为提举浙东茶盐公事，职责是赈济浙东的灾荒。淳熙九年（1182）正月，朱熹从绍兴府的嵊县、诸暨开始巡视，这一下就走到了婺州的浦江、义乌、金华、武义、兰溪，再转入衢州的龙游、常山、开化、江山等地。就在这途中，陈亮赶去，在某座山间，两人作了十日之谈，其中应该也曾在永康龙窟陈亮的家中会面。这里顺便做一个小考证：颇有人以为陈亮、朱熹、吕祖谦曾在今永康方岩的五峰书院联袂讲学。这个说法错得离谱。因为从史实上看，他们虽然早就相互闻名，乃至其中的任意二人也曾相处多日，但三人聚首的机会却是前所未有的：陈亮与朱熹第一次见面时，吕祖谦已去世半年左右。

朱、陈两位思想伟人的相识以及此后的"蜜月期"，在今天《陈亮集》的"书信类"中可以找到具体佐证。这段"蜜月期"大约一年有余。开始时两人相互送书致信，陈亮坦率地表露了自己对朱熹著作的意见。朱熹则稍有惊疑，觉得陈亮是诸葛亮式"抱膝长啸之人"。正好在此之后，两人皆经受了一次极为严重的难明奇冤：朱熹监察违法官员和妓女相互勾结、贪赃枉法一案。他的奏劾不仅被高官化解，日后还演变成道学先生刚愎自用折磨洁净风尘女子的故事，后来还被写成白话小说收入《二刻拍案惊奇》，导致今天仍然谬种流传。而陈亮则因为被诬告杀人、索贿，入了大狱，在牢中苦挨了七八十天。陈亮在狱中时，在江西武夷山的朱熹给陈亮去过一封信。陈亮被释之日，正好碰上一位去江西的秀才，马上让其带信给朱熹通报脱狱信息。朱熹见信后，又给陈亮去了一封信。陈亮脱狱回家，一并看了两封信，百感交集，三虑五思，于淳熙十一年（1184）秋，给朱熹写下一封长信，即本书所收之《又甲辰秋书》。一场在思想史上彪炳千秋、当时影响甚巨、至今余波未平的论战，就这样不经意地展开了。

兹将陈亮、朱熹的信件来往情形按时间先后以表格形式呈现如下（篇名悉按《陈亮集》）：

陈亮、朱熹信件往来一览表

序号	发信人	篇名	时间	主要内容
1	朱熹	寄陈同甫书（一）	壬寅（1182）	送书、索书。
2	陈亮	壬寅答朱元晦秘书（熹）	壬寅（1182）	回复朱《寄陈同甫书》（一），推崇朱熹，并述读朱书之感。
3	陈亮	又壬寅夏书	壬寅（1182）夏	交流家乡灾荒情形，表露自己的人才观。
4	朱熹	寄陈同甫书（二）	壬寅（1182）	推测陈亮的性格行事思想等等。对陈亮的观点表示惊魂未定。
5	陈亮	又癸卯秋书	癸卯（1183）秋	谈论朱熹官场所遇。
6	朱熹	寄陈同甫书（三）	癸卯（1183）	述说自己退出官场在武夷山读书事。
7	朱熹	寄陈同甫书（四）	甲辰（1184）四月	知悉陈亮罹祸，苦言相劝。
8	陈亮		甲辰（1184）五月廿六日	复托朱秀才转致报脱狱之信。书已佚。
9	朱熹	寄陈同甫书（五）	甲辰（1184）	复托朱秀才转致书，相劝陈亮。

序号	发信人	篇名	时间	主要内容
10	陈亮	又甲辰秋书	甲辰（1184）秋	复朱熹前两书，正式提出系统思想观点，与朱熹争论。
11	朱熹	寄陈同甫书（六）	甲辰（1184）九月十五日	复陈亮又甲辰秋书，为其生日礼物致谢，正面阐述自己思想观点。
12	陈亮	又乙巳春书之一	乙巳（1185）春	叙述整顿家园事，求书。再系统阐述自己思想观点。
13	朱熹	寄陈同甫书（七）	乙巳（1185）二月十四日	复陈《又乙巳春书之一》。
14	朱熹	寄陈同甫书（八）	乙巳（1185）	复陈《又乙巳春书之一》，系统阐述与陈亮的不同意见。（注：此书与上述实为同一书）
15	陈亮	又乙巳春书之二	乙巳（1185）春	复《寄陈同甫书》（七），继续争论。
16	朱熹	寄陈同甫书（九）	乙巳（1185）	复《又乙巳春书之二》，继续争论。
17	朱熹	寄陈同甫书（十）	乙巳（1185）	简复。表示自己的意见前已充分表述。
18	陈亮	又乙巳秋书	乙巳（1185）秋	贺朱熹生日。继续争论。
19	陈亮	丙午复朱元晦秘书书	丙午（1186）秋	贺朱熹生日。继续争论。
20	朱熹	寄陈同甫书（十一）	丙午（1186）	复《丙午复朱元晦秘书书》。
21	朱熹	寄陈同甫书（十二）		继续争论。
22	朱熹	寄陈同甫书（十三）		继续争论。
23	朱熹	寄陈同甫书（十四）		杂事。
24	朱熹	寄陈同甫书（十五）		仍然相劝陈亮。

这批陈亮与朱熹的来往书信，皆见于《陈亮集》，今部分收入本读本。

对思想家的研究，一般会偏重于言论，重点关注其思想内容，这也是正常的研究途径，大多数情形下也是正确的。现代社会中，一个人的学术观点有时甚至可以与他的政治倾向分离。而在古代中国的情境中，思想家（文学家也同样如此）的性格、脾气、嗜好、为人、行事等，与他的作品内容，有千丝万缕的联系。

由于时代晚近和印刷术的进步，宋代以来的文献遗存远远多于前代，这也为我们接近和认识陈、朱论争提供了更为多样的视角。其实，这场论争涉及世界观、人生观、历史观，内容庞杂，一时不易简化把握。幸有多封书信的支持。我们暂且从一件琐事进入——那就是陈亮向朱熹求诗、求书。

文字书画的往还，是中国古代文人的重要生活内容之一。朱熹诗文俱佳，墨迹也堪为宝。又朱熹年纪大于陈亮13岁，其学术成就和社会影响也远高于当时的陈亮，因此陈亮向朱熹求诗求书完全正常。大约淳熙十一年（1184），朱熹写了张浚的座右铭"谨言语，节饮食，致命遂志，反身修德"给陈亮。陈亮见其中有针砭意，不喜，将字送给了他人。此事竟被朱熹知道，在次年春天给陈亮的回信中，朱熹说："我的那张字，我也知道你看不上。但我是专门给你写的，不能轻易转给他人。千万请你取回还我，好让我自己将它毁掉。"

不能怪朱熹这一段文字写来充满火气，只因为陈亮在给朱熹的信中，再次向朱熹求诗求字。陈亮在信中描绘了自己的近事：大盖房子。他聚了二三十个秀才施教，同时大修庄园，新盖"燕坐"1间、"抱膝"3间、"小憩"亭1座、桥屋"舫斋"3间、"赤水堂"3间、"独松堂"1间、柏屋1间、"临野"亭1座、"隐见"亭1座，还有供学生读书用的小书院12间。旁边有田200亩，为陈氏先人之业，在陈亮25岁援救父亲时大抵已经卖光，如今又回到陈亮之手。可见陈亮虽一生坎坷，但不失治身头脑与手段。这也是浙东人之长处，不容轻议。

问题是，陈亮虽将朱熹给自己的字送人，但后又仍向朱熹求诗求字。他还请专门送信到武夷山去的人带了六张纸，希望朱熹给他的房间和亭子题名，写"抱膝""燕座""小憩"六个大字。又希望朱熹能为他写两首《抱膝吟》。他说叶适已经为他写了两首，陈傅良也写了一首，言语甚工，但未能畅叙"抱膝"之意。他认为朱熹才情高妙，希望他能为自己专门写上两首《抱膝吟》，一为和平中正之声，一为悲歌慷慨之音。陈亮为送信的人多准备了五天的粮食，让他可多等候六七天，请他一定要拿到那两首诗再回来。同时，陈亮又为岳父何茂宏的墓额求字。他说自己已经不敢越界求字，但妻子一定希望老公转托，道理上也没问题，于是希望借此机会一并为请。

朱熹的那段关于《座右铭》的话，正在此回信中。他先探问陈亮岳丈的死况，并将墓额之字写好，那亭子、房间的六个大字也写好了，自评墓额字胜于另六个字。但《抱膝吟》两首，朱熹一字未写，便打发使者回去了。

陈亮收到朱熹写于二月十四日的回信，马上又写了一封信，继续与朱熹讨论学术，同时向朱熹求岳丈的挽诗，还有两篇《抱膝吟》。朱熹回信说："你自己写的墓志铭，笔势奇逸，已经很好。我自己心力衰弱，他人所求挽诗，我一般多推辞不作，作了也不好，不能满足求者所欲。如果写了，与墓额有重复，不如算了吧，如何？至于《抱膝吟》，后来没空去构思，而且我们两人论争未定，我写了恐又成虚设。"

次年秋天，当朱熹56岁寿辰，陈亮专门遣人去武夷山祝寿，继续求作《抱膝吟》。他让朱熹信手直写，不要过分思虑，并要送信之使再留几日，拿到这两首诗再归来。朱熹回信说："《抱膝吟》久作不成，你不该在上一年将叶适等的《抱膝吟》寄来给我看。我一看，意思都被他俩说尽，今年自己身体又多病，怎么能写出好诗来？"

这两首诗又未写成。

陈亮于绍熙四年（1193）中状元后，给朱熹去信，信中仍请求写《抱膝吟》之事。朱熹回信说："《抱膝吟》诗作，不是我食言，而是我俩的争执未有定论，不能草草下结语。总要等到我俩再次相逢，说透了学术上的争执，再无话说时，才可以写这首诗，但恐怕那时又无时间说这般闲言语也。使者遣还，姑且先这样。"

不过此后两人再无机会相见。陈亮随后病死。朱熹的两首《抱膝吟》终于未作。

朱熹不作《抱膝吟》说明了什么问题？它说明朱熹对论争十分认真执着，丝毫不能苟且和假借。它也说明两人的论战至死没有结束，各人坚守立场，谁也说服不了谁。两人哪怕是花费更多的精力、往还更多的书信，情形似乎也不会有多少改变。

这场陈、朱间的论战，其实在当时就引起波澜。陈亮将往还书信送给他的温州学友、永嘉学派的代表人物之一陈傅良阅看。陈傅良也确为此作了评论，而且均作了批评。永康学子吕皓甚至将陈、朱论争的书信作了一番分类摘抄，突出了争论的重点，达几万字，并送给了永嘉学派的巨擘叶适。叶适是陈亮的挚友，他最终按捺住发言的欲望，没有像陈傅良一般发表自己的见解（当然他一定有见解）。朱熹的一位学生张体仁，每次读到陈亮给朱熹的信，当即怒发冲冠；见到陈亮也马上走开，不与共坐，以示无法共处。

那么，朱、陈两位究竟是围绕着哪些问题论辩经年仍难以取得共识或者稍加妥协？有耐心的读者完全可以翻开本书的书信部分细心寻绎。如果一定要笔者提供一个最简明的提示，那么个人觉得陈傅良所说"功到成处，便是有德；事到济处，便是有理"一句，对陈亮思想的概括还是比较精到的。用今天的话来说就是：陈亮以为，做事只要有了好的效果，便显示了该事的正当性。换言之，评价人与事不应该从道德出发，而应以效果来衡量。一个人的道德存于内心，他有没有道德，外界如何能够判定？如果他做的事好，那就是有道德！再说得彻底一点，哪怕你再有道德，但是在社会上、历史上成不了任何事，你也是没有道德！

这样的一种说法听起来有道理，但是也容易受到他人的质疑：什么叫事情做得好？好的标准在哪里？哪个窃国大盗不是标榜自己毫不利己、为国为民？当然朱熹没有这样发问，他发问的，是汉武帝、唐太宗那些历史上的杰出帝王。他们一生轰轰烈烈做了许多大事，这些事有好有坏，归根结底是因为他们从骨子里不是纯粹的好人，不是上古三代的圣贤明君。一个人究竟是不是一个好人，要蒙骗他人容易，要蒙骗自己就不可能了。"自诚明，谓之性；自明诚，谓之教。""唯天下至诚，为能尽其性；能尽其性，则能尽人之性；能尽人之性，则能尽物之性，则可以赞天地之化育。"自朱熹始才被列为至高经典的《中庸》，其中心之一也就是抓住了这个"诚"字。只有老老实实地面对自己，从心田里培育善的本根，这样长成的人才不会做任何坏事。如果天下都是这样的人，世界也必然一片光明，同时也就不需要从别的途径去辨别优劣善恶了。

所以在朱熹的眼中，陈亮学说的弊病就是"王霸并用，义利双行"。他当然不至于认为陈亮是一个彻底的功利主义者，只要钱不要命，为了私利哪怕丧尽天良也在所不惜。他是觉得陈亮固然一方面也肯定道德，但仍然不肯放弃以成败论英雄的另一方面，如此，就有可能导致将没有善心但偶尔做对事情的那一批人轻轻放过，甚至评价太高。如要从根本上防止这种弊病，只有革掉从效果论是非的方法，老老实实从本心入手，将标准集中到人心的向善向上之上，如此方能建设一个理想的社会。

但陈亮眼中所见是当下的社会。大宋国土，一半沦陷，君父远狩，奇耻深恨。"举一世安于君父之大仇，而方扬眉拱手以谈性命，不知何者谓之性命乎！"至于陈亮自己，则坚决否认朱熹加给他的"王霸并用，义利双行"的标签。用陈亮自己的话来说，他是主张："发出三纲五常之大本，截断英雄差误之几微"，"却是直上直下，只有一个头颅做得成耳"。翻译一下，就是他本人，也是坚决反对"王霸并用，义利双行"的，也是主张将动机与效果统一起来看问题的。当然，与朱熹专注动机相比，陈亮更主张重视效果，倾向于以效果评判动机。不管陈亮自己是否承认这一点，他确实是这样看问题的。而在追随道学的人群中，确有相当一部分人，只会"政治正确"，装模作样，窃取高名，于事了无所补。这样的人，也正是陈亮最为鄙视的！

但是你也不能说朱熹就不关注现实。陈亮因事系狱，遍受困苦，在朱熹看来，便是因为陈亮平时太过刚强放浪，不拘绳墨，自处于法度之外，不走平稳坦荡的大路。于是他劝陈亮要痛自收敛，改正从前"才太高、气太锐、论太险、迹太露"的毛病。那张"谨言语，节饮食，致命遂志，反身修德"的十四字座右铭，就是这样写给陈亮的。

陈亮则觉得自己的入狱，完全是一桩冤案。没有任何的罪证，官员吹毛求疵，罗列罪名，"吾又何能逃其网罗"！陈亮没有去反思自己的冤案冤自何处，也没有想到如果是在一个讲究证据的法制社会，自己完全可以免罪。在传统中国那么一个社会，那是他梦想所未能及的境界。但他仍不以为朱熹所说的是，入狱一事丝毫没有动摇陈亮的处事习惯。

以上是朱、陈论争的部分内容。从更为广远的视角看，在后世影响更大的朱熹与陆九渊的论争，其实是儒门内部的论争，是"道问学"即知识论与"尊德性"即道德论之间谁偏谁正的论争。朱熹与陈亮的论争，同样可看成儒门内的论争。陈亮以为自己尊尚孔子"成人"之教，即人须全面发展兼具各种才能。但朱熹则未必认为陈亮乃儒学门内之士，好听点说是英雄，难听点说是莽汉，也未可知。关键是朱熹认为，陈亮为人处事未能以本心的道德养育为根本，反而仗着有一点才能肆无忌惮，最终必将难以收拾，不管是从人品上还是从理论上都是如此。所以，两人的争论终于不能妥协。以我所阅所见，韦政通先生关于朱、陈论争的结论，可能是最为贴切的总结：

> 这个争论，基本上是英雄主义和道德主义的一次对决。历史上的所谓英雄，往往是因为他具有较为特殊的生命气质，能推倒，能开拓，这种人物有强烈的权力欲，道德意识通常都相当薄弱。由道德标准看英雄，根本是风马牛不相及。由英雄主义者看道德，其不相及的情形也相差不多。所以这种辩论，注定是各说各话，尽管尔来我往，却越说越远。①

当然，朱、陈论争的不可妥协，也有其他方面的原因。比如论争方式上可能也有极大的问题：为何两人都为当世大儒，为一问题论战累年，竟觅不到一句相通的话语，难决高下，有时甚至出以负气的话

---

① 韦政通：《中国思想史》（下），上海书店出版社2003年版，第845页。

语？就以今天的我们而言，即使对宋儒理学没有高深莫测的学识素养，只要平心静气，细细思量，即可看出两人的争论实出于立场与方法的根本不同。他俩表面上说的是一事，其实说的经常不是一事。如此，两人经久不息的争论，又怎么能够达到某个共同点？20世纪的西哲有言，历史上相持已久的争论，大多属于假问题，原因仅仅是语言不明晰，概念不统一。朱、陈两人的争论是不是属于这种情况呢？中国古代的思想争论，自墨子以后就很少讲概念，讲逻辑，大多只凭各自的灵光一闪，申说自己一方的观点，而不是细心地去体察对方的观点及其依据，更不能理解对方的立场等更根本的分野，所以经常会出现答非所问、攻非所论的情形。古代文化论争之陋，于此可见。另外，地方文化的熏陶是否也加剧了他们之间的裂痕？关于此点，可以设问，但笔者缺少研究，不敢妄自推测结论，此处仅点出略过。

以上所叙，仅仅是笔者凭着自己的理解而成的一个解释，不可能涉及陈、朱论争的所有方面。好在两位大家来往书信俱在，有兴趣者尽可慢慢研读，得出自己的感悟和结论。导论的意义也正在于此。但陈亮的主要思想，如他的英雄主义，从历史、事实、效果入手讨论道德的方法，这些"浙学"的精髓，确在这场难有结论的论战中体现出来了。

接着，要叙及的是陈亮在正史上最特异的表现——上书。

二、五封上书

与陈亮与朱熹的上述论争不同，陈亮向宋孝宗屡次的上书，可以看成是他一生之精诚所聚、才识所集。如果说陈亮被看成浙学巨擘，部分是出于他与朱熹偶然性的论争，那么，他向最高统治者的多次献策，则完全是其主动自觉的追求，是陈亮一生的大目标。也就是从这个意义上，可以把陈亮看成一个伟大的爱国者。

不过，如以今天的概念去理解几近千年前的爱国者，可能会有错位之处。我们今天的爱国乃至爱国主义，主要是建立在民族国家的基础之上，它与民族主义的崛起有着不解之缘。而今天的民族主义，据研究，滥觞于16世纪初的英格兰。民族主义的中心是将民族看成人民，此人民不再是原先的百姓和群氓，它意味着"主权持有者、政治团结的基础和最高的效忠对象"①。而古代中国的国家实体，指的是皇权。中国的天下，自古以来是一姓一家之天下。到了宋代，更浓缩为一人即专制君主之天下。至于天下为何必须是一家一姓一人之天下，给出的是一个循环论证：世界上存在天命，但天命要由实绩来证实，即当权者开始要凭实力和运气夺得天下，占有天命，尔后则可以传子、传弟、传旁系来维持统治。你有本事占有天下，即有天命。你如失败，天命即已转移。这个论证在皇朝更迭之时无甚效果，关键是不能确定逐鹿时的群雄究竟谁占有天命。但考虑到皇朝更迭大抵几十年、几百年一回，太平时期此理论保持一统的意识形态效果还是较为有力的：它避免了频繁的动乱，保证了社会的稳定，让百姓有较为稳固而明晰的预期。也正因为如此，失去天下几半的南宋，也依然统治着中国的南方。而陈亮，正是从这个意义上可称为一个爱国者。他朝夕思念的，是南宋能够挥师北伐，收复故地，让大宋的旗帜重新飘扬在中国北方。

《宋史·陈亮传》以很大的篇幅保留了陈亮上宋孝宗的四封上书。而传世的陈亮文集在此之外还收了他的第一次上书即《中兴五论》。陈亮作为一介平民，屡次向政权最高统治者建言国事、畅论恢复大计，不管怎么说都是属于具有慷慨奇节的非常之人。当年陈亮的引路人周葵以之为"国士"，确是的评。

陈亮一生，自述"六达帝廷，上恢复中原之策"。今日对于"六达帝廷"的详细情形，已不能全盘了解。而且如果仔细推敲，这句话的意蕴也非清澈如水。粗粗看来，"帝廷"即首都，此句言陈亮到过杭州

---

① ［美］里亚·格林菲尔德：《民族主义：走向现代的五条道路》，王春华等译，上海三联书店2010年版，第5页。

6次。北宋建国于960年，1127年金人"掳走"宋徽宗、钦宗二帝。3个月后，赵构即皇帝位，是为南宋。1132年定都临安（今杭州）。为了表示不忘恢复故土之意，将此地称为"行在"。至于"上恢复中原之策"，单独来看，也无歧义。但这两句连在一起，这个"六"字就让人迷惑了：是陈亮到过杭州6次？还是他上过6次书，真到过朝廷"办公地点所在"？参诸今天可见的材料，两种说法都不能得到完全的证实。当然，近千年前的史事，缺少完整的记载也属平常，所以此处不再斤斤计较"六达"的细节，只从现存的史料出发讲述一下陈亮屡次上书畅论恢复大计的情形。

陈亮的第一次上书发生在乾道五年（1169），此时陈亮27岁。

那一年的春天，陈亮参加礼部会试，但名落榜外。结果一出，他束手东归永康家乡。但在失意后闭门之时，陈亮有一种直接向皇帝建言畅论复国大计的强烈冲动。经过良久的思想斗争后，他终于前往帝廷，毅然上书，这便是他的第一次上书，上的便是《中兴五论》。

《中兴五论》，又称《中兴论》，包括《中兴论》《论开诚之道》《论执要之道》《论励臣之道》《论正体之道》五篇，前有序，共1800余言。整体来看，《中兴论》是纲，其他四篇是讲如何中兴的方法。

《中兴论》主要提出一个观点，即抓住时机恢复故土，千万不能再迟疑犹豫。陈亮用了一个乡间的譬喻：一个人将家中的财产抵押给他人，如果到了子孙辈尚且不能赎回的话，时间久远，世事一变，谁还搞得清主权？抵押出财物的家庭，已经基本上没有可能取回故物了。一个家庭是如此，一个国家又何尝不是如此！在陈亮看来，金人占领中原四五十年，他们舍弃了原先的鞍马之长，而改从中原奢靡习气，君臣间也产生了怠惰心理。目前的问题是：假如金人的统治危机日重，一旦中原豪杰奋起，推翻金廷，那么，中原大地就要归于他姓而不再属于赵宋了。中原百姓，老的日益亡故，年青一代自金人治下长大，何尝知道旧事，何来眷恋故朝之情怀。到那时，新的南北之争又要开始，那才是真正的忧患。所以，恢复之计不得不讲，而且要马上讲求。

国家之耻，不可以不雪；祖宗陵寝，不可以不还；已失故土，不可以不恢复。情势紧迫，时不我待！

陈亮不仅万分强调时间的紧迫性，还给出了一个乐观的时间表：他认为，只要落实他提出的一系列措施，只要几个月，朝廷纪纲可定；等到两年，国家财富就可充盈，人心就会统一，那时候就可无往不利，一举恢复中原。他提出了什么措施呢？很多，然而每句都只有几个字，如任贤使能、尊老慈幼、惩治腐败官吏、增加人口生产、置大帅放权守边、派间谍敌后探情等。

如何北伐收复失地？陈亮在军事地理学上作了一番探究。他认为，应该在襄阳一带设立重镇，推选德望素著的大臣去经营，壮大武装。朝廷将首都迁到建业（今南京），并在武昌设一行宫，皇帝时常去走一走。这样，敌人会料定我军意在汴京和洛阳，将敌军吸引在中部，然后我可兵分两路：西路出祁山和子午谷，以窥长安等地；东路走海道，袭山东。这样，大事可定矣。

这是陈亮《中兴论》的主要内容，也是他恢复战略的总纲。围绕这个纲，他又写了四篇"论"。这四篇"论"，就是提出如何中兴的途径。概括一下，是两点内容：

一是改革政治。主要是批判当朝皇帝包办一切的作风。如果将这理解为批判君主独裁，那是把陈亮的思想拔高了、泛化了。陈亮其实说得很清楚，让孝宗向仁宗学习。宋仁宗，北宋皇帝，1023—1063年在位。陈亮举了一个例子：有人曾劝宋仁宗将一切权柄收归于己，不要让人臣在中间弄权谋利，作威作福。宋仁宗说："你的话固然说得对，但安排天下事，我正不想将所有权柄都捏在自己手上。如果一切都由我来定，都对的倒也罢了，有一件不对，要迅速改正就很难。不如公开讨论，然后令宰相施行，施行后天下人认为不对，台谏官就可以公开净谏，改正过来也容易。"在陈亮看来，这种政治制度和作风，应为百世所效法，何况是赵宋皇室子孙！

陈亮的话，明白地针对宋孝宗。宋孝宗的前朝皇帝宋高宗，畏金如虎。孝宗继任，一洗畏葸怯懦之风，提拔主战官员，但是在政事处理中确实存在揽权过多的毛病，最典型的就是频繁撤换宰相。他一朝共26年，先后出任宰相的凡17人，其中有3个还是二次任相。任相时间，长至6年9个月，短的只有3个月，每人每次平均任期不到2年，其中有3年多还没有宰相。陈亮在上书中对孝宗的作风作出直切批评。他说：现在的朝廷，办一件事而多出于御批，有一委任而大多出于特旨。假使都办得对了，固然表现了陛下的英名，犹逃不了喜欢抓小事的指责；万一不对，正好给遇事绕着走的大臣一个逃避的借口。我愿皇帝在上总揽朝纲，而将职责分给各部门官员。一切通过正规的、通常的渠道进行。也只有这样，才能希望英豪们心甘情愿地为国效劳。这就是《论执要之道》的主要内容。

　　第二点内容是道德感召。主要体现在《论开诚之道》《论励臣之道》中。他认为，当前圣上英明，已无话说，但是，即位八年以来，为何总是不得英才？如果说天下无人才，那是陈亮一直坚决反对的观点。"何世不生才？何才不资世？"那么，为何圣主得不到英才？陈亮认为：天下英豪之士，其实并不太要求个人的功名利禄，而只要求主上以诚心待己。只要陛下开心见诚，虚怀若谷，用人不疑，疑人不用。君臣间开诚布公，无所间隔，天下英士自会不召自来，来了就可以献出自己的智慧与力量。

　　这次上书的结果，是朝廷略无震动。如果拿辛弃疾在四年前的上书《美芹十论》相比较，陈亮显然在对实际的政治、军事理解上要逊色一些。但是《美芹十论》当时也被束之高阁。陈亮三年以后反思自己的《中兴五论》，也隐隐约约透露出自己虽有才智但学力仍嫌不足的缺憾。

　　《中兴五论》没有被收入《宋史·陈亮传》，真正被收入正史的是他的《上孝宗皇帝第一书》。那是淳熙五年（1178）正月丁巳，陈亮更名为陈同，诣阙上书。

　　此书可大致归纳为以下要点：

第一，中国向何处去？

这里的"中国"，指的是北宋时候的中国，意谓以中原为主体的国家。这个中国被金人攻破，君臣百姓偏安一隅，重承大统，然而不能不存恢复之念。陈亮说：中国为天地之正气，天命之所钟，人心之所会，衣冠礼乐之所萃。百代帝王之所以相承，岂是夷狄所能够任意播弄指使！

如果说这几句话，指责陈亮犯了虚骄的民族主义错误，那是误解了陈亮，低估了陈亮。诚然，陈亮一辈子讲气、讲气节，但他并不是光凭一股气来看现实的。他以六朝的历史提醒赵宋的最高统治者：东晋偏安江左，不停向北方用兵，见得汉家天下犹有可为。到北魏孝文帝定都洛阳，北方少数民族竟然仿效中国之人行衣冠礼乐，结果南方的天下就完了。后来一统天下，应在西北而不在东南；隋、唐两朝的开国者都是西北人，这就是天命可畏之处啊！陈亮就是这样从历史事实出发，批判了社会的苟安心理，而大声地提醒大家：苟安一隅，不仅不能恢复故土，而且会全体沦亡！从这个角度看，陈亮恰恰不是一个专讲道德和气节、认为道德和气节可以决定一切的人物。他通过总结历史经验，对统治者敲起了深切的警钟：不要认为倚仗有深厚的祖宗基业，文化正统在你这一边，就以为天命人心可以长久系于你这一边，要知道"皇天无亲，惟法是辅；民心无常，惟惠是怀"，天命和民心都可以改变。日长月久，最高统治者就有可能被替换了。

第二，反对议和，主张废弃和约，向金宣战。

陈亮反对议和是出于几个考虑：首先，以前议和修好，原因是金兵实在来势太强，行动太速，当时南方是愁怎样议和，而唯恐不能议和。其次，当时金人草居野处，往来无常，但是现在金人也变了，城郭宫室，政教号令，一切都与中国相似，点兵聚粮，文书往返，动辄数月，行动因而也不再像从前那样雷厉风行。废除和约后的情势，也不会再像原先那样可怕了。

陈亮提出废除和约的考虑，是出于他对国势更深层的思考：从哲学的角度，他服膺孟子"生于忧患而死于安乐"的概括，深信苦难和忧患是兴国兴邦的必要条件。孟子曾说，一个国家，如果没有敌国外患，这个国家就会灭亡。陈亮说，一国的人才，是要在用中看出他们能干与否的，安坐论道，不足以见出人的才干；一个国家的财政，是要到用时才能看出它的多少，不做事而存着的钱不足以说明它够用。说白了，是一个国家如果还想振奋人心，哪怕是没有敌人都应该给自己制造一个敌人。用陈亮的话说，朝野如常见敌人在境，此乃这个国家的福气，是英雄用来争天下的机遇，何况身负切肤之痛的赵宋南方政权。

陈亮以为历史也支持这个观点：东晋偏安江左，但百年之间，从未与北虏媾和，所以其大臣东西驰骋，颇多可用之人。更早的如春秋鲁宣公十二年（前597），晋、楚战于邲，曾率师大败楚军的晋大夫栾书，就指出楚国近年来君主戒惧，常常训导百姓民生不易、祸至无日，常常训诫军队胜利不可常保，所以楚军最强，不可与战。晋、楚两军相交，晋师大败。所以陈亮以为，议和是最不可取的，只能造成一个上下苟安的氛围，而举国的斗志、全军的士气，就在这氛围中逐渐消磨殆尽，一个国家由此再也出不了人才，出不了有战斗力的军队。所以，一定要打破这种苟安的和平局面，代之以战争状态。

这一点，在以前的《中兴五论》中未见阐述。这也是陈亮在思索历史多年后得出的结论，可谓他的发现。他不仅具体分析了全国近来的态势，更从哲学的高度指出一国保持奋发状态的必要条件，是不惜制造一个紧张的态势来提升自己的战斗精神。这种思考是深邃的。提出的观点，不管能不能实施，是极有启发性的。

第三，赵宋因何立国，如何变革？

晚唐的问题，是藩镇割据，上失其柄，所以君弱臣强，遂成五代时中央数易之祸。宋太祖建立新朝，四方次第平定，藩镇皆归中央指挥，地方以京官派出充当，三年一换，地方之财归于漕司，地方之部队归于郡，朝廷只要以一纸文件下于郡，地方就像手臂指挥手指一般方便听话。连管仓库的人都由朝廷任命，天下就统一了。如此，兵皆天子之兵，财皆天子之财，官皆天子之官，民皆天子之民，地方再也无法自搞一套。天子忧勤于上，而以礼义廉耻规范士大夫之心，以仁义公恕对待平民之生计，举天下皆在规矩之中，两百年的太平基业以此而立。

然而，以天下划一解决了地方割据的前朝积弊，却带来了另一个问题：外部势力步步进逼，俨然与中国分庭抗礼。原先地方各自为政时，凭借自己的力量，基本可以抵御外敌入侵。而今天下一统，一切听命于中央，反而戕杀了地方的活力，难以抵御外敌。赵宋立国，主要是应对晚唐地方割据之问题。对不敌外敌的副作用不得不忍耐容受。所以赵宋早期，在规矩之余，也留出一丝空隙，尊大臣，重守令，不摧折天下富商巨室，便是想备不时之需。但后来屡经改革，尤其是用了王安石变法，一破旧例，将民间的东西全部收归政府掌管，如将天下的兵马全归于朝廷，将郡县的利益全收于朝廷，摧折富民，打击商人，结果是一国之内，除朝廷外无有他。王安石不知赵宋立国的本意，正是权力太集中，中央太重而地方太轻。他进一步强化中央、打击地方，不遗余力，结果可想而知。这种谋国大臣，真不足以谋国！

南渡以来，政策大抵如祖宗之旧，有所损益，但没有构成大的变化。陛下胸有恢复大志，励志复仇，但其方法，仍然是收罗天下之兵，搜刮郡县之利，富人无五年之积，大商无巨万之藏。陛下命令一下，大臣徒充高位，胥吏坐行法令，而百官只好推诿责任；奇人奇才日益埋没，而守规矩之人又担当不了应对事变的重任。太祖皇帝经略天下的真意，到第二代太宗时已不能全部真切领会，何况现在！我希望陛下体会此层深意，厉行改革，推出另一番新天地。

以上陈亮对赵宋立国之本和治国之变的阐述，确是击中了当时统治者的心病，也是对赵宋政治的精当概括。一国之立，必有一国之本，也必是应对前朝之最大问题。而解决了前朝之最大问题，也必有前朝所能解决而本朝不能解决之大问题在。日居月诸，此大问题不断发展，遂成为本朝存续之最大威胁。陈亮就是从这个角度指出这个威胁，并希望最高统治者改弦更张。然而原先的国家机器，是否能容得人们作那么大的变革？陈亮没有正面阐述这个问题，他的态度是乐观的。问题是，像宋孝宗这样志在有为的皇帝，在这一点上始终没有什么变革，这是不是暗示着连他也无法违反这个王朝设立的本意呢？

无论如何，这番关于赵宋立国的阐述，是《中兴五论》所未曾见的，也是陈亮研究历史多年后的独特心得。它真正切中了赵宋王朝的根本问题，而提出的改革措施也是关于本朝根本的。陈亮对赵宋政治的洞察，真是深入骨髓；而提出的改革设想，也是大胆至极。不管他的设想能不能实行，都已不妨碍他成为一个杰出的思想家。

第四，钱塘不足以据，应依凭荆襄之地行恢复大计。

陈亮上书，接着的一点，是论述恢复的地理方略。在早年游览西湖时，他便曾慨叹："城可灌耳。"这是因为他看到钱塘城的地势低于西湖，如果敌军掘开湖堤，以水灌城，城中难以抵御。陈亮说，吴、蜀，为天地之偏气，钱塘，又是吴的一隅，当年吴越国的钱镠，在唐衰落时拥兵自立，但他也自知地理限制，始终北朝中国，不敢截然独立。所以这一带在五代时兵祸最少，200年来，人物日以繁盛，甲于东南。但在建炎、绍兴年间，即天子刚从北方逃到南方时驻留在杭州，有论者就已指出此地非恢复之地。此地风俗华靡，讲究治生，为人生乐园。而今已过50年，一个小地方所钟藏的天地灵气已经发泄殆尽，谷粟桑麻丝等出产一年少于一年，禽兽鱼鳖草木之生也一年少于一年，公卿将相大多为江、浙、闽、蜀之人，也是才干日下。据钱塘已耗之气，用闽、浙日衰之士，鼓东南习于安乐的脆弱之众，如何北向而争中原？

陈亮承《中兴五论》之余绪，特别提出荆襄之地的重要性。但是这一次，他不像上一次主要从地理立论，而是从他上文谈到的历史哲学——"气"，来论证荆襄之地的重要性。陈亮先追溯荆襄之地的辉煌历史和惨淡现状，特别指出：一方土地，既已沉寂五六百年，必有

"气"积聚良久，有朝一日会喷薄而发。且其地东连吴会，西连巴蜀，南极湖湘，北控关洛，左右伸缩，足以为进取之机。陛下应该慨然移都建业（今南京），抛弃钱塘那块"气"已尽发的老地，并在武昌设一行官，择一大臣委以荆襄之任，宽其文法，听其处置，三数年之内，国事必有大变，借彼进取，大事可成！

陈亮于书末总结说，天道60年必然一变，现在到下一个大变，只有10年不到了。陛下准备了应变之策吗？如今正是大有可为之时，不可苟安而任凭大好时机白白流失了。

这封上书，分析深刻，设想大胆，气势雄浑，真如宇宙间一场大风雨后，洋洋黄水裹胁万千土木滔滔而下，铺天盖地，一望无涯。它既有对本朝立国之本的剖析，又有变革政治的大胆设计，更有对茫茫九州谁主沉浮的深深忧虑。它是宋代的一篇杰出文献，以今天的眼光看，它对宋朝立国之本的剖析，以及反对议和，主张以战来砥砺国家财、人之用的主张，仍然切中要害。陈亮曾自评云："堂堂之阵，正正之旗，风雨云雷交发而并至，龙蛇虎豹变现而出没，推倒一世之智勇，开拓万古之心胸，自谓差有一日之长。"这段自评，恰可说是他《上孝宗皇帝第一书》的精当写照。

陈亮书既上，宋孝宗赫然震动。宋孝宗欲用北宋种放的旧例对待陈亮，即皇帝亲自召见一介平民，立授以官。但是正在孝宗有所意欲、未有动作、众官员还未明白皇帝心意之际，一个人窥破了孝宗心头的秘密。这个人叫曾觌，后入《宋史·佞幸传》。曾觌是深通官场技巧的人，他要抢在皇帝召见以前去见陈亮，想把擢用陈亮的功劳记在自己的本子上。也许是一个夜晚，曾觌跑到陈亮住的馆舍。殊不知陈亮品格正直，耻于同他交往，竟然翻墙而逃。曾觌大怒，觉得无法将陈亮拉到自己的圈子中，而众大臣也觉得陈亮放言无忌，对他任意议论朝中大臣的放肆十分厌恶。于是，他们团结起来向皇帝进言，打消了孝宗想依种放旧例擢用陈亮的打算。

正因如此，陈亮上第一书后，整整8天，未有任何反响。陈亮按捺不住，笔走龙蛇，再次伏阙上书，是为《上孝宗皇帝第二书》。

第二封上书的主题，其实跟第一书已不一样。如果说第一书是陈亮退居乡间八九年读书思考后的厚积薄发，第二封书则是借第一书的未尽气势继续道出的产物，它的主题是催促，催促皇帝早日就第一封书下决定，最好是动雷霆之怒，改弦更张，撕毁与金人的和议，厉兵秣马，整肃内政，废除科举，把天下搅个天翻地覆。全书中心，是指出皇帝之英明，指出群臣之不足恃。文章一起首，先恭维孝宗，说他励志复仇，不肯偏安于一隅，是谓大功；关心百姓，每有水旱，辄忧虑见于颜色，是谓大德。但是天下之才臣智士，又都不能明陛下之义，所做的事情都不在点子上。他们可以分成两批：一批人讲正心守法，简单地说是守规矩的，包括道学之徒在内。他们推崇的君主，以从善如流、虚心向学为类，臣子则以识心见性为贤，他们说的都是方正的言论。他们只是不知道偏安一隅不可以承天命，忘却君父大仇不足以讲人道。如今兵疲民穷，但恢复又不能不讲，所以如今不能讲常道。拱手谈正论而无补于大计，所以他们被陛下看不起也是正常的。另有一批人是谈恢复的，也曾提出过不少伟论，但是他们不知道凭借钱塘以谋中原是不可能的，用东南习于安乐的军伍去进取也是没结果的。这一派人听起来是在务实，但不明天下之大势，也不能不为陛下所疑。经生学士、才臣智士都不如意，陛下于是不知道靠谁，最后只有独凭一己之力运转四海了。左右亲信之人窥主上之意向，借以讨好皇上，士大夫亦安于此习，所以附会之风渐长，这样大权看似在陛下手里，其实已经移到近臣手中了。一帮不做事也不犯错误的人，安坐庙堂发号施令，而陛下也以为他们容易指挥，放心将国家大事交给他们掌管，苟安的局面就这样造成了。这与陛下的本意完全南辕北辙啊！

宋孝宗对陈亮的第二封上书心有所动。他遭群臣的反对，已经不能依种放旧例。他的安排是，先下旨让一些官员当面考察陈亮。如果大臣汇报考察结果是陈亮确有见地，就可顺势召见，再作主张。

这次审察在都堂即尚书省的大厅举行。主持审察的官员有几人，现已不可知，仅知主持审察的大抵是同知枢密院事赵雄。

不管赵雄与陈亮事前有没有恩怨，抑或是两人初次见面便非常看不惯对方，更或者是对谈之间陈亮触怒了赵雄，反正那次都堂审察弄得很不愉快。陈亮面对都堂审察，心中可能有点忐忑不安。当大臣拱手称旨以问时，陈亮说了三条：

第一，二帝被金人俘虏，盖国家之大耻，天下之公愤，至今已过50年，天下之气销铄颓惰，不再以复仇为念，主上与二三重臣应该振作精神，动员全境，使民众视国耻如私仇，恢复乃可行耳。如果主上只与左右近臣商量恢复之计，不动员天下的民众，恐不足以感动天地之心，恢复之事亦恐茫然难为。

第二，目前举国的习惯，是严守规矩准绳行事。这是渊源有自的。五代之际，兵财之权柄都分散到地方上。宋太祖统一天下，平定祸乱，将天下之兵权、财权一统于中央。后世不能体察太祖本意，片面使用他的政策，致使天下郡县空虚，本末俱弱，现在谈恢复，如果不毅然改弦更张，变革中央大、地方小的政策，哪怕得精兵数十万，得财数万万，都不能胜利恢复。哪怕金虏将故土平白无故还给我们，我们也守不住。

第三，宋太祖用天下之文士取代武臣，也是鉴于五代武人割据。所以本朝以儒立国，儒家学术崛起并占主导地位，甚于前朝。也正由于此，现在的文士烂熟萎靡，临事无策，诚可厌恶。主上应该反其道而行之，让文人们学些武事，以后即使有事，也不必专赖武人。西汉以军吏立国，当时的儒生，就只专门把事搞得一塌糊涂。

不知是这些观点还是在表达这些观点时流露出的粗率态度，触怒了来审察陈亮的赵雄，可能还有别的人，二三大臣相顾骇然，而陈亮亦惶恐而退。这场都堂审察便这样虎头蛇尾地终结了。

这次都堂审察后的等待，是10天。10天后，依然没有任何动静。陈亮忍无可忍，又上第三书，是为《上孝宗皇帝第三书》。

这封书的口气比前面都激烈。一开头就直陈国之弊病，道是：选拔江、浙、闽、广之士，而缺蜀地之士，总数有个十五六万，皆缺少才智，拘谨委琐，日甚一日；财税收入倍于太平时期，而十分之九用来养兵，兵没有用，且百姓由此穷困。像这样的国势，本是赵宋立国后推行政策的必然。当前必须大变。我陈亮私下以为陛下春秋已经五十有二，经天下事变已多，阅天下义理已熟，这个时候行恢复大事，必不至伤国家之大体，而收驱逐金虏之效。到了60岁，你就可以享受承平天下，难道真要把这遗患留给后人去解决吗？

陈亮在这封书中回顾了这次都堂审察的经过，复述了自己对大臣们的应答，并强调指出：本朝已到不可不变之关键时刻。而且变有多种：有可让国家迁延数十年之策，有百五六十年之策，有重开数百年太平基业之策。我都已在心中筹划烂熟。但是这些计策，关于国之根本，也是最高机密，不单独由圣上听取和决策前，是不能泄之于外的。所以审察时就说了那么三条，而二三大臣已相顾骇然，我亦退出都堂矣。

陈亮在后面剖析了自己上书的本心。说自己在太学，去年在考试中因一发狂论，满学哗然，影响还扩散到了朝廷，自己于是归家退耕。但是在家中，反复忖念自己多年所学为何，又念陛下为一明圣之君，明白陛下一心恢复。如果只为避他人的讪谤，不向陛下陈国家之大计，不是对不起天地以及赵宋王朝的太祖英灵？像自己，如果仅是为了攫取功名利禄，那么，只要在太学好好熬日子，再参加一两次考试，碰上一个公平公正的考官，我也是能够得到的。但是，我又怎忍心图一己之富贵而失百年社稷之大计！所以我现在才冒昧上书。我的本心原是为了国家社稷，并无一丝为己之心。世上有为争一文钱而至于相互残杀的，也有推却万钟之禄不愿领受的，人与人有时就差这么多！我陈亮也不想再说了。都堂审察10日，还毫无反应，我再一次上书。如果这封书奏上后三天仍无动静，我将渡钱塘江归家，终老于田亩之中。我一家数十口，在离都城不到400里处，当待罪家中，任凭处置。甘冒天威，罪该万死！

　　以上就是《上孝宗皇帝第三书》的内容。其实，陈亮关于政治、历史、军事等的观点，已集中体现于《上孝宗皇帝第一书》，余下的两封上书，不过是如何组织材料，将某一方面的话语说得更透彻罢了。我们也相信陈亮确实有一些话没有写到上书中，而想在皇帝召见之时倾囊而出，但是那些计谋到底有多少奇效，则是另外一回事了。况且一个国家，也决不是凭一个明君和一二大臣之力，就能回天创造奇迹的。陈亮久居田园，从未操过实权，对现实政治的运作有所隔膜，也是可以理解和原宥的。

　　三封上书，尽管载之国史，但事实上对国事毫无影响。其中的根本缘由，是中国王朝的建立与延续有它的基本立足点，即针对前朝灭亡而采取的反向思路。思路既定，架构和运作便都在此一方向上运行。即使天长日久，弊积病集，也很难从根本上去变革，因为这种变革将会彻底违背最初的立国宗旨及成套设计。所以哪怕有明眼人指出其中的弊病，哪怕有更多的官民看到这个问题，也难以施展彻底的手段翻覆乾坤。言论的力量，仅此而已。当然，真正好的言论，倒也不计较是否被当时接受和实施，有时会在后代产生不可想象的巨大力量。历史上不少言论和主张，不也是过了很久才放射异彩吗？所以，"立言"也确是"三不朽"之一。作为一个士人，如果真能做到"立言"，那么他已经很了不起了。

　　《陈亮集》中保留下来的他的最后一封上书是淳熙十五年（1188）写的。该年二月，陈亮作金陵（今南京）、京口（今镇江）之行。上一年太上皇高宗崩，陈亮认为今上到此可以尽脱限制，可以自由施展恢复大计。所以他就出门考察形势，思索方略。从金陵、京口折回临安，他再次上书，力陈江南不必忧、和议不必守、北虏不足畏、书生之论不足凭，最后归结到皇帝天生英雄，此际正好雄姿英发，如"得非常之人与共之，则电扫六合，非难致之事也"。这里的"非常之人"，当然包括陈亮自己。陈亮此时确实在皇帝身上寄托了自己的全部期望。

　　不过，这次上书，比起上次来效果更加不如。而且就在次年，宋孝宗也效仿高宗，退位当太上皇了。一个力图发奋有为的君主，由于种种原因，没有建成大的功业，但他也确乎让许多仁人志士寄寓过希望和梦想。而陈亮，作为一介平民，如此忠心谋国，确是后人应当崇敬瞻仰的。

三、脱贫与冤狱

对社会、历史和人生的独特看法，不仅是陈亮思想的创新性内核，同时也是他在日常生活中真正作为遵照施行的指导原则。也就是说，他的思想原则不仅是拿来指导军国大事、历史抉择的准则，而且还是指导自己日常尤其是经济生活的准则。中国思想的实践性原则在陈亮身上得到了完美的体现。陈亮的脱贫过程，正好说明他不是一个大言炎炎的空口白话之徒，而在两浙地区，这种先能自了、再言其他的人，都会被认为是找到了生活的大道至道、值得尊敬的人。这个地方尊尚自立，喜爱能自立的人，认为人能自立才能谈论其他。这个地方不喜欢那些躲在云山雾海的言辞之后，用谎言欺骗或用强权驱赶群氓的做派。

青少年时期的经验会对人一生产生重大的影响。那么何种经历对人的成才最具促进作用？这不能一言遽定。今天大家推崇的模式多为家庭富裕，父母双全且充满慈爱，最好还生活在世界级城市。至于江湖上多有传颂的鲁迅语录，则是说一个人从小康之家坠入困顿的途路中，大概更可以看见世人的真面目。而陈亮，则有着更为具体的困顿情境。其实他出生时家中略有田产，他则颇受祖父的宠爱，连他名汝能、字同甫也是出于他祖父的决意。陈亮18岁左右就写成了《酌古论》而为婺州（今浙江金华市）的最高长官周葵所赏识。周葵入朝为官，还将陈亮带到自己家中客居，让他有机会与国之精英结识交谈。也因此陈亮年轻时便名动周边，义乌富户何茂恭还做主将哥哥的女儿嫁给了陈亮。

　　但是从新娘的角度来看，这个家庭真不是一个可以放心依赖的家庭。她看到的陈家，应该有这些人吧：夫君的祖父、祖母，都是不管家事、不事生产的，祖父还使酒任性，好比顽童。更让她触目惊心的是她的婆婆：37 岁，尽管在那个人均年龄不高的时代，也不算特别老，但是婆婆的纵横老脸及衰朽的精力，分明向她提示了自己未来的一生将是何等的艰辛。婆婆在 13 岁生了陈亮以后，两年后又生了陈充，再过两年又生了一子，夭折，再过一年生了一个女儿。那时她才 18 岁，就失去了再生育的能力。也正是由于此吧，她的公公还娶了一妾，并生了一个儿子，名唤陈明，现已 6 岁，但因家贫，出生后 100 多天就送给一张姓人家抚养。夫君据说富有才华，他日或许能够出人头地，但眼下的日子如何撑持？以前的优裕生活能否继续？对何氏来说这是一个颇为痛苦的问题。

　　果然，在何氏新婚不久的那一年八月，陈亮的母亲就撒手人寰。宋代讲究厚葬，厚葬的主要支出倒不是昂贵而丰富的陪葬品，这是因为宋代盗墓之风盛行，大家不愿多用陪葬品。厚葬的支出主要在：择风水宝地，而风水好的墓地地价高悬，非一般人家所能购置；制造质地好、厚重不朽的寿棺；缝制送终用的寿衣；还有盛大的丧礼；丧礼上经常有规模宏大的佛事；还有众多送丧的亲朋好友的饭菜。厚葬在当时已成风气，即使是民间也是如此，对那些贫寒但略有社会地位的士大夫家庭尤有压力。所以这些人家在家人死后，往往无力立即举行葬礼，而是把他们的棺材停放在一边，待到有经济能力时再行安葬，时间一长，据说许多这样的棺材有意无意地遭到遗弃。这也算是一个合理的制度安排吧。陈亮 43 岁时，他的岳父何茂宏故去。虽然何家是富户，当即筹办丧事，但亦历时一年半，结算下来，花钱百余万。这也可算是陈亮无力葬亲的一个旁证。

　　祸不单行。宋时母亡须守三年之丧。而在守丧期间，陈亮父亲陈次尹竟被捕入狱。在一个安定的社会，一个平民百姓被捕入狱，对家庭的打击不仅在于现实层面，更在于心理层面。由此而引起的旁人的猜疑和鄙视，简直使人难以抬头。《宋史》本传记载：当时陈亮家的家僮杀了人，而被杀者恰恰曾经侮辱过陈次尹，被害者之家人自然就怀疑是陈次尹指使家僮杀人，于是报官。官府将家僮逮捕，动以笞刑，逼问。家僮昏死而复苏数次，不服。官府接着将陈次尹也抓了进去。这件事情说得井井有条，但其实属于误记。陈次尹此时被系狱是真，然而由于什么原因，今天已无从考证，可能是由于仇家之故吧。我们只知道在陈次尹入狱后，他的父母亲经受不了这样沉重的打击，相继下世：陈益逝于乾道三年（1167）的十二月廿七，黄氏则死于前6个月再加1个闰月，那么应该是该年夏六月的事情。如今三具棺材停放在家，孤灯破壁，一派凄凉，自幼生长于富家的何氏，见到这样的惨状，实在难以忍受。娘家怜惜她，于是不顾陈亮的面子，将女儿接了回去。陈亮心中，当时一定是充满愤慨的吧，不过在他遗留的文字中，除了有过一句话："我妻生长富室，罹此奇祸，其家竟取以归。"没有别的埋怨之词。陈亮确实没什么可埋怨的：在此艰难时节，陈亮的亲弟弟陈充，也带着妻子离开了家，在路旁的小房子里居住下来，言下之意是家中的烦恼他不再管。这种表现说来比陈亮的妻子更差劲。此时的陈亮，为营救父亲四处奔走，也顾不得在家居丧的古礼。陪伴祖父母和母亲的灵柩的，是他的妹妹与一个小婢。陈亮日后回忆起这一段时，依然悲不自胜。

在这段困顿时期，陈亮四处奔走，恳求官员予以援手，解救父亲。经过艰苦的努力，此事终于有了结果，陈次尹于乾道四年（1168）夏四月十二日，在他以前曾向周葵推荐过的叶衡的帮助下获得释放。陈亮家境原本不富裕，到他父亲出狱时，家中已无寸土可耕。

必须想办法摆脱如此贫困的生活。乾道八年（1172），陈亮设帷授徒。次年农历十二月初二，他终于将停了多年的祖父、祖母和母亲的棺材下葬，地点在龙窟卧龙山下。这次下葬大概将他的积蓄一扫而空。同月二十四日，陈亮的父亲陈次尹倏然病逝。既已将三位长辈下葬，将父亲的棺材再次停置，也不恰当。贫困之极的陈亮这时下定决心，向人借了钱，安葬了父亲。按丧礼得守三年之丧，但陈亮实在没有能力守丧。坟墓未干，他将父亲的灵位移到了道旁的小屋，将大房子腾了出来教授生徒。为此，他专门写了《先考移灵文》，哭诉自己的状况，希望父亲的在天之灵原宥。

直到淳熙九年（1182），出现在文字里的陈亮，境况似乎也不怎么好。那年浙境大旱，陈亮所在的婺州又复大疫。陈亮跟朱熹写信说，如果六月份还是不下雨，就要"去绍兴请教，且求一碗现成饭吃"了。"现成饭"一词，今天永康俗语尚用，意思是不须劳动换取的饭食报酬。只不过，让人惊讶的是，三年后，他给朱熹的信中说，他已盖了新房，并布置花苑亭台，种树植竹，以前变卖殆尽的先人产业 200 亩田，而今不仅尽数赎回，且有扩展，种植除粮食外，更有蔬菜桃李。俨然一副田舍富家翁景象了。

对一个人脱贫致富的经过，我们总是怀着满腔有时甚至是过多的兴趣与关注。陈亮的脱贫致富，哪怕是给后代的研究者，都留下了一个可以钻研的话题。徐规、周梦江先生曾设想陈亮利用了妻子的嫁妆赎回祖业。[1]不过后来他们自己也否定了这个观点。此处可以为他们的自我否定再加一条情理上的旁证：古代中国强调产传男丁，所以，哪怕是当家人要动用家中财产资助出嫁的女儿，都会遭到儿子们的强烈反对，几乎难有成功的可能。至于是否靠设馆授徒，宋代经济史研究名家漆侠先生经研究后，明确断言，陈亮脱贫致富，以一个教书匠的微薄收入是不可能的，只有经商与放高利贷才可能做到。周梦江先生通过对吕祖谦与陈亮书信及其他资料的系统考察，发现陈亮曾四次前往永嘉。参照永嘉当时商业发达的盛况，他得出的结论是：陈亮凭做生意完成了脱贫致富。[2]

---

[1]徐规、周梦江：《试析陈亮的乡绅生活》，徐规：《仰素集》，杭州大学出版社 1999 年版，第 540 页。

[2]周梦江：《试论陈亮永嘉之行及其目的》，卢敦基等编：《陈亮研究——永康学派与浙江精神》，上海古籍出版社 2005 年版，第 192 页。

商业运作与文化事业最大的不同，端在于文化事业可以开诚布公，而且流布范围越大越好。而商业秘密必须严格限制知情范围，否则一旦被旁人抄袭模仿，其边际效益马上急剧下降。此正是古代商业研究的难点，盖原始材料包括账本皆已毁弃难寻。所以，陈亮如果真的靠经商脱贫，今日也仍然找不到具体材料予以佐证，但是细绎陈亮书信，确有蛛丝马迹可寻。周梦江先生举出几例：

淳熙五年（1178）夏，陈亮写给友人石斗文（字天民）的信中说："亮为士、为农、为商，皆踏地未稳，天之困人，宁有穷已乎？"在写给朱熹的信中，陈亮说："亮口诵墨翟之言，身从杨朱之道，外有子贡之形，内居原宪之实。"子贡名端木赐，是孔子弟子中最善于经商者。淳熙十一年，陈亮遭遇第一次狱事之后，在《谢郑侍郎启》中说："身名俱沉，置而不论，衣食才足，示以无求。人真谓其有余，心固疑其克取。而况奴仆射日生之利，子弟为岁晏之谋。"[①]

最后一条，更是铁证如山，说明他的家门有一个不小的经商团队。

陈亮关于农商皆本的论述，今人皆已注意到："古者官民一家也，农商一事也。上下相恤，有无相通，民病则求之官，国病则资诸民。商借农而立，农赖商而行，求以相补，而非求以相病，则良法美意何尝一日不行于天下哉！"这里的"古者"云云，不一定是远古中国社会的实际状况，古代文人凡是描绘社会理想境界，皆会统一采取这种以古为例的标准写法，其主旨都是针对现实的。而在这里要特别强调的，是陈亮主张"农商一事"、反对重农抑商的非凡思想，不仅仅来自于他对社会所作的理性思考，更来自于他亲力亲为的社会实践。这种来自实践的理性认识，才是最深刻、最不可动摇，而且最具有力量的！

关于陈亮脱贫的情况就交代到这里。下面叙述陈亮一生所经的冤狱。

---

① 周梦江：《试论陈亮永嘉之行及其目的》，卢敦基等编：《陈亮研究——永康学派与浙江精神》，上海古籍出版社2005年版，第192页。

作为一名儒生，陈亮坐过牢，而且皆是冤狱。《宋史·陈亮传》记载了三次陈亮入狱的情况。陈亮自己在中状元后、死前一年的《告高曾祖文》中明确说过："十年之间，亮两以罪系棘寺。"两者抵牾，两相对照，应以陈亮自述为是。邓广铭、董平诸先生等对陈亮的两次冤狱已有较为清晰的考辨。可以负责地说，陈亮此段时期的遭遇已经有一较清楚的轮廓。这里为了阅读方便，以叙述事情真相为主，中间略辩各家说法。

话说永康有一姓吕的人家，父名吕师愈，有子吕约、吕皓。吕约曾为陈亮学生，吕皓则曾在陈亮上书失败后讽刺、劝谕过陈亮。吕家与应该是同村的卢家有争执，起因很小，不满百钱。但卢家系一厉害之辈，竟罗织罪状，将吕师愈、吕约父子告到官府，致收于监。

吕氏父子以何罪被捕？不满百钱的争议当然不足以构成犯罪的根由。卢家的告发是吕家犯叛逆大罪，罪不容赦。几年前，应该是吕约吧，在酩酊大醉后，可能一时忘形，玩扮演君臣的游戏。这一痛脚被卢家抓牢，致使吕约被捕，后来吕师愈亦被捕。

扮演君臣之游戏，究竟详情如何，今日已不能确知。写过"满园春色关不住，一枝红杏出墙来"的叶绍翁，在笔记中记载陈亮也牵涉此案。他是这样描述的：

陈亮、狂士甲、一妓女，同在一萧索寺院狂饮。醉中将妓女呼为妃子。同饮的还有一人，借机想将陈亮拖入陷阱，就跟狂士甲说：你既已册封了妃子，那也要封宰相喽。狂士甲就说：陈亮是左相。此人再问：那我呢？甲说：你当右相。我用左右两相，大事成矣。某人便让甲就座于僧之高位，二相前往奏事，毕后跪拜。甲俨如皇帝，接受跪拜，妓女则捧觞唱"降黄龙"歌，以示给皇上做寿。妓女与另二人同呼"万岁"告终。[1]

当时吕皓被抓入狱，陈亮并未受牵连，所以叶绍翁的记载根本大

---

① 〔宋〕叶绍翁：《四朝闻见录》，沈锡麟、冯惠民点校，中华书局1989年版，第24页。

误。但从这段记载推断吕氏案件详情之一二，或不为远。

以这种醉后相戏之事作为狂悖罪证，即使处于古代社会纲纪明肃的时期，似乎也不十分过硬。所以，卢氏接着又利用另一桩事件继续罗织罪名，诬陷吕氏蓄意毒杀他人。吕师愈也许就因为此事被系狱。

这一次毒人事件，牵涉到了陈亮。叶适略记此事云：

一次乡人的宴会上，有一些胡椒粉，主办者将其特意放到陈亮吃的那碗羹中，这是村民敬重某人的习俗。结果，坐在同一桌的人回家后突然死去。家人怀疑此物有毒，陈亮因而入狱。[①]

但叶适此说也有误。真实情况大概是这样的：卢家之家长大概那天吃饭时与陈亮同席。酒席散后近半月，卢家此人患病而死，死前大夫等都去看过，也没什么特别的说法。死后近10天，其子突然扬言，是吕师愈与陈亮共谋毒死了卢氏。他去告官，官府接受了卢氏的说法，于是将吕师愈、陈亮逮捕。[②]

陈亮入狱，起初因杀人罪。但是官府确实不能坐实陈亮杀人的证据。而此时，事情已经起了微妙的变化，人们控告陈亮索贿、受贿。于是，案情又进入一个新的阶段。

为何一个身无官职的陈亮会被人认为犯了索贿罪？原因正在于他和朱熹的关系。他与朱熹的学术友谊，让社会上很多人以为他在朱熹面前能说上话。再加荒年之后，陈亮竟动工盖房子，而他以前穷困至极，祖父母和父亲死时都无力举办葬礼，为何如今竟一富如斯？乡间对人们的暴富，难免有种种的猜忌、嫉妒等心理，而人们也容易将陈亮的暴富与他跟朱熹的关系联系起来，认为是他借朱熹与他交好，到处索贿受贿。否则，一个原来穷得可怕的书生何以一夜暴富？这种社会心理引发的胡乱推测，毫无证据，但千万不能低估它的杀伤力。

问题还不止于此。此时的社会环境，有了一个重大变化，那就是

---

① 〔宋〕叶适：《陈同甫王道甫墓志铭》，〔宋〕陈亮：《陈亮集》，邓广铭点校，河北教育出版社2003年版，第419页。

② 〔宋〕吕皓：《云溪稿·上丘宪宗卿书》，"续金华丛书"本。

对道学已经出现打压的迹象。而禁道学的直接起因，便来自于朱熹奏劾唐仲友。在那场案子中，唯朱熹知道陈亮未跟自己说过半句情，完全置于事外，外界却几乎都把陈亮看成朱熹一伙，于是陈亮正好撞在这一事件的枪口上。也许永康的县官正好是与反道学的势力一伙，也许他为了秉承上意，迎合上司，而将陈亮重加治罪。只是陈亮一来真不是道学，他还一直反对道学，看不起道学先生；二来也从未卷入任何官场斗争；三来更无以毒药害人之事。所以，当事者的百般推寻，也不能在他身上落实什么罪状。

但要从狱中释放，毕竟还需要许多契机，特别是需要高层次人士的干预。吕皓在这时做出了一件惊天地泣鬼神的事情：吕家务农而不忘科举，但吕约、吕皓兄弟似乎屡试不就。旱灾荒年中，朝廷特开纳粟捐官之例，吕家为吕皓捐得一官。吕皓在这时毅然上书，辩父兄之枉，并决定将自己的官职还于国家，以交换父兄的无罪。吕皓在给孝宗皇帝的上书中提到了汉代的缇萦，她在父亲获罪且膝下无子时挺身而出，上书请求入身为官婢，以赎父刑，汉文帝大为感动，免去其父之罪。吕皓说不要使圣世的男儿，不及汉代一女子。①孝宗于是释吕师愈、吕约父子，而吕皓孝义之名，当时传遍天下。吕家父子既得赦免，被牵连的陈亮自然也得以脱狱。《宋史》本传中记载说，宋孝宗干预了陈亮的狱案，说是"秀才醉后妄言，何罪之有"，并将关于陈亮犯罪的文书一把划到地上。

陈亮这次入狱，大概才真正知道了世情之可畏：一个人要被控告，可以有无数的理由；而纷乱的社会舆论，也会给予无数的口实。唯一可庆幸的是未尝身受肉刑。

在陈亮系狱期间，营救最力的是他的内弟何大猷及同父异母的弟弟陈明、弟子喻侃和喻南强等。陈亮出狱后还致信宰相王淮致谢，认为是他主持公道。其实王淮在此狱事中的作用比较难说，但不管怎样，

---

① 〔宋〕吕皓：《云溪稿·上孝宗皇帝书》，"续金华丛书"本。

陈亮终于身出囹圄，重获了自由。

陈亮大抵是春末三月被抓的，在牢里度过七八十日。五月二十五日正式被释，六月二日回到永康老家。这时他给朱熹写了一封信，也就是前面所述他与朱熹论争的开始。

绍熙元年（1190），陈亮48岁，又一次遭受莫须有的冤狱，被捕入监。

他是在这一年的农历十二月被捕的。事情的起因，是陈家的家僮吕兴、何廿四打死了吕天济。吕天济临死前留言说："是陈亮派人杀我。"这桩案子的发生地点，应该在永康境外，而被杀者早年曾经侮辱过陈亮的父亲。吕天济家遂向官府报告，指控陈亮指使杀人。县令王恬将吕兴、何廿四抓到，动以大刑，让他们供出幕后指使人。虽经大刑，他们没屈打成招。台官还专门挑了以酷严出名的吏员审问，仍没找到陈亮指使杀人的任何证据。

对于这次狱事，董平先生的考证可谓细致，这里主要采用他的说法。①他认为：陈亮这次入狱，案情并不复杂，但为什么系狱时间特别长，应该有下面两个原因：

一是当路者对陈亮的怨恨以及由此引起的打击报复。这个人，很可能就是何澹。何澹，字自然，处州龙泉（今浙江龙泉）人。他为官心切，功名心重，做人很不地道。《宋史》记载，他最早被周必大看中，提为学官，但后来两年没有升迁，是留正提拔了他。他就对周必大产生怨恨，后来做了谏官，马上弹劾周必大，周必大因此落马。而且他还连带攻击周必大提拔的其他能人才士。他的好朋友刘光祖劝他说，周丞相当然有可议之处，但他门下有很多能人佳士，没有必要牵连上他们。何澹不听。据叶绍翁记载，陈亮参加考试时，是何澹负责看他的文章，并将陈亮黜落。陈亮心怀不平，向满朝的老朋友说："我老了，今天反被小子所辱。"何澹听说后，对陈亮怀恨在心。董平考定

---

① 参见董平、刘宏章：《陈亮评传》，南京大学出版社1996年版，第119—125页。

此事发生于绍熙元年（1190），因该年陈亮再试礼部，而何澹也正好于此年"同知贡举"。同年四月，何澹为御史中丞，正合"台官"身份，很有可能是何澹在衔恨报复。

第二个原因，还是上次已经害过他一次的社会舆论。说来说去，人们对他何以能够从一贫如洗到置田盖房甚至放高利贷心存疑虑。原先人们是怀疑他与官员如朱熹等交通，借此敲诈官吏百姓。这一次，人们倒是怀疑他为"土豪"，且背地里还可能做打家劫舍的勾当。众口铄金，这种社会舆论对陈亮此案的认定肯定加重了在某些方面的疑点。而且，最有意思的是，陈亮知道人家对他的议论，还多次说到人家的猜疑，但他很少解释自己是如何富起来的。只有一点可以确认，陈亮是一个将国事系于胸中的士大夫，是一个不蝇营狗苟、不整人害人的正派之人。在研究陈亮许久后，我可以负责任地这样断言。

陈亮在衢州的监狱中，被囚大约一年又三个月，在绍熙三年（1192）二月出狱。在狱中时，他的许多亲朋故友，出力相助者甚少，而张定叟、辛弃疾虽大力营救，但效果也不明显。直到绍熙二年八月，何澹逢继母之丧被斥去职，大理寺少卿宋之瑞被侍御史林大中弹劾转出知外郡，郑汝谐由江西转运使入为大理寺少卿。在郑汝谐的主持公道下，陈亮得以获释。

老友陈傅良在陈亮出狱后，写信来贺其脱险，并着实规劝了一番。他说，这次既得以脱祸，应该还一学者模样，将秦汉间士大夫的所为封起，低头合眼，杜门宴坐，享受和平之福。浙西买的房子，如果弄好，便可考虑迁往居住。①陈傅良这段话中，"秦汉间士大夫"数字尤有深意。我们读《史记》《汉书》，知道秦汉风气与宋代判然有别。秦汉讲任侠，讲气节，士人行动性较强。宋代则讲规矩，讲道德修养等。陈亮生活在宋代，但他的脾气、喜好等更近于古人，也更易与时代发

①〔宋〕陈傅良：《答陈同父第三书》，《陈傅良先生文集》，周梦江点校，浙江大学出版社1999年版，第462页。

生冲突。陈傅良作为陈亮的挚友，应该很了解陈亮，他的劝告因而也更有的放矢。

陈亮也许真的一辈子没有学会处世之道。他心系天下，却两次被下冤狱。他谋国有余，谋己却不足。当然我们也不能说陈亮就不对，应该研究生他养他的这块故土究竟出了什么问题，竟两次将一个正派且不干预实际事务的思想家送入大牢。叶绍翁云，永康风俗好讼，数十年必有大狱。陈亮之狱大不大不好说，然而这种风气自宋代就有是可以确定的。直到20世纪末，一个主管过全省律师工作的朋友跟我说，永康好讼至少在全省是突出的。近年经济发展，风气已变了许多。当然，一个现代化的法制社会，再要重现孔夫子的"无讼"理想，等于痴人说梦。我们希冀的，是一个充满生机、经济发展、社会公正、生活幸福的法治社会。

四、状元之路

陈亮降生时，他的母亲才13岁。当时婴儿诞生以后，也不是一定事先取好、当场定下名字的。陈亮祖父陈益此时对孙子满怀中兴家道的希望，日有所思，夜有所梦，在梦中看见一位叫童汝能的状元。他认定自己的孙子是状元托生，于是将其定名为汝能，字同甫。至于改名为亮，则是乾道四年（1168），陈亮25岁时的事了。这一年，陈亮参加了婺州乡试，名列榜首。次年春天，他参加礼部试，自忖很有希望及第。但出乎意料的是，他名落孙山。

陈亮还曾二进太学。太学作为国家最高教学机构，汉代就已设立。宋徽宗出于专制的需要，大大扩展了太学的规模，并规定学习优异者可以通过参加校内考核直接授官。南宋部分延续了此法，让士子在科举考试外多了一条出头的路。陈亮在太学中接触了很多士子。不过，他眼高于顶，芸芸众生根本不入他的法眼。淳熙四年（1177），他参加了学校例行的年试。此时陈亮已经决定，不管碰到什么题目，他一定要将自己的所思所欲全盘托出。结果是这份答卷完全不符合通常的程式，众人大哗。本来就打算拆穿太学的假权威，得到这等结果没有出乎他的意料。他弃太学如敝屣，不长的时间后，他主动回永康家乡去了。

次年，陈亮三上孝宗皇帝书无功，不得不回到通常的科举之路。淳熙十四年（1187），他果真又去了都城临安。但考试前，他不幸染上了病，很可能是一种传染病。他拖着病体，坚持入考。但考完后，陈亮实在顶不住了。应该是他托人给家中带了信，他的两个弟弟，在钱塘江的渡口等着他。待到陈亮仓皇渡过江，正好倒在弟弟们的怀中。兄弟相携，越四百里归家，他就倒在床上，一个月以后才吃饭。让他更为痛心的是：他的庶弟陈明，竟从他身上染病，而且病死。这一次的结果又是落榜。三年后，他又一次遭遇莫须有的冤狱，没机会参加例行的考试。

绍熙四年（1193）春，陈亮应礼部试，考中进士。五月殿试，陈亮为状元。在结果揭晓前，他对自己科名的期待是在第二、第三名。高中状元，应该出乎他自己的意料。不过，他的内心深处，应该是早以状元自许的。当年与朱熹通信时，他就自评："堂堂之陈，正正之旗，风雨云雷交发而并至，龙蛇虎豹身见而出没，推倒一世之智勇，开拓万古之心胸。"这又岂是区区一个状元所能负载！

揆诸中国古代科举的实际情形，由考试官判卷排出前几名，最后由皇帝钦点状元，其实是较为常见的。所以，谁最终成为状元，确实存在较大的偶然性。陈亮这个状元的得来，与朝廷大局有着深切的关联。

当年宋太祖赵匡胤取得天下，临死时"烛影斧声"，千古疑案，皇位落到了他胞弟宋太宗赵匡义及其子孙手上。靖康之变，二帝被俘，赵构因在外地得脱。一条漏网之鱼，遂成南宋皇帝。建炎三年（1129），宋高宗赵构在淫乐时听到金兵突临的消息，仓皇出逃，并在此次惊吓后失去了生育能力，早年生下的一子因病夭亡。当时也有人提出这么一种观点，道是金人南侵、二帝被俘，乃上苍报复宋太宗及其子孙夺取胞兄及其后裔之皇位所致。今天的人们完全可以说它纯属荒唐，但不要忘记当时人们的惯常思维，即使是赵构本人都觉得不无道理。他遂有还位于太祖后裔的念头。① 赵构先后将同是太祖后裔的两名幼童选入宫中，一名5岁，一名6岁，观察培养。20多年后，才定下其中一位为皇子。绍兴三十一年（1161），金完颜亮南侵，势如破竹，到长江后遭到宋军殊死抵抗，自己亦因内讧而死。次年，战争局势有所缓和，宋高宗遂决定禅位，立赵眘为皇帝，自己为太上皇。新皇治政，一开始锐于进取，有恢复江山之志。虽然用兵等举措由于种种原因屡遭挫败，但他对宋高宗赵构长持孝心则从未改变，这也是他死后被称为宋孝宗的缘故。赵眘即位后，于乾道三年（1167）立三子赵惇为太子。

淳熙十四年（1187），太上皇宋高宗崩。7日后，宋孝宗作出了一个令人意外的举动：为太上皇守孝三年。古人父母丧，须守丧三年，实际是以9个月为一年，共守丧27个月。皇帝守丧，则以日代月，守27天。赵构当年为宋徽宗守丧时采用的就是这套礼制。皇帝君临天下，政务繁忙，采取这条变通之计，也合常理。但为什么宋孝宗要自我作古、毅然决定守三年之丧？而且他多年受太上皇遥控掣肘，此次太上皇仙逝，他为什么不趁此机会，尽情施展自己的才华，落实恢复故土方略，而要大花时间精力于这传统而无效验的烦琐丧制？

余英时先生在《朱熹的历史世界》中有一较新颖且能自圆其说的解释，姑且综合述说如下：

宋孝宗对太上皇宋高宗怀着极致的感恩之情，但同时潜意识中又埋藏着一种强烈的负面情感冲动。后面一种因素，孝宗自己可能有意识到，可能意识不到。但正是这两种相反情感的剧烈冲突，促使宋孝宗在独自掌握政权后作出了一系列顺理成章的举动：守三年之丧，引

---

① 何忠礼：《宋代政治史》，浙江大学出版社2007年版，第413页。

入太子参加政务，禅位给儿子光宗。

宋孝宗对宋高宗的感激之情，见于各种文献，也很容易把握。但是抗拒的心理因素也正来源于此。宋孝宗于绍兴二年（1132）被选入宫中作为皇储，到绍兴三十二年登基，30年中一直经历着如在悬崖边上行走的严峻考验，稍有不慎，马上便会从高峰坠落到万丈深渊。他先后与另一人一同被选中为皇帝候选人，在漫长而充满细节的考验中胜出；然而在这期间，只要有一天高宗生子，他的所有努力也马上成为泡影。30年的考验固然使他对高宗心存感激，但心中滋长一些反抗的潜意识也是顺理成章。

问题更在于，在登基之后长达25年的时间中，孝宗一直生活在太上皇的阴影中。在人事等问题上，高宗其实一直进行大的掌控。最关键的是，高宗对孝宗的恢复之计根本反对，主张以和取静的苟安局面。在此局面下，孝宗唯有压抑自己的真实冲动，以"天下未尝有难成之事，人主不可无坚忍之心"勉励自己。传说孝宗在宫中行走，常拿一漆杖。一天游后花园，偶忘携带，令小太监去取，结果是两个小太监拿得筋疲力尽，盖这漆杖是精铁铸成，沉重异常。孝宗志在恢复，竟然卧薪尝胆如此。

等到太上皇死去，权力归于一人，此时孝宗的举动便充分暴露出内心的冲突：一方面，传统的伦理道德以及发自内心的感激，促使他表现出"孝"的种种举措；另一方面，对宋高宗的不满偶尔会在夜深人静等时刻冒出，对太上皇的死去，潜意识中会感到欣喜。这种冒天下之大不韪、也严重违背孝宗表层意识的念头，使孝宗有强烈的犯罪感。在此情形下，他唯有用更严谨的守孝、更极端的"三年之丧"，向天下表露自己的心迹，并以此平息内心深处冒出的罪恶感。

同时，孝宗面临太子急待接位的重重压力。他的儿子光宗，乾道七年（1171）受皇太子册，已经十有六年，他年纪也已四十。孝宗接位时35岁，依此推断，光宗多年承受的心理压力至少不会比他父亲小。再加光宗的夫人，出身于群盗之家，是个未经儒家伦理熏陶的泼妇。

她急着想让丈夫继承皇位,在两人独处时,估计她给其夫以非常大的压力。在此情况下,孝宗不能不作出让步。在太上皇死后一个月让太子参与政务,便是他采取的措施。到淳熙十六年(1189)二月,即太子参与政务不满15个月时,宋孝宗主动退位,传位给光宗。光宗尊孝宗为"寿皇圣帝",约定每月4次朝见。孝宗在位期间就坚持定时朝见高宗,一方面是表示守孝道;另一方面,也是迫于退位了的统治者不愿彻底放弃权力、借此机会遥控朝政的需要。孝宗自己多年来吃尽这个苦头,但轮到他自己退位,忍不住以父辈之道还治儿子之身,定下这个类似的制度。

孝宗万万没有想到,他能够做到的,儿子却不能做到。首先,宋孝宗有着非常强烈的使命感。孝宗被选为皇帝,概率极小,所以他心目中不能不有天将降大任于是人之感,不能没有远大的雄心和抱负。有了这雄心和抱负,他可以苦其心志,劳其筋骨,饿其体肤,动心忍性,曾益其所不能,以坚韧的意志去克服太上皇带给他的种种不快。光宗接父亲的班,在意志上与父亲有天壤之别。其次,也是由于以上的原因,孝宗对高宗更加感恩戴德,而光宗则觉得自己接班天经地义。其三,前面已说到,光宗的妻子李后,出身群盗之家,未受传统伦理熏陶,残忍弄权,肆意妄为,对光宗压力尤大。比如一次光宗看一宫人手白,喜欢。日后李后派人送给光宗一食盒。光宗打开一看,竟是那宫人的两只手。绍熙二年(1191)十一月,李后趁光宗外出祭祀,杀死了光宗宠爱的黄贵妃,以暴病报。那天晚上,光宗正在祭祀天地,遭突如其来的暴风雨,蜡烛尽灭。这在传统中国是一种极为不好的预兆。光宗屡遭刺激,遂发"心疾",就是今天说的精神病,不能视朝处理政事。

孝宗与光宗间还有一个冲突,那就是父子关系处理不好,由此造成更为严重的后果。如果说孝宗朝见高宗忍受种种不快,由于不是亲父子反而能够容忍的话,孝宗对于光宗每月4次的教导,对光宗来说就是最为沉重的负担。光宗得精神病,虽可能与该家族的某种遗传因素有关，但来自父亲的压力毕竟也是非常重要的因素。后来，光宗对父亲的抗拒心理日渐加强，不再定期去朝见孝宗。许多臣子对此奋死谏争，终不能挽回光宗的心意。

明白这个背景，对陈亮为何能摘取状元的桂冠，自会有更透彻全面的认识。

绍熙四年（1193）五月，陈亮参加殿试。光宗的心疾可能是间断性的，此时应该有所好转。策问问的是如何让士大夫不再偷惰，刑狱如何能除冤滥之弊。这两个题目也许是有感而发，反正问得有些水平。而要引出这个题目必然需要一些套话，光宗这次的套话，是我继承皇位已经5年，平时尽孝遵命，但天下并未因此治理得更好，这是为何，等等。

这两个题目应该搔到了陈亮的痒处。陈亮一生不以书生自命，对书生的不满言论随处可见。同时，他又无端蹲过两次大牢，对刑狱的冤滥有常人所不能及的认识。但在廷对中，他似乎没有表现出特别深刻的见解。或者说，即使有些见解，也从未引起皇帝以及后人的注意。相反，是一句近乎敷衍的套话，让他赢得了皇帝的青睐。他从原定的第三名，由光宗亲手拔擢为第一，为该次大试的状元。

陈亮是怎样说的呢？他说："我看陛下对于太上皇，28年来尽忠尽孝，察言观色，细心揣摩，照做施行，何止一端，有什么必要坚持每月4次朝见的表面礼节，作为一种给外人看的东西呢？"

为什么我敢说陈亮讲的是套话？廷对的下文就可证明。在快结尾时，陈亮说："陛下之孝，即使是古代著名的孝子像曾参等都有所不及。但你不坚持定期朝见太上皇，一般人对你就会有看法了。其实这很简单，只要陛下马上如故朝见，怀疑就会涣然冰释。"

这是中国古代文人惯常用的欲擒故纵之术。可见陈亮的最终目的，还是劝解光宗应该朝见孝宗的。

但是皇帝、时人乃至后人，都只看重陈亮的前半句话。史载，光宗见后大喜，以为陈亮"善处父子之间"，即认为陈亮能摆正他与太上皇的关系，为他不按时朝见作了强有力的辩护，遂御笔将陈亮擢为第一。有意思的是，太子闻之亦喜，觉得陈亮给自己减轻了类似的负担。皇室之中，唯有孝宗看重陈亮的后半句话，所以也很高兴。同样的一段话，让有深刻矛盾的祖孙三人都欣悦，这种情形怕是不多。

　　与陈亮同时代的人，不少对陈亮高中状元有看法。如陈傅良当时为中书舍人，是坚决主张光宗应该朝见孝宗的一派。由此他对陈亮不能不有所保留。陈亮死后，作为陈亮的好友，陈傅良没有写悼念文章。他自己解释是过度悲伤所致，但有人指出是他不愿写。这个观点现在很得到赞同。后人如危稹，还有清代的浙东史学大家全祖望，也抓牢陈亮的前半句话，认为陈亮功名心重，只想做状元，于是不顾气节，阿谀奉承，附和光宗之不孝举动，晚年有失节之嫌。其实只要平心静气地细读陈亮的答卷就能明白，抓牢陈亮的半句话小题大做，实在没什么必要。中国之君子，明于知礼义而陋于知人心，对光宗的心理问题无法了解更无能为力，却抱住僵死的教条严格要求，实际上解决不了任何问题。而陈亮在廷对中要的那么一点小花招，本来骗不过任何人。人们只因为自己身在其中的缘故，片面强调其中的一点，遂造成对陈亮的种种误解。其实责任完全不在陈亮身上。

　　按照惯例，陈亮被派往参赞帅幕，以备大用。具体职务是：签书建康军节度判官厅公事。

　　陈亮的状元之路，在他50岁时终于走到了辉煌的顶点。

　　此时对照一下永康民间关于陈亮作为状元的故事，很有意思。

　　作为陈亮的同乡，笔者小时候在夏夜的月光下，听老人们说过一些关于陈亮的民间故事。其间印象较深的一则，是说状元与耽于玩乐的太上皇的应对。

　　太上皇问陈亮："你是永康什么地方的人？"

　　陈亮奏道："身坐龙窟，手攀两珠，脚踏两黄，地处龙山。"

　　"永康有哪些好嬉的景致？"

　　"永康有五里花园、十里长城、廿里花街。"

"还有什么?"圣帝追问一句。

"九犁八百,一耙千秧。"

"偌大的田,又有偌大的牛耕?"

"永康有头大水牛,牛绳吊离城南三十里的石柱,牛头插离城北二十里的五光塘喝水,牛粪放离城东四十里的牛粪岭则止。"

"这牛又吃什么呢?"

"卢头人参!"

"难道永康有这么富?"

"永康有十五里金山。"

"喔!"圣帝兴奋地说:"这么个好地方,朕想亲自去看看。"

这太上皇决不能让他去寻开心。这时陈亮心想,否则,永康百姓准会遭殃。于是奏道:"啊!去不得,永康有山岭阻挡。"

"什么山岭?"

"白窖如天,上落半年。"

"花半年也得去一趟。"

"还有乌江难渡,半月沉江。"

"沉江半月也要去!"

"更有窄水弄峡,人过侧过,马过夹散,过了窄水弄峡,方见太平。"

这类故事,在民间流传相当广泛。就如同他们也知道皇帝有不少女人,所以吃饭时东宫娘娘会给皇帝摊大饼,西宫娘娘则忙着剥大葱。

这个故事发生在陈亮成为状元之后,但也明确地折射出大众对于状元这一概念的认识。

他们觉得,身为状元,必须辞令娴熟、文采斐然,而且敏于应对,富有捷材。比如这个故事中的花园、长城、花街等,均为永康村镇地名,但用在这里,又有了别样的巧妙意思。如果出现了纰漏,还应该有及时转圜、掩盖破绽的非凡能力。至于文中"这太上皇决不能让他去寻开心"一语,应该是记录者受当下思想观念影响,在转录民间故事时修订加工而成。笔者年幼时听乡间老人讲这段故事时并没有听到过这段，从头读下来到此也觉突兀。而且故事假设皇帝是完全不懂地理的，假设皇帝因为没有实地到过某处所以完全不知道那里的情况。这种大传统与小传统的分歧、对立，在古代其实是常态。研究大传统与小传统的重合与分歧，应该是中国思想史极为重要也极具趣味的重要课题。今天我们谈浙学，也不能完全忽略这一角度。

陈亮在回乡祭祖后不久就因病逝世，未能在官位上施展雄才。其逝世的具体状况今天已难尽考，此处姑且略过。

回到本文开头，今天我们是以"浙学大家"的框架来认识陈亮。但是如果我们没有忘记人是一个多面相的、复杂的综合存在体的话，那么陈亮至少应该被看成具有如下几种身份：国事活动家、思想家、文学家、状元、教师、商界人士、狱中罪人等。罪人之罪全属冤狱。商界人士的身份其实也很重要：没有从此而来的盈利，无以立身，他一生的国事活动与思想论争可能都无从谈起。但因为商务活动多涉及商业秘密，而且除了立身有余外也未成当时的大富豪，所以难以准确估计他身价多少。教师的身份，对他治生与成为"永康学派"的领军人物都起了很大的作用。状元的身份，暗含文学优异和仕途顺利两重意蕴，只是因为他未在官位上有所展布，所以在政治实践上也无痕迹留存。作为文学家，他在词史和散文史上都留下不少优秀作品，但近世所重则偏重词，对陈亮之文的成就没有充分认识。思想家的称号，则大抵属于偶然：如果他不认识朱熹，没有同朱熹大胆论争，中国思想史上很可能不会留下他的名字。他的思想的存在可能依然如故，但绝不会像这样集中地表述出来，在论争中得到充分的表达。我们看《宋元学案》中的《龙川学案》，其中陈亮思想的原文，约五分之四来源于陈亮给朱熹的信件，这就是证明。至于国事活动家，陈亮当之无愧：作为一介平民，他一生为收复北方故土而呐喊，而献计献策，历遭挫折而初心不改。这也是陈亮作为一个奇人所必有的一种独特品质吧！其实我在对待"状元思想家"这个称誉时，一直在想：陈亮作为一个思想家，大作俱在，毫无疑问；但是作为一个国事活动家，他入《宋史·儒林传》，到底是状元这个身份，还是给皇帝多次上书这一系列行事，起了更决定性的作用？我也曾就此问题请教过一些宋史专家。他们的第一反应是大笑，觉得我问了个小孩子级别的问题。随后给出的回答却大相径庭。一位说，应该是状元这个身份重要。历代修史，不是具有一定身份的，入正史是十分困难的。今天修史不也是如此？另一位说，应该是国事活动家重要。你看古代状元有多少，难道光凭状元就能入正史吗？回答各有根据，我皆以为有理。大家如果有更好的说法，我当洗耳恭听。

岁月一直在淘洗一切。以前的历史，多数仅仅依赖于为数不多传了下来的文字，同时也无可奈何地遗漏了古人的音容笑貌、行事风格等。前一段关于陈亮身份的思考，是否同样走入了这个误区？如是，在导读的结尾，我想引用一篇祭文，它出自陈亮的挚友，一位同样才华横溢，文韬武略甚至还超过陈亮的伟人。我说的就是辛弃疾。他的《祭陈同父文》，全文如下：

呜呼！同父之才，落笔千言。俊丽雄伟，珠明玉坚。人方窘步，我则沛然。庄周、李白，庸敢先鞭。同父之志，平盖万夫。横渠少日，慷慨是须。拟将十万，登封狼胥。彼臧、马辈，殆其庸奴。天于同父，既丰厥禀；智略横生，议论风凛。使之早遇，岂愧衡伊。行年五十，犹一布衣。间以才豪，跌宕四出。要其所厌：千人一律。不然少贬，动顾规检，夫人能之，同父非短。至今海内，能诵三书，世无杨意，孰主相如？中更险困，如履冰崖，人皆欲杀，我独怜才。脱廷尉系，先多士鸣。耿耿未阻，厥声浸宏。盖至是而世未知同父者，益信其为天下之伟人矣！

主要参考文献：

《陈亮集（增订本）》，邓广铭点校，河北教育出版社 2003 年版。

邓广铭：《陈龙川传》，生活·读书·新知三联书店 2007 年版。

董平、刘宏章：《陈亮评传》，南京大学出版社 1996 年版。

方如金：《陈亮事迹著作编年》，河北大学出版社 2021 年版。

卢敦基、陈永革主编：《陈亮研究：永康学派与浙江精神》，上海古籍出版社 2005 年版。

〔宋〕吕祖谦：《东莱集》，“金华丛书”本。

〔宋〕叶适：《叶适集》，中华书局 1961 年版。

〔宋〕吕皓：《云溪集》，“续金华丛书”本。

〔宋〕朱熹：《朱子语类》，黎靖德编，中华书局 1986 年版。

〔元〕佚名：《宋史全文》，李之亮校点，黑龙江人民出版社 2004 年版。

束景南：《朱子大传》，商务印书馆 2003 年版。

周梦江：《叶适与永嘉学派》，浙江古籍出版社 2005 年版。

何忠礼、徐吉军：《南宋史稿（政治·军事·文化）》，杭州大学出版社 1999 年版。

〔美〕田浩（Hoyt Cleveland Tillman）：《功利主义儒家——陈亮对朱熹的挑战》，姜长苏译，江苏人民出版社 1997 年版。

〔美〕田浩：《朱熹的思维世界》，陕西师范大学出版社 2002 年版。

〔美〕田浩编：《宋代思想史论》，杨立华等译，社会科学文献出版社 2003 年版。

余英时：《朱熹的历史世界：宋代士大夫政治文化的研究》，生活·读书·新知三联书店 2004 年版。

夏承焘：《龙川词校笺》，上海古籍出版社 1982 年版。

姜书阁：《陈亮龙川词笺注》，人民文学出版社 1980 年版。

选 注

上孝宗皇帝第一书

◎解题

面对一个时代的问题非常难，这需要熟悉前史、了解当下、洞见未来，这是一般人无法也无力面对的挑战，陈亮主动迎接了这样的挑战，而且一直没有放弃这样的思考。此书上书时间为淳熙五年（1178），距离乾道五年（1169）上《中兴五论》已过去9年。9年间，陈亮的主要活动是在家乡读书讲学，其间亦多交游讲论之事，思想较前更为成熟。这封上书仍然直面南宋偏安一隅、畏缩求和、粉饰太平等诸多问题，毫不客气地指陈主政者未知形势之关键、不究立国之本末。核心主旨还是北伐，既论述了北伐的迫切性、必要性，以及不可求和的原因，又提出了朝政改革的方向与军事战略的重点，分析深刻、设想大胆、气势雄浑，为陈亮上书的代表之作。

臣窃惟：中国[1]，天地之正气也，天命之所钟也，人心之所会也，衣冠礼乐[2]之所萃[3]也，百代帝王之所以相承也，岂天地之外夷狄邪气之所可奸[4]哉！不幸而能奸之，至于挈[5]中国衣冠礼乐而寓之偏方[6]，虽天命人心犹有所系[7]，然岂以是为可久安而无事也。使其君臣上下苟一朝[8]之安而息心于一隅[9]，凡其志虑之所经营，一切置中国于度外，如元气偏注一肢，其他肢体往往萎枯而不自觉矣，则其所谓一肢者，又何恃而能久存哉？天地之正气，郁遏于腥膻而久不得骋[10]，必将有所发泄，而天命人心固非偏方之所可久系也。

[1] 中国：指我国中原地区或在中原地区由华夏族建立的政权。　　[2] 衣冠礼乐：指文明礼教、礼制法度。　　[3] 萃：聚集。　　[4] 奸（gān）：干犯，扰乱。《新语·怀虑》："邪不奸直，圆不乱方。"　　[5] 挈（qiè）：提、拎，引申为"携、带领"之意。　　[6] 偏方：偏远之地。　　[7] 系：连接，维系。　　[8] 朝（zhāo）：早晨，代指"日"。　　[9] 隅（yú）：山水边角处，引申为"角落"之意。　　[10] 郁遏于腥膻而久不得骋：郁，阻滞；遏（è），阻拦、阻止，引申为"禁绝"；腥（xīng），腥气、腥味；膻（shān），羊肉的气味，引申为臊气，"腥膻"合用在此处指代以游牧方式生存的金人。此句意为：为金人所逼迫阻滞于江南，久久不能施展发挥。

　　东晋自元帝[1]息心于一隅，而胡、羯、鲜卑、氐、羌迭起中国[2]，中国无岁不寻干戈[3]，而江左[4]卒亦不得一日宁。然渊、勒[5]遂无遗种，而愍、怀[6]之痛犹有所诿[7]以安也。晋之植根，本无可言者，而江左诸臣若祖逖、周访、陶侃、庾翼之徒[8]，皆有虎视河洛[9]之意。而元温之师西至灞上，东至枋头，又于其间修陵寝于洛阳[10]，盖犹未尽置中国于度外也。故刘裕竟能一平河洛，而后晋亡[11]。百年之间，其事既已如此，而天地之正气，固将有所发泄矣。元魏起而承之，孝文遂定都洛阳[12]，以修中国之衣冠礼乐；而江左衣冠礼乐之旧，非复天命人心之所系矣。是以一天下者[13]，卒在西北而不在东南，天人之际，岂不甚可畏哉！一日之苟安，数百年之大祸也！

　　[1] 元帝：东晋开国皇帝司马睿，建兴五年（317）在晋朝宗室与南北大族拥戴下，即位为晋王，年号建武，东晋建立，都建业（今南京）。大兴元年（318）正式即位，史称"晋元帝"。　　[2] 胡、羯、鲜卑、氐、羌迭起中国：指西晋时期塞外众多游牧民族，其中胡（匈奴）、羯、鲜卑、氐、羌具有代表性。趁西晋八王之乱国力衰弱，他们陆续建立数个非汉族政权，形成与南方汉人政权对峙的时期。　　[3] 中国无岁不寻干戈：从西晋灭亡（316）算起，一直到鲜卑北魏统一北方（439），北方内迁游牧民族建立的各个政权之间征战不断。

寻，续、接连。　　[4] 江左：江东，指长江下游以东地区，这里指代东晋政权。　　[5] 渊、勒：刘渊，匈奴族，十六国时期前赵开国皇帝（304—310年在位）；石勒，羯族，十六国时期后赵政权建立者（319—333年在位）。[6] 愍、怀：晋怀帝司马炽（307—313年在位）、晋愍帝（313—317年在位），均被前赵刘聪所杀。　　[7] 诿：推诿，推托。　　[8] 祖逖、周访、陶侃、庾翼：祖逖（266—321）、周访（260—320）、陶侃（259—334）、庾翼（305—345）均为东晋时期著名将领。　　[9] 河洛：黄河与洛水的合称，指代两水流域所在的北方地区。　　[10] 元温之师西至灞上，东至枋头，又于其间修陵寝于洛阳：元温即桓温，避宋钦宗讳。桓温（312—373）初为荆州刺史，定蜀，攻前秦，破姚襄，威权日盛，官至大司马。曾三次北伐，一伐前秦，永和十年（354）出兵，曾转战至灞上（今陕西西安东）；二伐姚襄，永和十二年出兵，兵至伊水（在今洛阳城南），大破姚襄，收复洛阳，进入金墉城拜谒先帝皇陵，并设置陵使修复皇陵；三伐前燕，太和四年（369）出兵，与燕慕容垂战于枋头（在今河南浚县），大败。　　[11] 故刘裕竟能一平河洛，而后晋亡：刘裕（356—422），字德舆，小字寄奴，彭城（今江苏徐州）人。幼年家贫，后为东晋北府兵将领，参与镇压孙恩、卢循等农民起义，又击败桓玄，封晋公。清除四川等地割据势力，统一江南，并两次北伐，灭南燕、后秦。元熙二年（420）废晋帝，建立宋王朝。　　[12] 元魏起而承之，孝文遂定都洛阳：元魏即北魏，长期都于平城（今山西省大同市），位置偏北不利于对整个中原的统治，孝文帝拓跋宏太和十八年（494）正式宣布迁都洛阳，此举为其推行汉化最重要的措施。　　[13] 一天下：使天下统一。

　　恭惟我国家二百年太平之基，三代之所无也；二圣北狩之痛[1]，汉唐之所未有也。堂堂中国，而蠢尔丑虏[2]安坐而据之，以二帝三王[3]之所都，而为五十年犬羊之渊薮[4]，国家之耻不得雪，臣子之愤不得伸，天地之正气不得而发泄也。方南渡之初，君臣上下痛心疾首，誓不与虏俱生，卒能以奔败之余而胜百战之虏。及秦桧倡邪议以沮之[5]，忠臣义士斥死南方，而天下之气惰矣。三十年之余，虽西北流寓皆抱孙长息于东南，而君父之大雠[6]，一切不复关念，自非逆亮送死淮南[7]，亦不知兵戈之为何事也。况望其愤中国之腥膻，而相率北向以发一矢[8]哉！丙午、丁未之变[9]，距今尚以为远；而靖康皇帝之祸，盖陛下即位之前一年也[10]。独陛下奋身不自顾，志在灭虏，而天下之人，安然如无事时，方口议腹非，以陛下为喜功名而不恤后患，虽陛下亦不能以崇高之势而独胜之[11]。隐忍以至于今，又十有七年矣[12]。

[1] 二圣北狩：二圣即宋徽宗、宋钦宗；北狩：本意为到北方狩猎，此处为皇帝被掳到北方的婉辞。 [2] 丑虏：对虏人的蔑称，指代金人。 [3] 二帝三王：语出东汉·班固《汉书·扬雄传》，泛指古代帝王。二帝：唐尧、虞舜；三王：夏禹、商汤、周武王。 [4] 五十年：陈亮上此书在淳熙五年（1178），时距靖康之变（1127）已过去50年。犬羊：以金人所畜养的牧畜指代金人；渊薮（sǒu）：泛指人和事物集聚的地方。 [5] 秦桧倡邪议以沮之：指秦桧主张和议，绍兴十一年（1141）南宋与金订立和约。1140年，金兵大举南侵，各路军队连遭失败，南宋举国上下要求收复北方的呼声很高，抗金形势一片大好，但宋高宗、秦桧以妥协苟安为国策，岳飞等抗金将领被害，最终与金达成投降性和议。沮：败坏，破坏。《新唐书·裴度传》："（吴元济）沮骇朝谋。" [6] 雠：仇敌，仇恨。 [7] 逆亮送死淮南：绍兴三十一年（1161）金海陵王完颜亮对南宋发动全面进攻，后金军兵变被杀。 [8] 矢（shǐ）：箭。 [9] 丙午、丁未之变：即靖康之变，1126年、1127年分别为丙午年、丁未年。 [10] 而靖康皇帝之祸，盖陛下即位之前一年也：靖康皇帝即宋钦宗，南宋绍兴二十六年（1156）死于燕京，终年57岁，关于死因，众说纷纭，绍兴三十一年钦宗死讯传到南宋，这使得对钦宗去世于1156年还是1161年产生争议。当时即以为是1161年，宋孝宗1162年即位，故言即位之前一年。 [11] 以崇高之势而独胜之：指宋孝宗心怀收复中原之抱负，以此高远志向以胜流俗。 [12] 又十有七年矣：宋孝宗登基至1178年为17年。

昔者春秋之时，君臣父子相戕[1]杀之祸，举一世皆安之。而孔子独以为三纲[2]既绝，则人道遂为禽兽夷狄，皇皇[3]奔走，义不能以一朝安。然卒于无所寓[4]，而发其志于《春秋》之书，犹能以惧乱臣贼子。今者举一世而忘君父之大雠，此岂人道之所可安乎！使学者知学孔子，当进陛下以有为，决不沮[5]陛下以苟安也。

[1] 戕（qiāng）：残杀，残害。 [2] 三纲：封建社会中三种主要的道德关系准则，即君臣、父子、夫妇之道。 [3] 皇皇：同"惶惶"，心神不安的样子。 [4] 寓：通"遇"，遇合之意，这里指孔子四处奔走，终究未能得到各诸侯国主政者的赏识。 [5] 沮：止，阻止。《墨子·尚同》："刑罚不足以沮暴。"

南师之不出，于今几年矣，河洛腥膻，而天地之正气抑郁而不得泄。岂以堂堂中国，而五十年之间无一豪杰之能自奋哉！其势必有时而发泄矣。苟国家不能起而承之，必将有承之者矣。不可恃衣冠礼乐之旧，祖宗积累之深，以为天命人心可以安坐而久系也。"皇天无亲，惟德是辅；民心无常，惟惠之怀。"[1] 自三代 [2] 圣人皆知其为甚可畏也。

[1] 皇天无亲，惟德是辅；民心无常，惟惠之怀：语出《尚书·蔡仲之命》。上天无亲疏，只辅助有德行的人；百姓心中没有常主，只怀念那些有仁爱之心的人。 [2] 三代：夏、商、周三个朝代。

春秋之末，齐、晋、秦、楚皆衰，诸侯往往困于陪臣 [1] 而不自振，当此之时，虽如鲁卫之邦 [2]，苟能举大义以正 [3] 诸侯，则天下可以一指麾 [4] 而定也。孔子惓惓 [5] 斯世，而卒莫能用。吴越起于蛮夷之小邦，而举兵以临齐晋，如履无人之地，遂伯 [6] 诸侯。黄池之会 [7]，孔子之所甚痛也。天地之气发泄于蛮夷之小邦，可以明中国之无人矣。王通 [8] 有言："夷狄之德，黎民怀之，三才其舍诸。"[9] 此今世儒者之所未讲也。

[1] 陪臣：臣子之臣。诸侯之臣对天子自称"陪臣"，大夫家臣对诸侯也自称"陪臣"，这里指齐、晋、秦、楚之外的小国在春秋末战事频繁的局面中无力自振、听命于人的状态。 [2] 虽如鲁卫之邦：虽然像鲁国、卫国这样的小国。 [3] 正：使正直，匡正。 [4] 指麾：同"指挥"，挥手示意，代指轻松完成。 [5] 惓惓（quán quán）：忠谨的样子。 [6] 伯：通"霸"，做诸侯的盟主。 [7] 黄池之会：春秋末年吴国倾全国之兵逐鹿中原

与晋会盟的历史事件，黄池（今河南省新乡市封丘县南）之会达到了吴国北伐称霸的目的，但也标志着吴国霸业的终结。 ［8］王通（584—617）：字仲淹，逝后门人薛收等议谥"文中子"，绛州龙门（今山西河津）人，隋末思想家，著有《中说》，也称《文中子》。他的思想对陈亮有深刻影响。 ［9］夷狄之德，黎民怀之，三才其舍诸：夷狄，古称东方部族为夷，北方部族为狄。常用以泛称除华夏族以外的各族。三才，天、地、人。此句意为：异族统治者如有德行，老百姓也会怀念他们，皇天后土以及人民难道会舍弃他们吗？

今丑虏之植根既久，不可以一举而遂灭；国家之大势未张，不可以一朝而大举。而人情皆便于通和者，劝陛下积财养兵以待时也。臣以为，通和者所以成上下之苟安，而为妄庸两售之地，[1] 宜其为人情之所甚便也。自和好之成，十有余年，凡今日之指画[2]方略者，他日将用之以坐筹[3]也；今日之击球射雕者，他日将用之以决胜也。府库充满，无非财也，介胄[4]鲜明，无非兵也。使兵端[5]一开，则其迹败矣。何者？人才以用而见其能否，安坐而能者不足恃也；兵食以用而见其盈虚，安坐而盈者不足恃也。而朝廷方幸一旦[6]之无事，庸愚龌龊之人，皆得以守格令[7]，行文书，以奉陛下之使令，而陛下亦幸其易制而无他也。徒使度外之士[8]，摈弃而不得骋[9]，日月蹉跎[10]而老将至矣。臣故曰：通和者所以成上下之苟安，而为妄庸两售之地也。

［1］通和者所以成上下之苟安，而为妄庸两售之地：妄，平庸、寻常。庸，常、平常、日常。两售：模棱两可、游移不定的态度。此句意为：通和这件事于是成就了朝廷上下苟且偷安的局面，成为了平庸无能、动摇不定策略存在的地方。 ［2］指画：指，指点；画，谋划、筹划。 ［3］坐筹：指运筹帷幄，承担谋划之责。 ［4］介胄：指披甲戴盔的样子。 ［5］兵端：军事上的事端，导致战争的事端。 ［6］一旦：一时。 ［7］格令：律法诏令。 ［8］度外之士：指具有卓越才能之人。度外：法度之外、不拘法度。 ［9］骋：尽量施展、发挥。 ［10］蹉跎：虚度光阴，任由时光流逝却毫无作为。

东晋百年之间，未尝与虏通和也，故其臣东西驰骋，而多可用之才。今和好一不通，而朝野之论常如虏兵之在境，惟恐其不得和也，虽陛下亦不得而不和矣。昔者虏人草居野处，往来无常，能使人不知所备，而兵无日不可出也。今也城郭宫室，政教号令，一切不异于中国；点兵聚粮，文移[1]往返，动[2]涉[3]岁月；一方有警，三边骚动。此岂能岁出师以扰我乎，是固不知势者之论也[4]。然使朝野常如虏兵之在境，乃国家之福，而英雄所用以争天下之机也，执事者胡为速和以惰其心乎[5]！

[1] 移：本意为递送文书，也用来指代文书。《后汉书·吴祐传》："即移安丘逮长妻。"　　[2] 动：动辄，常常。　　[3] 涉：历，经历。　　[4] 是固不知势者之论也：（议和）是那些本来就不懂时势的人的论调。　　[5] 执事者胡为速和以惰其心乎：掌管政务者为什么要迅速求和而使天下英雄心生怠惰呢？

晋楚之战于邺[1]也，栾书[2]以为楚自克庸以来，其君无日不讨国人而训之于民生之不易，[3]祸至之无日[4]，戒惧之不可以息；在军，无日不讨军实而伸儆之于胜之不可保，[5]纣之百克而卒无后[6]。晋楚之弭兵于宋也[7]，子罕以为："兵所以威不轨而昭文德也，圣人以兴，乱人以废。废兴存亡，昏明之术，皆兵之由也，而求去之，是以诬道蔽诸侯也。"[8]夫人心之不可惰，兵之不可废，故虽成康之太平[9]，犹有所谓"四征不庭"[10]、"张皇六师"[11]者。此李沆之所以深不愿真宗皇帝之与虏和亲也。况南北角立之时，而废兵以惰人心，使之安于忘君父之大雠，而置中国于度外，徒以便妄庸之人，则执事者之失策亦甚矣。陛下何不明大义而慨然与虏绝也！贬损乘舆[12]，却御正殿[13]，痛自克责，誓必复雠，以励群臣，以振天下之气，以动中原之心。虽未出兵，而人心不敢惰矣；东西驰骋，而人才出矣；盈虚相补，而兵食见矣；狂妄之辞不攻而自息，懦庸之夫不却[14]而自退缩矣；当有度外之士起而惟陛下之所欲用矣。是云合响应[15]之势，而非可安坐而致也。臣请为陛下陈[16]国家立国之本末[17]，而开今日大有为之略；论天下形势之消长，而决今日大有为之机。伏惟陛下试幸听之。

[1] 邲（bì）：春秋时郑邑。鲁宣公十二年（晋成公十年，楚庄王十七年）晋楚大战于邲，晋败，为春秋时列国著名战役之一。　[2] 栾书（？—前573）：即栾武子，春秋晋大夫，领下军，后代郤克为中军元帅。晋厉公六年率师伐郑，楚兵救郑，大败楚师于鄢陵，晋由此威震诸侯。　[3] 楚自克庸以来，其君无日不讨国人而训之于民生之不易：语出《左传·宣公十二年》。克，制胜。庸：古国名，商之侯国，曾随周武王伐纣，春秋时为楚所灭。讨，治理。训，教诲。句意为：楚国自战胜庸国以来，其君主没有一日不以教诲民众生存之不易来治理国家。　[4] 祸至之无日：无日，无时日，犹言不久、随时。句意为：祸患随时都会到来。　[5] 在军，无日不讨军实而伸儆之于胜之不可保：语出《左传·宣公十二年》。军实，兵事，《国语·楚语上》“榭不过讲军实”。注：“军实，戎事也。”伸，陈述。儆（jǐng），戒备，警惕。句意为：在军队中，没有哪一天不以告诫（士兵）胜利不可以长保来治理军队。　[6] 纣之百克而卒无后：纣，商朝最后一位君主，其人智足以拒谏，言足以饰非，有武勇，才干过人，但暴敛重刑，百姓怨望。句意为：商纣王好战常胜却最终身死国灭。　[7] 晋楚之弭兵于宋：指春秋时期两次重要外交事件，周简王七年（前579）宋国执政华元召集晋、楚两国在宋会盟息兵；周灵王二十六年（前546）宋国执政向戌知照晋、赵、韩、楚、齐、秦等国，议息战止兵，各国同意，会于宋。事见《左传·成公十二年》《左传·襄公二十六年》。弭，止息，消除。　[8] 语见唐代孔颖达《春秋左传注疏》卷三十八。句意为：兵事是震慑不轨之人昭示文德之治的凭借，圣人凭此而兴起，乱臣贼子以此而衰败。国家兴废存亡、政治是否清明，都是经由兵事而成就，却要求去除兵事，是以虚妄之说遮蔽诸侯视听。　[9] 成康之太平：指“成康之治”，西周初姬诵、姬钊统治期间出现的治世。　[10] 四征不庭：语出《尚书·周书》，谓从京师向四方征伐不来朝贡的不臣之邦。[11] 张皇六师：语出《尚书·周书》，六师指周天子所统六军之师，亦泛指全部军队。句意为：张大军队之兵威。　[12] 贬：减少。《左传·僖公二十一年》：“贬食省用。”本句字面意思为减少车驾之费，实指节省宫廷用度。[13] 却：返，回。《史记·封禅书》：“日却复中。”本句字面意思为返回正殿之上，实指用心处理朝政。　[14] 却：拒绝。《孟子·万章》：“却之为不

恭。" 　　[15] 云合响应：合，笼罩。李白《塞下曲》六："兵气天上合。"犹言云集响应。 　　[16] 陈：说，陈述。《世说新语·尤悔》："陈废立之意。" 　　[17] 本末：原委，始末。

　　唐自肃、代以后，上失其柄，而藩镇自相雄长，擅其土地人民，用其甲兵财赋，官爵惟其所命，而人才亦各尽心于其所事，卒以成君弱臣强、正统数易之祸。艺祖皇帝[1]一兴，而四方次第平定，藩镇拱手以趋约束。使列郡各得自达于京师，以京官权知[2]，三年一易。财归于漕司，而兵各归于郡，朝廷以一纸下郡国，如臂之使指，无有留难，自管库微职，必命于朝廷，而天下之势一矣。故京师尝宿重兵以为固，而郡国亦各有禁军，无非天子所以自守其地也。兵皆天子之兵，财皆天子之财，官皆天子之官，民皆天子之民，纲纪总摄[3]，法令明备，郡县不得以一事自专也。士以尺度而取，官以资格而进，不求度外之奇才，不慕绝世之隽功[4]。天子蚤[5]夜忧勤于其上，以礼义廉耻婴[6]士大夫之心，以仁义公恕厚斯民之生[7]，举天下皆由于[8]规矩准绳之中，而二百年太平之基从此而立。

　　[1] 艺祖：语出《尚书》，指有才艺文德的祖先，是对开国皇帝的美称。此处指宋太祖赵匡胤。 　　[2] 权知：权，代理；知，主持，掌管。《左传·襄公二十六年》："子产其将知政矣。" 　　[3] 总摄：总，都、皆；摄，掌管、管辖。《晋书·麹允传》："总摄百揆。" 　　[4] 隽功：隽通"俊"，指俊逸不凡的功劳。 　　[5] 蚤：通"早"。 　　[6] 婴：环绕、牵缠。陆机《赴洛道中作》诗："世网婴我身。" 　　[7] 厚：富足，此处为使动用法。句意为：凭借仁义公恕之道使民众的生活富裕。 　　[8] 由于：由，由于、因为；于，在。

　　然夷狄遂得以猖狂恣睢[1]，与中国抗衡，俨然为南北两朝，而头目手足混然无别。微[2]澶渊一战，则中国之势浸微[3]，根本虽厚而不可立矣。故庆历增币之事[4]，富弼以为朝廷之大耻，而终身不敢自论其劳。盖夷狄征令，是主上之操也；天子供贡，是臣下之礼也。[5]夷狄之所以卒[6]胜中国者，其积有渐也[7]。立国之初，其势固必至此[8]。故我祖宗常严庙堂[9]而尊大臣，宽郡县而重守令；于文法之内未尝折困天下之富商巨室，于格律之外有以容奖天下之英伟奇杰；[10]皆所以助立国之势，而为不虞[11]之备也。庆历诸臣亦尝愤中国之势不振矣。而其大要，则使群臣争进其说，更法易令，而庙堂轻矣；严按察之权，邀功生事，而郡县又轻矣。[12]岂惟于立国之势无所助，又从而朘削[13]之。虽微章得象、陈执中以排沮其事[14]，亦安得而不自沮哉！独其破去旧例，以不次[15]用人，而劝农桑，务宽大，为有合于因革之宜，而其大要已非矣[16]。此所以不能洗夷狄平视中国之耻，而卒发神宗皇帝之大愤也。王安石以正法度之说，首合圣意。而其实则欲籍[17]天下之兵尽归于朝廷，别行教阅[18]以为强也；括[19]郡县之利尽入于朝廷，别行封桩[20]以为富也。青苗之政，惟恐富民之不困也；均输之法，惟恐商贾之不折也。罪无大小，动辄兴狱，而士大夫缄口畏事矣；西北两边，至使内臣经画[21]，而豪杰耻于为役[22]矣。徒使神宗皇帝见兵财之数既多，锐然[23]南征北伐，卒乖圣意[24]，而天下之势实未尝振也。彼盖不知朝廷立国之势，正患文为之太密，事权之太分，郡县太轻于下而委琐[25]不足恃，兵财太关于上而重迟不易举[26]。祖宗惟用前四者[27]以助其势，而安石竭之不遗余力。不知立国之本末者，真不足以谋国也。元祐、绍圣，一反一覆，[28]而卒为夷狄侵侮之资，尚何望其振中国以威夷狄哉！

[1] 恣睢：暴戾、狂妄的样子。《战国策·燕策一》："若恣睢奋击。" [2] 微：非，不是。《诗·柏舟》："微我无酒。" [3] 则中国之势浸微：浸，逐渐。曹冏《六代论》："二霸之后，浸以陵迟。"微：衰败。《论语·季氏》："三桓之子孙微矣。"句意为：那么我朝的势力就逐渐衰败了。 [4] 庆历增币：庆历，宋仁宗年号，1041—1048。庆历二年（1042），辽国借北宋内外交困，迫使北宋增加对辽岁输金帛的历史事件，北宋大臣富弼任谈判使者。 [5] 征：征召。《史记·周纪》："幽王举烽火征兵。"操：掌握，控

制。《韩非子·内储说》："君操之以制臣。"句意为：夷狄之族接受征召的命令，是由（中原）君主来掌握控制的；向天子进献贡品，是臣属应该遵守的礼仪，（现在却发生了变化）。　　[6] 卒，副词，终于。　　[7] 其积有渐也：这样形势的积累是逐渐形成的。　　[8] 其势固必至此：固，本来；必：一定、必定。句意为：当时的形势本来就一定会发展到这种地步。（按：燕云十六州被后晋石敬瑭割让给辽国，因此北宋立国以来一直面临北部边境的威胁）[9] 严庙堂：庙堂代指朝廷，指严肃政纲，励精图治。　　[10] 文法：法令条文。《史记·汲郑列传》："好兴事，舞文法。"折困：使亏损困窘。《荀子·修身》："良贾不为折阅不市。"格律：法律条文，法令制度。容奖：包容勉励。　　[11] 不虞：意料不到，意外之事。《左传·僖公四年》："不虞君之涉吾地也，何故？"　　[12] 指北宋"庆历新政"的主要改革措施。　　[13] 朘（juān）削：削弱，减少。《汉书·董仲舒传》："民日削月朘。"　　[14] 微：无，没有。《论语·宪问》："微管仲，吾其被发左衽矣。"　　[15] 不次：不按寻常的次序（破格提升）。《汉书·东方朔传》："待以不次之位。"　　[16] 大要：要领，关键。《六韬·豹韬》："凡用兵之大要，当敌临阵，必置冲阵。"此处指治国理政之关键。　　[17] 籍：登记，记录。《左传·襄公二十五年》："赋车籍马。"　　[18] 教阅：教，教导、教诲；阅，检阅。《左传·桓公六年》："大阅，简车马也。"　　[19] 括：搜求，搜括。《新五代史·晋出帝纪》："括借民粟。"　　[20] 封桩：宋代的一种财政制度。凡岁终用度之余，皆封存不用，以备急需，故称。宋太祖建隆三年（962）始行于中央，后各地皆有封桩，乃至按月而桩，称"月桩钱"，与初意大异。　　[21] 内臣经画：指宋神宗时期在熙州、河湟等地战事中有宦官参与统兵筹划。经画：筹划，谋划。　　[22] 为役：为，被；役，役使、驱使。　　[23] 锐然：愿望急切、迫切的样子。陆机《五等诸侯论》："夫进取之情锐，而安民之誉迟。"[24] 卒乖圣意：最终违背了神宗（振作国势）的本意。　　[25] 委琐：委，通"萎"，衰败；琐，细小、琐碎。此处指地方州县力量薄弱不足以依靠。[26] 句意为：兵权、财权过分集中于朝廷，（遇到有事情发生时）决策很缓慢不易于布置行动。　　[27] 前四者：指前文"立国之初"后所列朝政举措。　　[28] 元祐、绍圣均为宋哲宗年号，元祐年间（1086—1094）哲宗尚幼，英宗高后垂帘听政，恢复仁宗、英宗以来旧政，绍圣年间（1094—1098）哲宗亲政后尽复神宗革新之政，朝政在党争及反复变化中日渐衰微。

南渡以来，大抵遵祖宗之旧，虽微有因革增损，不足为轻重有无。如赵鼎[1]诸臣，固已不究变通之理；而况秦桧尽取而沮毁之，忍耻事雠，饰太平于一隅以为欺，其罪可胜诛哉[2]！陛下愤王业之屈于一隅，励志复雠，而不免籍天下之兵以为强，括郡县之利以为富；加惠百姓，而富人无五年之积；不重征税，而大商无巨万之藏；国势日以困竭，臣恐尺籍[3]之兵，府库之财，不足以支一旦之用也。陛下早朝宴[4]罢，以冀中兴日月之功，而以绳墨[5]取人，以文法莅[6]事。圣断裁制中外，而大臣充位；胥吏坐行条令，而百司逃责；人才日以阘茸[7]，臣恐程文之士，资格之官[8]，不足以当度外之用也。艺祖皇帝经画天下之大略，太宗皇帝已不能尽用，臣不敢尽具之纸墨，今其遗意岂无望于陛下也！陛下苟推原其意而行之，可以开社稷数百年之基，而况于复故物[9]乎！不然，维持之具[10]既穷，臣恐祖宗之积累亦不足恃也。陛下试幸令臣毕陈于前，则今日大有为之略必知所处矣[11]。

[1] 赵鼎（1085—1147）：字元镇，解州闻嘉（今属山西）人。崇宁五年（1106）进士。绍兴年间（1131—1162）曾两度拜相，巩固政权，号称"小元祐"。后为秦桧构陷，被迫辞去相位。　[2] 其罪可胜诛哉：胜，能承担，禁得住。句意为：他的罪过难道只是被诛杀（这么简单）吗？　[3] 尺籍：军籍。　[4] 宴：通"晏"，迟，晚。《礼记·礼器》："晏朝而退。"　[5] 绳墨：木工打直线的墨线，比喻规矩或法度，这里指世俗法度。　[6] 莅：同"莅"，临视，治理。《孟子·梁惠王》："莅中国而抚四夷。"　[7] 阘茸（rǒng）：微贱驽钝，庸碌无能。　[8] 程文之士，资格之官：程文，科举考试时，由官方撰定或录用考中者所作以为范例的文章；资，地位、经历等；格，朝廷制定官员除授或升迁所依据的法令。句意为：科举考试选拔出来的士人，循资历升迁的官员。　[9] 故物：前人遗物，这里指代北宋原有的疆域。　[10] 具：方法；手段。《史记·酷吏传》："法令者，治之具。"　[11] 则今日大有为之略必知所处矣：处（chǔ），决定。《国语·鲁语》："早处之，使知其极。"句意为：那么现在想要大有作为的方略就知道（如何）决定了。

　　夫吴、蜀天地之偏气也；钱塘又吴之一隅也。当唐之衰，而钱镠以间巷之雄起王其地[1]，自以不能独立，常朝事中国以为重[2]。及我宋受命，俶[3]以其家入京师而自献其土。故钱塘终始五代被[4]兵最少，而二百年之间，人物日以繁盛，遂甲于东南。及建炎、绍兴之间，为六飞[5]所驻之地。当时论者固已疑其不足以张形势而事恢复矣。秦桧又从而备百司庶府[6]以讲礼乐于其中，其风俗固已华靡；士大夫又从而治[7]园囿台榭以乐其生于干戈之余，上下宴安[8]，而钱塘为乐国矣。一隙之地本不足以容万乘[9]，而镇压且五十年[10]，山川之气盖亦发泄而无余矣。故谷粟桑麻丝枲[11]之利岁耗于一岁，禽兽鱼鳖草木之生日微于一日，而上下不以为异也。公卿将相大抵多江、浙、闽、蜀之人，而人才亦日以凡下；场屋之士以十万数，而文墨小异已足以称雄于其间矣。陛下据钱塘已耗之气，用闽、浙日衰之士，而欲鼓东南习安脆弱之众北向以争中原，臣是以知其难也。

　　[1] 钱镠（liú）（852—932）：字具美，杭州临安（今属浙江）人。五代十国时期吴越国创建者；间巷：小的街道，借指民间，这里指钱镠以平民身份投军之事。王（wàng），称王。　　[2] 常朝事中国以为重：钱镠因吴越国地域狭小，三面强敌环绕，只得始终依靠中原王朝，不断遣使朝觐进贡以求庇护。句意为：常朝觐中原王朝以使自己被看重。　　[3] 钱俶（929—988）：字文德，杭州临安（今属浙江）人。吴越国最后一位国君，宋太宗太平兴国三年（978）纳土归宋。　　[4] 被：承受，遭受。《史记·项羽本纪》："项羽身亦被十余创。"　　[5] 六飞：亦作"六騑""六辔"，古代指皇帝的车驾六马，疾行如飞，后因以指称皇帝的车驾或皇帝。　　[6] 百司庶府：指朝廷各种官署。　　[7] 治：建。《史记·平准书》："治楼船，高十余丈。"　　[8] 宴安：安逸享乐。　　[9] 万乘：指天子。　　[10] 镇压：犹镇守。唐代刘禹锡的《将赴汝州途出浚下留辞李相公表臣》诗中言："联翩旧相来镇压，四海吐纳皆通流。"且：将要。　　[11] 枲（xǐ）：大麻的雄株，亦泛指麻，纤维可织布。

　　荆襄之地[1]，在春秋时，楚用以虎视齐、晋，而齐晋不能屈也；及战国之际，独能与秦争帝。其后三百余年，而光武起于南阳，同时共事，往往多南阳故人。又二百余年，遂为三国交据之地。诸葛亮由此起辅先主，荆楚之士从之如云，而汉氏赖以复存于蜀。周瑜、鲁肃、吕蒙、陆逊、陆抗、邓艾、羊祜，皆以其地显名。又百余年，而晋氏南渡[2]，荆雍[3]常雄于东南，而东南往往倚以为强，梁竟以此代齐。及其气发泄无余，而隋唐以来遂为偏方下[4]州，五代之际，高氏[5]独常臣事诸国。本朝二百年之间，降为荒落之邦，北连许汝[6]，民居稀少，土产庳薄[7]，人才之能通姓名于上国者，如晨星之相望。况至于建炎、绍兴之际，群盗出没于其间，而被祸尤极。以迄于今，虽南北分画[8]交据，往往又置于不足用，民食无所从出，而兵不可由此而进。议者或以为忧，而不知其势之足用也。其地虽要为偏方，然未有偏方之气五六百年而不发泄者。况其东通吴会，西连巴蜀，南极湖湘，北控关洛，左右伸缩，皆足为进取之机。今诚能开垦其地，洗濯[9]其人，以发泄其气而用之，使足以接关洛之气，则可以争衡[10]于中国矣。是亦形势消长之常数也。陛下慨然移都建业，百司庶府，皆从草创，军国之仪，皆从简略。又作行宫于武昌，以示不敢宁居之意。常以江淮之师为虏人侵轶[11]之备，而精择一人之沈鸷[12]有谋、开豁无他者，委以荆襄之任，宽其文法，听其废置，抚摩振厉[13]于三数年之间，则国家之势成矣。至于相时[14]弛张以就[15]形势者，有非书之所能尽载也。

[1] 荆襄之地：指荆州、襄阳一带，南通江汉，北上南阳、洛阳，东接汉口，西去汉中、长安，地理位置十分重要。　[2] 晋氏南渡：指西晋司马氏渡长江建立东晋。　[3] 雍：这里指东晋侨置的雍州，治在襄阳，为汉水上游重镇。　[4] 下：卑位。柳宗元《封建论》："不肖者居下。"　[5] 高氏：指五代十国时期南平（924—963）政权，又称荆南、北楚，高季兴（858—928）所建。　[6] 许汝：许州（今河南许昌），位于河南省中部，历来为群雄逐鹿之地；汝州（今河南汝州），位于河南省中西部。　[7] 庳薄：庳，低矮，低下。庳薄指物产低劣稀少。　[8] 画：划分。《三国志·夏侯玄传》："分疆画界。"　[9] 洗濯（zhuó）：洗涤。这里借指陶冶训导。　[10] 争

衡：争强斗胜，比试高低。　　[11] 侵轶：亦作"侵佚"，侵犯袭击。《后汉书·南匈奴传论》："自是匈奴得志，狼心复生，乘间侵佚。"　　[12] 沈鸷(chén zhì)：深沉勇猛，《新唐书·李光弼传赞》："李光弼生戎虏之绪，沉鸷有守。"沈同"沉"。　　[13] 抚摩振厉：抚摩：用手摩挲，这里借指管理。振厉：亦作"振励"，奋勉，振作。　　[14] 相时：意指观察时机。　　[15] 就：趋向，接近。《荀子·劝学》："游必就士。"

石晋失卢龙一道[1]，以成开运之祸[2]，盖丙午、丁未[3]岁也。明年，艺祖皇帝始从郭太祖征伐[4]，卒以平定天下。其后契丹以甲辰败于澶渊[5]，而丁未、戊申之间，真宗皇帝东封西祀以告太平[6]，盖本朝极盛之时也。又六十年而神宗皇帝实以丁未岁即位[7]，国家之事于是一变矣。又六十年而丙午、丁未，遂为靖康之祸。天独启陛下于是年[8]，而又启陛下以北向复雠之志[9]。今者去丙午、丁未，近在十年间尔[10]，天道六十年一变，陛下可不有以应其变乎？此诚今日大有为之机，不可苟安以玩岁月也[11]。

[1] 石晋失卢龙一道：卢龙，古塞名，在今河北喜峰口一带，为河北平原通往东北之要道。"失卢龙一道"代指后晋石敬瑭割燕云十六州与契丹一事。　　[2] 开运之祸：指后晋灭亡，辽人虏后晋出帝石重贵北去。开运，石重贵年号（944—946）。　　[3] 后晋946年（丙午年）灭亡，947年（丁未年）后汉建立。　　[4] 后汉乾祐元年（948），郭威（后周太祖）奉后汉皇帝之命出征，平叛及与辽作战，取得一系列胜利，时赵匡胤在军中。　　[5] 甲辰败于澶渊：宋辽澶渊之战时，宋军在战争中占据主动，战役发生于宋景德元年（1004），甲辰年。　　[6] 东封西祀：指北宋大中祥符元年（1008，戊申年），宋真宗在庞大仪卫扈从下东封泰山，此事从景德四年（1007，丁未年）即已开始着手；大中祥符四年，又以隆重仪式抵山西汾阴（今山西万荣县）祭祀后土地祇。　　[7] 宋神宗于治平四年（1067，丁未年）正月即位。[8] 启陛下于是年：指宋孝宗1162年登基。　　[9] 启陛下以北向复雠之志：指宋孝宗隆兴元年（1163）任命张浚为主帅北伐，史称"隆兴北伐"，以失败告终。　　[10] 指上书的当年（1178）距下一个丙午年（1186）、丁未年（1187）近在10年之间。　　[11] 玩：轻视，轻慢，《国语·周语》："玩则无震。"此处指轻视时间的流逝。

　　臣不佞[1]，自少有驱驰四方之志，常欲求天下豪杰之士而与之论今日之大计。盖尝数至行都[2]，而人物如林，其论皆不足以起[3]人意，臣是以知陛下大有为之志孤矣。辛卯、壬辰之间[4]，始退而穷天地造化之初，考古今沿革之变，以推极[5]皇帝王伯之道，而得汉、魏、晋、唐长短之由[6]，天人之际[7]，昭昭然可察而知也。始悟今世之儒士自以为得正心诚意之学[8]者，皆风痹[9]不知痛痒之人也。举一世安于君父之雠，而方低头拱手以谈性命，不知何者谓之性命乎！[10]陛下接之而不任以事[11]，臣于是服陛下之仁。又悟今世之才臣自以为得富国强兵之术者，皆狂惑以肆叫呼之人也。不以暇时讲究立国之本末，而方扬眉伸气以论富强，不知何者谓之富强乎！陛下察之而不敢尽用，臣于是服陛下之明。陛下厉志复雠，足以对天命；笃于仁爱，足以结民心；而又仁明足以临照[12]群臣一偏之论；此百代之英主也。今乃驱委庸人，笼络小儒，以迁延大有为之岁月，臣不胜愤悱[13]，是以忘其贱而献其愚。陛下诚令臣毕陈于前，岂惟臣区区之愿，将天地之神，祖宗之灵，实与闻之。干冒天威，罪当万死。

　　[1] 不佞：谦辞，犹言不才。　　[2] 行都：在首都之外另设的一个都城，以备必要时政府暂驻。南宋建炎三年（1129）改江宁府为建康府（今南京市）作为行都，称"东都"。绍兴元年（1131），升杭州为临安府（今杭州市）作为"行在"。绍兴八年，正式定临安为行都，建康改为留都。　　[3] 起：启迪。《后汉书·荀彧传》："起发臣心。"　　[4] 乾道七年、八年（1171，辛卯年；1172，壬辰年），时陈亮居家。　　[5] 极：终极，顶点，引申为穷尽。潘岳《西征赋》："难臻其极。"　　[6] 长短：是非，好坏。　　[7] 天人之际：指天道与人世的关系。　　[8] 正心诚意之学：指道学，宋儒周敦颐、张载、程颢、程颐、朱熹等的哲学思想。道学又称"理学"，是宋明时期思想界最重要的学术流派。《宋史·道学传序》言："道学之名，古无是也。"道学之名源于北宋时期；而道学被改称理学，则是在南宋时期。　　[9] 风痹：指因风寒侵袭而引起的肢节疼痛或麻木的病症。这里借指对关键问题漠视、视而不见者。　　[10] 性命：此句中两处"性命"，前者指宋儒（道学一派）的性命

理气之学；后者侧重于指人（或物）的生命，亦暗含事物关键所在。[11] 指宋孝宗对道学人士接纳其言论，但并不任以重要职事。 [12] 临照：临，统治；监督。《尚书·大禹谟》："临下以简。"照，察知，鉴察。《韩非子·外储说》："不能亲照境内，而听左右之言。" [13] 愤悱：《论语·述而》："不愤不启，不悱不发。"后以"愤悱"二字形容冥思苦想而言语不能表达。此处指郁结难遣之思想情绪。

◎研读

这是一篇极有力量的文章，这力量源于文章的立意、布置、遣词。文章立意非常明确，便是推动北伐。这样一个宏大的主题，重要性如何烘托表现、策略如何让人接受，不是一两句话能讲完，也不是刻板开列条目所能做到。陈亮先讲了北伐的迫切性与必要性，而后提出了两方面需为可为之策，这样的安排似乎也没有特别之处，换其他人也可能这样去写，但陈亮这篇长文突出的地方在于——如此鸿篇并无沉闷乏味之感，反而让读者始终处在一种情绪激荡、被激发思考的状态。

北伐之迫切性有三点原因。一、中原十分重要。中原是正气所聚，偏安南方不可持久。东晋偏安，遂有北方少数民族南下，中原陷于混战，江南亦不得安宁。当时大臣未忘恢复，往往有兴兵之意，并曾成功收复洛阳。后北魏兴起，用华夏之衣冠礼乐，武以安疆，文以化人。江南虽然延续华夏衣冠礼乐之旧，却不是天命人心所在，故而北魏遂能一统北方，延续正统文化，江南无力与之争衡，仅能隔江自守。后来一统天下，应在西北而不在东南，隋、唐两朝的开国者都是西北人，这就是天命可畏之处！陈亮从历史事实出发，批判了社会的苟安心理，从而大声地警醒朝野："一日之苟安，数百年之大祸也！"二、不雪国耻义不能安。陈亮回顾南渡之初，君臣上下一体同心勠力，誓不与敌俱生，所以能够在败北奔逃之余重整力量抗敌致胜。等到秦桧主和，打击耿直爱国之士，天下之气为之颓堕。30 多年来，南渡之人渐渐安于平稳生活，无人再去挂念国家仇耻。这绝对不能忍受。何况皇帝意欲复仇，亦赏志隐忍多年。从儒家论史的思想出发，士人但知以孔子为榜样，也不会沮议为君父复仇，苟且一世。三、北方之趋向不可不察。不可依仗深厚的祖宗基业，不可依仗文化正统在赵宋这一边，以为天命人心可以长久系于本朝，北方民众会一直趋向于大宋，要知道"皇天无亲，惟德是辅；民心无常，惟惠之怀"（《尚书·蔡仲之命》）。天命和民心都可以改变，夷狄有德，同样会赢得百姓的拥戴。并以春秋末诸大国衰落而吴越崛起的例子讲明，蛮夷小国若治理得法，同样能够驰骋纵横称霸天下。这可以说是通过总结历史经验得出的客观而冷静的结论，给统治者敲响了警钟。

北伐之必要性不容置疑。陈亮指出，现在一般人普遍都认为，敌人占据北方已久，不可能一举消灭；国家未形成整体的行动趋向，也不可能一朝起兵大举进攻；人们贪图和议带来的安乐，一般言论都是养兵待时。实际上造成苟安局面——"通和者所以成上下苟安，而为妄庸两售之地"，这句话陈亮强调了两遍，可见他对当时和议形势下平庸者目光短浅苟且偷安的痛恨。作为对比，陈亮指出东晋百年未尝与北虏讲和，反而其臣下得到磨砺，人才辈出。主和派一般都会以论说战争的负面影响来止战，但陈亮强调：民生不易，祸机随时存在，南宋不得有丝毫懈怠；军队的存在以及讲明武事，是形成威慑力的根本以及国家兴废存亡所系，求离兵而治国是完全错误的取向；人心不可惰，兵事不可废，复仇大义不可忘，皇帝应以此砥砺群臣，这样人心振奋、人才涌现，庸懦之人自会退缩。所以从为政立国的角度来看，北伐都应是必然的举动，且金人也不像其初起之时那般勇不可挡，其国家治理虽比以前完善，但军队的机动性却不如从前，北伐时机正在当下。

需为可为之重大策略有两个方面。一是向哪个方向做改革以强国。谈论这一问题，陈亮还是从历史中找依据，晚唐的症结是藩镇割据，上失其柄，所以君弱臣强，遂成五代时权柄更迭之祸。宋太祖建立新朝，四方次第平定，藩镇皆归中央指挥，基本建立道、府（州）、县的行政层级，很多藩镇名号均成为虚衔，地方官皆由中央任命，地方之财归于漕司。兵力配置基本遵循"强干弱枝，内外相维"的原则，禁军中最精锐的殿前军驻守在京城，侍卫亲军驻扎在各地，京城的人马最为精强，各地知道兵力不敌，不敢造反，如果京城有变，在各地驻扎的禁军联合地方的兵力，也足够对付变乱。这样的行政体制，朝廷只要一纸文书下于州郡，就像手臂挥动指掌一般听话，甚至连管仓库的人都由朝廷任命，正所谓"兵皆天子之兵，财皆天子之财，官皆天子之官，民皆天子之民，纲纪总摄，法令明备，郡县不得以一事自专也"，好处固然在于号令统一，大权集于中央，但也扼杀了地方的活力，抵御周边武力进攻的能力下降。但赵宋立国，主要是应对晚唐地方割据之问题，对不敌外夷的副作用不得不忍耐容受。

建国之初在规矩之余，也留出一丝空地，尊大臣，重守令，不摧折天下富商巨室，便是想备不时之需。但后来屡经改革，庆历变法时间短，主要策略不当，没有大的改善；对王安石变法批评尤厉，最关键的一句就是"徒使神宗皇帝见兵财之数既多……而天下之势实未尝振也"。王安石的改革当然不是毫无成效，熙宁、元丰年间财政收入的确增加了，但"国富"而并没有"国强"也是事实。当时多数人批评王安石，都是强调变法生事、侵扰民生、引起党争等，很少有人从这个角度去考虑问题。陈亮这样一讲，王安石变法通过各种政策强化财赋收入、进一步强化中央打击地方的主要思路就凸显出来。

其实说到底，南宋这个局面，不能完全责怪主事的大臣，赵宋立国"强干弱枝"的路线基本没有改变，一贯持续必然是积重难返。南渡以来虽有所损益，但大体未变。所以陈亮认为，宋孝宗虽有恢复之志，但其方法仍然是收罗天下之兵，搜刮郡县之利，这不行。富人无五年之积，大商无巨万之藏。等到皇帝令下，大臣徒充高位，胥吏坐行法令，而百官只好推诿责任；奇人奇才日以埋没，而守规矩之人又担当不了应对事变的重任。陈亮对赵宋立国之本和治国之变的阐述，确实击中了当朝统治者的心病，也是对赵宋政治的精当概括，并且急切地希望宋孝宗能厉行改革，打开全新的局面。但事实的发展证明，即便如宋孝宗这样志在有为的皇帝也未能彻底改弦更张，这是否意味着像孝宗这样的皇帝也无法违背祖宗家法，有些偏好即便明知有害，也难以割舍？个人如此，一国未尝不如是。无论如何，这番关于赵宋立国根本及需要改革的重点之处的论述未见于《中兴五论》，属陈亮研究历史多年之后的独特心得。

二是认为应依靠荆襄之地行恢复大计。荆襄之地的重要，陈亮在《中兴五论》里已从地理位置作了详细分析，在这一次上书里，显然不能故语重提，于是作为思想家的陈亮建构了"气"之集聚与发泄的理论。"气"作为古代哲学中的反映预兆、形势的重要概念，普遍为人所接受，所以从这个角度立论，也更容易打动最高统治者。陈亮在文中作了对比，指出钱塘吴越地势低陷不足凭，且东南风气浮靡，安于享乐，南宋立朝已过50年，局促之地所钟藏的天地灵气已发泄殆尽。据钱塘已耗之气，用闽、浙日衰之士，欲鼓东南习于安乐的脆弱之众，无法北向争衡中原。荆襄则不同，楚借以争霸，东汉凭以发迹，诸葛亮亦起于此处而辅佐刘备，大汉血脉得存。周瑜、鲁肃、吕蒙、陆逊、陆抗、邓艾、羊祜，都在荆襄之地建立功业。东晋南渡，亦倚以为重。只是到隋唐而至于宋，才寥落为偏方下州，殊不知一方土地，既已沉寂五六百年，必有"气"凝聚蕴藏，有朝一日定能喷薄而发。且其地东连吴会，西连巴蜀，南极湖湘，北控关洛，左右伸缩，足以为进取之机。因此陈亮建议宋孝宗移都建业（今南京），并在武昌设立行宫，择大臣委以荆襄之任，宽其文法，听其处置，三数年之内，国事必有大变，借彼进取，大事可成。此文当然是谈论宋金之争，陈亮不可能预料到蒙古灭金之事，但他对与北方敌人进行对抗的战略关键之地的分析是正确的，后来南宋与蒙古在襄阳的争夺从宋理宗端平初年持续至宋度宗咸淳九年（1273）襄阳失陷，30多年间战事频发，可谓是对陈亮论述荆襄之地重要性的直接证明。从这个角度来说，陈亮于数十年前专文论述襄阳及周边防务，强调此为日后倚重之核心区域，不可谓不具远见卓识！文章最后简短追述了自己的过去，以及对于道学之士、谈论富国强兵之术才臣的看法，并表明忠诚爱国之心迹。全文在语言上具有陈亮一贯极言直论、尖锐深刻、不加避忌的特点，对大臣、朝政、儒士的一些批评均毫不留以情面。这样的措辞虽然严重了些，但不如此便不能收到振聋发聩的效果。

陈亮此文所议皆为国家根本之大计，显示了作者深厚的学识修养、积年思考之深入、辨析之精微，确能从多个层面启人深思。此外，文章还有两方面的优点值得注意，首先是气势宏阔、纵横如意。唐宋之善为文者，首推"八大家"，"八大家"中文章气势超出众人者则推韩愈，但韩文之气势常在于"论辩"，凌厉斩截、笔无藏锋。陈亮的气势则在于出入史传、胸藏日月，笔带风云以写四方形势。如他自己在《甲辰答朱元晦书》中所言："堂堂之阵，正正之旗，风雨云雷交发而并至，龙蛇虎豹变现而出没，推倒一世之智勇，开拓万古之心胸……自谓差有一日之长。"（《陈亮集》卷二十八），胸怀如此，笔墨亦如此。其次则持心有素，特别具有理想主义、英雄主义色彩。一个没有获得官职的读书人，第一次上书石沉大海，10年之后再次抗颜上书，博取名利显然是其次，否则也不会在曾觌示好之际逃走。不为名利，而保持一贯的想法并付诸行动，除了理想主义很难再找出其他合理的解释；可能招致世人沸腾讥讽之议论，这样的情况他在太学中已经领教过，仍以布衣身份再次上书，除了英雄主义也很难再找出一个合理的解释。陈亮当初因《酌古论》被郡守周葵以"国士"目之，因周葵提携得以广交游而长见识，自言："亮自十八九岁时，即获与曩者诸老游，其后一世贤豪往往皆不甚鄙弃之，虽天资不如人处甚多，而所闻见较亦不甚少"（《复张好仁》，《陈亮集》卷二十九）。这种广泛的交游，一方面拓展增长了见闻，让他知道天外有天人外有人，知所敬畏；另一方面砥砺磨练，让他更明白自己的长处，更加坚持自己独特的想法。朱熹曾说他："平日才太高，气太锐，论太险，迹太露"（《宋名臣言行录》外集卷十六），虽然朱熹用意是批评规劝，但对陈亮个性的概括还是准确的。陈亮一生屡遭困厄，但他坚持收复北方一雪国耻的想法一直未变，虽九死而不悔，正是这种英雄气质的体现。辛弃疾云："同父之志，平盖万夫。"（《祭陈同父文》，《辛稼轩诗文笺注》）吕祖谦曾引《世说新语》中语说他："卿志大宇宙，勇迈终古。"（《与陈同甫》，《吕祖谦全集·东莱吕太史别集卷第十》）陈亮这种突出的个性气质在这篇文章中得到了充分体现。

陈亮的上书为后世所重，显见并非虚谈狂想，只是历史并未给他一个实践的机会。我们虽然不能设想同甫得操权柄后南宋历史会有何种变化，但一个人为了家国天下如此坚定不移地坚持自己的想法，已足以显示其人与其文的价值！

上孝宗皇帝第二书

◎解题

　　此书为陈亮淳熙五年（1178）上书的第二封。本来第一封上书之后天子打算召见陈亮，仿效宋太宗召见种放并授予官职的故例，但是在宋孝宗心意未定之际发生了一些曲折。先是皇帝的宠臣曾觌揣摩到皇帝的想法，想在朝廷正式命令下达之前拉拢陈亮，便私下去陈亮所居馆舍见陈亮。因曾觌人品言行非正人君子，陈亮耻与其交，竟翻墙而逃。此举激怒了曾觌。同时朝中众多大臣普遍觉得陈亮出言无忌，对他任意议论朝廷大事、讽刺朝中大臣的放肆言辞十分厌恶。各方的言论都不利于陈亮，最终宋孝宗放弃了依旧例擢用陈亮的企图。这些情况陈亮当然并不知情，于是在等待八日毫无消息之后，再次上书陈述自己的见解。这一封上书首先强调励志复仇，其次谈到尊王攘夷的重要性，再次指出皇帝英明而群臣不足恃，并在结尾指出自己作为普通士人"陈天下之大义，献天下之大计"而得不到回应，恐怕天下豪杰会因朝廷态度不明朗而犹疑不定，这样就难以形成万众一心的形势，所以天子应该早定大义，不要再使国人处在萎靡不振、疑惑徘徊的状态。

　　臣尝叹西周之末，犬戎之祸[1]，盖天地之大变，国家之深耻，臣子之至痛也。平王东迁以来，使其痛内切于心，必将因臣子之愤，藉晋郑之势，以告哀于天下之诸侯，以大义责其兴师以奖[2]王室，其不至者，天下共诛之，则可以扫荡犬戎，洗国家之耻而舒臣子之愤矣。然后正纪纲，修法度，亲鲁卫以和柔[3]中国，命齐晋为方伯，以纠合天下之诸侯，文武之迹可寻，东周之业可兴也。今乃即安于洛邑，虽周民赖以粗安，宗祀赖以不绝，然使其臣子忘君父之大雠，而置天下之诸侯于度外，周之名号虽存，而其实则眇[4]然一列国耳。当平王在位之时，世之君子尚意其犹有待也，及待之四十九年[5]，而士君子之望亦衰矣。天子之命令不足以制诸侯，则其互相吞灭，盖其势之所必至也。天下不明于复雠之义，则其君臣父子相贼杀，习以为常而不之怪也。

[1] 指前771年，犬戎攻入西周都城镐京，杀周幽王，随后继位的周平王于前770年迁都雒邑（今河南洛阳）。　[2] 奖：辅佐，帮助。《左传·襄公十一年》："载书曰：'凡我同盟，毋蕴年，毋壅利……奖王室。'"　[3] 和柔：宽和柔顺。《晏子春秋·问下二十》："事君之伦，知虑足以安国……和柔足以怀众。"　[4] 眇：小，细小。《管子·水地》："察于微眇。"　[5] 周平王：姬宜臼（？—前720），东周第一位君主，前770—前720年在位。孔子作《春秋》，起于鲁隐公元年（前722），自此进入诸侯争霸的"春秋"时代。周王名号虽存，但已失去统领天下的地位，亦无力恢复西周故地。故云"待之四十九年"。

孔子伤宗周[1]之无主，痛人道之将绝，而作《春秋》。其书天王之义[2]严矣：书其出入之地者[3]，示天王不可置中国于度外也；书其有所求者[4]，明天王之不可失其柄[5]也。其书讨贼之义严矣：贼不讨不书葬者，明一国之无臣子也；[6]一人讨贼而以众书者，示夫人之皆可得而讨也。[7]天子既不能以保天下之民，而一国各自有其民。[8]其君之有志于民而闵[9]雨者必书，无志于民而不闵雨者必书，土功[10]必书，饥馑[11]必书。孔子之心，未尝不庶几天下之民一日之获瘳[12]也。是君道之大端[13]，而圣人望天下与来世者，可谓深切著明[14]矣。

[1] 宗周：周王朝的宗庙社稷，后世也常用来指周王朝。　[2] 天王之义：指周天子的权力与责任。周武王灭商建周，行分封制，周天子为天下之主，东周时期周天子大权旁落，诸侯国各自为政，但周天子仍为名义上的华夏最高统治者。　[3] 句意为：记录周天子出入游历地点（这样的写法）。　[4] 句意为：记录周天子有所要求（这样的写法）。　[5] 柄：权柄，权力。[6] 句意为：《春秋》记录讨伐乱臣贼子的事实与义理很严格，不讨伐乱臣贼子就不记录安葬的事情，以此表明国中没有（能够力主正义的）大臣。[7] 句意为：以一人（为主）讨伐乱臣贼子，却记录多人的（写法），（是想）表明（乱臣贼子）人皆得以讨伐诛杀。　[8] 参见"天王之义"条注释。[9] 闵：担忧，忧虑。《史记·历书》："书缺乐弛，朕甚闵焉。"　[10] 土功：指治水、筑城、建造宫殿等工程。　[11] 饥馑：灾荒。　[12] 瘳（chōu）：益，有益。《左传·昭公十三年》："若为夷弃之，使事齐、楚，其何瘳于晋？"　[13] 大端：大的方面。　[14] 深切著明：深刻而显明。《史记·太史公自序》："子曰：'我欲载之空言，不如见之于行事之深切著明也。'"

臣恭惟皇帝陛下厉志复雠，不肯即安于一隅，是有大功于社稷也，而天下之经生学士[1]讲先王之道者，反不足以明陛下之心；陛下笃意恤民，每遇水旱，忧见颜色，是有大德于天下也，而天下之才臣智士趋当世之务者，又不足以明陛下之义。论恢复则曰修德待时，论富强则曰节用爱人，论治则曰正心，论事则曰守法。君以从谏务学为美，臣以识心见性为贤。论安言计，动引圣人，举一世谓之正论，而经生学士合为一辞以摩切陛下者也。[2]夫岂知安一隅之地则不足以承天命，忘君父之雠则不足以立人道。民穷兵疲而事不可已[3]者，不可以常理论；消息盈虚而与时偕行者[4]，不可以常法拘。为天下之正论而不足以明天下之大义，宜其取轻[5]于陛下也。论恢复则曰精[6]间谍，结豪望[7]；论富强则曰广招募，括隐漏；论治则曰立志，论事则曰从权[8]。君以驾驭笼络为明，臣以奋励驰驱为最。察事见情，自许豪杰，举一世谓之奇论，而才臣智士合为一辞以撼动陛下者也。夫岂知坐钱塘浮侈之隅以图中原，则非其地；

用东南习安之众以行进取，则非其人。财止于府库，则不足以通天下之有无；兵止于尺籍，则不足以兼[9]天下之勇智。为天下之奇论而无取于办天下之大计[10]，此所以取疑于陛下者也。

[1] 经生学士：泛指学者。经生：汉代称博士，掌经学传授。 [2] 论恢复则曰修德待时……而经生学士合为一辞以摩切陛下者也：此数句概括当时道学派人士空谈义理而不够务实的情况。识心见性：指道学派讨论内在心性修养的学问。摩切：规劝。 [3] 已：止，停止。《左传·闵公元年》："鲁难未已。" [4] 消息盈虚而与时偕行者：（天道世事）随着时间起伏消长、变化发展的情况。《易·丰》："日中则昃，月盈则食，天地盈虚，与时消息，而况于人乎？况于鬼神乎？"高亨注："消息犹消长也。" [5] 取轻：招致轻视。取：招致。《左传·昭公十三年》："大福不再，只取辱焉。" [6] 精：精选。 [7] 豪望：泛指有势力的豪强大族。豪：有钱有势的。《后汉书·仲长统传》："豪人之室，连栋数百。"望：有名望的世族。《三国志·杜畿传》："（卫固、范先）河东之望也。" [8] 从权：采用权宜变通的办法。[9] 兼：尽，遍。《韩非子·难四》："日兼照天下。" [10] 句意为：作出（震动）天下的奇论却不借助于治理天下的宏大谋略。取，借助。韩愈《董公行状》："唐之复土壤，取回纥力焉。"

三光五岳之气分[1]，而人才之高者止于如此。经生学士既揆之以大义[2]而取轻，才臣智士又权之以大计[3]而取疑，陛下始不知所仗而有独运四海之意矣[4]。故左右亲信之臣又得以窥意向而效忠款[5]，陛下喜其颐指[6]如意，而士大夫亦喜其有言之易达也。是以附会之风浸[7]长，而陛下之大权移矣。寻常无过之人，安然坐庙堂而奉使令，陛下幸[8]其易制无他，而天下之人亦幸其苟安而无事也。是以迁延[9]之计遂行，而陛下大有为之志乖[10]矣。

[1] 句意为：（就如同）三光五岳之气质禀赋各自不同。三光五岳：泛指天地物象。气分：气质。《孔子家语·执辔》："子夏问于孔子曰：'商闻《易》之生人及万物鸟兽昆虫，各有奇耦，气分不同。'" [2] 揆之以大义：从朝政发展的要义角度考察。揆（kuí），斟酌，揣度。《三国志·魏文帝纪》："揆古察今。"大义：大道理，此处指朝廷政事的核心所在。 [3] 权之以大

计：从朝廷重要方略的角度衡量。权：衡量，权衡。《吕氏春秋·举难》："人固难全，权而用其长。" 　[4] 句意为：陛下方才不知道该依靠什么（策略）而产生了凭自己的意志治理天下的想法。始：才，方才。《列子·汤问》："寒暑易节，始一反焉。" 　[5] 忠款：忠诚。 　[6] 颐指：本意指用下巴示意以指挥人，泛指达官贵人随意指挥下属。 　[7] 浸（jìn）：逐渐。曹冏《六代论》："二霸之后，浸以陵迟。" 　[8] 幸：喜悦，爱好。《汉书·成帝纪》："其后幸酒。" 　[9] 迁延：拖延。 　[10] 乖：背离。

　　陛下励志复雠，有大功于社稷；笃意恤民，有大德于天下。而卒不免笼络[1]小儒，驱委[2]庸人，以迁延大有为之岁月。此臣之所以不胜忠愤，而斋沐裁[3]书，择今者丁巳而献之阙下[4]；愿得望见颜色，陈国家立国之本末而开大有为之略，论天下形势之消长而决大有为之机，务合于艺祖皇帝经画天下之本旨；然八日待命而未有闻焉。夫"匹夫匹妇不获自尽，民主罔与成厥功"[5]。使天下之言者越月踰时[6]而后得报，在安平无事之时犹且不可；今者当陛下大有为之际，陈天下之大义，献天下之大计，而八日不得命焉[7]，臣恐天下之豪杰得以测陛下之意向，而云合响应之势不得而成矣。陛下积财养兵，志在灭虏，而不免与之通和以俟[8]时，固已不足以动天下之心矣。故既和而聚财，人反以为厉[9]民；既和而练兵，人反以为动众；举足造事[10]，皆足以致人之疑。议者惟其不明大义以示之，而后大计不可得而立也。苟又无意于臣之言，则天下愈不知所向矣。

　　[1] 笼络：控制，驾驭。笼：控制。《列子·黄帝》："圣人以智笼群愚。" 　[2] 驱委：驱遣，使用。驱：驾驭，驱使。曹冏《六代论》："驱乌集之众。"委：委任。《左传·文公六年》："委之常秩。" 　[3] 裁：创作，写作。杜甫《江亭》："排闷强裁诗。" 　[4] 丁巳：指淳熙五年（1178）春正月丁巳日至临安，先上第一书。 　[5] 匹夫匹妇不获自尽，民主罔与成厥功：平民百姓不能尽力，那么君主和谁一起去成就他的功业？语出《尚书·咸有一德》。自尽：自尽其力。民主：指君主《尚书·多方》："天惟时求民主，

乃大降显休命于成汤。" [6] 越月踰时：指等待很久。越、踰：超出，超过。 [7] 指上第一书后等待八日，没有任何消息。 [8] 俟（sì）：等待。 [9] 厉：虐害。《盐铁论·疾贪》："长吏厉诸小吏。" [10] 举足造事：有所行动并成就事业。

张浚始终任事[1]，竟无一功可论；而天下之童儿妇女不谋同辞[2]，皆以为社稷之臣。彼其誓不与虏俱生，百败而不折者，诚有以合于天人之心也，秦桧专权二十余年，东南赖以无事；而天下之童儿妇女不谋同辞，皆以为国之贼。彼其忘君父之雠而置中国于度外者，其违天人之心亦甚矣。陛下将以办天下之大计[3]，而大义[4]未足以震动天下，亦执事者[5]之所当釐正[6]而预计也。臣区区之心皆已具之前书，惟陛下财[7]幸。

[1] 张浚（1097—1164）：南宋主战派名臣，徽宗时进士，高宗时任知枢密院事，出为川陕京西诸路宣抚处置使，力主抗金，于诸将重用岳飞、韩世忠。秦桧主和议，被贬在外近20年。孝宗时重起，督师江淮间，封魏国公。符离之战，为金兵所败。后视师江淮，被主和派排挤去职。 [2] 不谋同辞：不谋而合言辞一致。 [3] 办天下之大计：指起兵北伐。 [4] 大义：指两次上书反复强调的南渡之耻、君父之仇。 [5] 执事者：泛指当权主事的人。 [6] 正：治理，纠正。《左传·桓公二年》："政以正民。" [7] 财：通"裁"，裁定。《汉书·晁错传》："唯陛下财择。"

◎ 研读

在第一封上书里，陈亮提出的是全面改弦更张的建议，涉及的都是根本性的问题，国家未来的发展取向、彻底废弃与金人和谈妥协的做法以振砺士气、变革本朝开国以来强干弱枝的做法、将战略经营重点挪至荆襄。可以说第一书里提及的任何一个问题均涉及基本国策，如果说南宋朝廷是一艘大船，在一般大臣都还趋向于修修补补的时候，陈亮提出来的是更换动力系统的事情，且对于这次上书很有自信。我们今天来看，第一封上书的确超越当时大臣议论的一般水平，无异于在死气沉沉的湖面上抛入巨石，所以天子才会"惊异累日，以为绝出"（叶适《龙川文集序》）。虽然天子如陈亮预期一般受到震动，但中间隔着陈亮所不屑的"群臣"、又有陈亮所不能左右的"小人"要在其中谋求利益，破坏了一次本来可以被传为美谈的人才擢用的历史事件。陈亮此次上书准备比较充分，也达到了基本目的，但是经过中间的曲折，这件事就像一辆蓄势待发的战车，本来期望其如脱缰野马般狂奔，但是出发前车轴遭到破坏，让本应顺畅的驰骋，变成了艰难缓慢的行进。以陈亮之明断敏捷，这一点在等待的过程中想必有所预感。所以才有了这第二封上书，这一封显然不是预备好的，是为了应对朝廷毫无响应的局面即时创作而成。第一封因为信心十足、毫无顾忌，所以"直陈其策"的意味明显，这一封因为是要强化自己的意见，进一步推动天子坚定志向、接受建议，所以"劝说鼓励"的意味更浓。

与第一封上书相比，这一封语气有所缓和，缓和的原因就在于陈亮虽然坚信宋孝宗力主恢复的志向没变，但又不太能准确把握朝廷此时的脉搏，毕竟第一封气壮山河、披肝沥胆之言没有如预期般发挥作用，不禁让他有所迟疑。但皇帝一贯的行事导向还是给了他基本的信心，所以他仍然力主要"复仇"。《宋史》评价宋孝宗云："聪明英毅，卓然为南渡诸帝之称首。"（《宋史》卷三十五）南宋绍兴三十二年（1162）宋孝宗登基，第二年很快就起用主战派的张浚，发动北伐中原的战争，即隆兴北伐。当时宋孝宗37岁，正是精力强健极欲有所作为的年龄，且初登大宝锐气十足，再加上北伐为其夙愿，所以迫不及待策动其事。隆兴元年（1163）四月，宋孝宗授意枢密使张浚筹划北伐。五月，张浚派濠州（今安徽凤阳）李显忠渡江出击。先后收复了灵璧、虹县等地，继而又攻陷了宿州（今属安徽）。后宋孝宗任命李显忠为淮南、京东、河北招讨使，邵宏渊为副使。金军左副元帅纥石烈志宁亲自率兵来攻，先被李显忠击退，后又调兵前来。但此时邵宏渊按兵不动，还企图动摇军心，有些参战的将领还带兵临阵脱逃。李显忠孤军奋战，终于难以支撑战局，只好趁着夜色撤离宿州。金军趁势掩杀，宋军大败，死伤不可计数。可以说北伐初期发展势头良好，以失败收场让人扼腕叹息，但这件事实际上从开始就埋下了隐患。任用张浚当然没有问题，张浚无论处事之能力、策略、号召力都确实是北伐统帅的不二人选，但有几方面的问题由于皇帝急于求成而未能多加注意，最终导致良好的形势发生递转。一、张浚与帝师史浩之间因意见相左而产生的矛盾，在出兵前就产生了一些不良影响。二、宋孝宗不通过三省、枢密院，直接与主帅拟定出兵策略、调遣将官，这是对正常运作的朝政决策体系的不信任，皇帝虽然达到了独断的目的，但事情显然缺乏更为周密的会商与讨论，显得过于仓促。三、对于战争发展过程中大将李显忠、邵宏渊之间产生的矛盾，没有及时予以疏解。当然这也受限于当时的信息传递条件，但是如果足够敏锐及时作出调整与补救，就有可能规避因二人不和带来的贻误战机的恶果。四、机会的限制。这是一个一般会被忽略的潜在原因，孝宗的行动之所以如此急迫，甚至有点不顾一切的味道，一方面是自己内心由来已久的愿望，另一方面是因为"机会有限"，因为他背后的太上皇宋高宗虽已禅位，却并没有完全放权。主"和议"的宋高宗在很多大事、甚至小事上还在遥控朝政，而孝宗感激高宗于普通宗室子弟中选拔自己成为继承人，既不愿违背宋高宗的意旨，又想抓住有限的机会一试锋芒，所以登基之后很快组织了这次出兵，结果并不理想。当然话说回来，宋孝宗在此次北伐之前也没有实际参与过如此重大的军事活动，能启动北伐十分不易，当时千头万绪，对于刚登基的皇帝来说，已属难能可贵。朱熹记载孝宗对符离之败的反应说："上初恢复之志甚锐，及符离之败，上方大恸，曰：'将谓番人易杀。'遂用汤思退。

再和之后，又败盟。"（《朱子语类·本朝一》卷一二七）孝宗的极度悲伤——"大恸"，不仅在于哀悼阵亡将士、军民损失，更在于深知自己这次没能获胜，可能再没有机会组织大规模的北伐战事了，则"恢复之志"岂不落空？当时形势危急，只能议和，但内心极不情愿，所以不久"又败盟"，孝宗行动的反复正说明他内心的这种曲折。

北伐失败后，隆兴二年（1164），金世宗为了达到"以战促和"的目的，发兵南下，先后攻占楚州、濠州、滁州等地，并准备渡江南下。在这种情况下，宋孝宗同意议和，这年十月双方签订协议，这就是历史上所称"隆兴议和"。初次北伐失败后，宋孝宗其实想要再次北伐。乾道五年（1169）八月，孝宗召在"采石之战"中大败金军的虞允文入朝，升其为右丞相兼枢密使，掌握军政大权。虞允文一方面在财力、物力、兵力上积极为北伐做好准备；另一方面，他建议宋孝宗遣"泛使"赴金，要求修改隆兴和约中部分侮辱性的条款。一是要求金朝归还河南的宋朝帝王陵寝之地，二是改变宋帝站立接受金朝国书的礼仪。对于宋孝宗来说，祖宗陵寝长期沦于敌手，每次金使南来，自己必须下榻起立接受国书，他内心早已视为奇耻大辱。因此，他立即同意虞允文的建议，乾道六年闰五月派范成大使金，提出归还河南陵寝之地和更改接受国书礼仪的要求，这就是前文所提到的"败盟"事件。金世宗断然拒绝宋方的要求，金朝群臣也都对南宋擅自破坏和议愤愤不平，尽管范成大与金人据理力争、毫无惧色，最后还是无功而返。所以从以上一贯的行事主张来说，宋孝宗绝对是一位主战的皇帝，只是迫于形势压力，不得不寻求议和以稳定局面，一旦有机会他还是想出兵恢复中原。

虽然皇帝力主北伐，但第一封上书谈完策略之后，这一封继续谈策略显然会重复，且给皇帝上书非同儿戏，也不能胡乱敷衍。从对于皇帝一贯的基本态度的了解这个层面出发，陈亮对宋孝宗仍然抱有极大的期望，期望宋孝宗能够再有大的举动，所以采用了劝说鼓励性的语气，比如在上书中反复称赞皇帝"励志复仇，有大功于社稷；笃意恤民，有大德于天下"。所提内容也不是具体的改革措施，而是希望皇帝在意识形态层面明确主导思想，使天下民众知所趋向。为了充分达到自己的劝说目的，陈亮没有采用开门见山的方式，而是用了迂回曲折的策略，发挥自己史学素养深厚的特长，先从历史说起，以西周遭遇犬戎之祸比况当今形势，指出西周不能自振，终至衰落，现在宋朝也面临同样的历史困局，难道要作相同的选择？在对历史表达充分遗憾的基础上强调目前必须有所为，否则历史必会重演，混乱颓败的局面也难以根本扭转。然后借圣人立言的深意，为自己的观点提供支撑，之后极力夸赞宋孝宗，肯定他过往的举措所取得的成效，然后才开始写出自己深深忧虑的地方：一、群臣不足以依靠；二、天下人犹疑不定。最后水到渠成，强调必须早定大义，明确朝廷指向，这样普通民众、豪杰才俊就知道朝什么样的方向去努力。当然这种不可议和、坚定复仇心意的想法也不是没有人提过。就在隆兴北伐之后的议和阶段，胡铨就说过："京师失守，自汪伯彦、黄潜善主和。完颜亮之变，自秦桧主和。议者乃曰，外虽和内不忘战，此向来权臣误国之言也，一溺于和，不能自振，尚能战乎！"（《宋史纪事本末》卷七十七）张浚进言："自秦桧主和，阴怀他志，卒成逆亮之祸。桧之大罪，未正于朝，致使其党复出为恶。臣闻立大事者以人心为本，今内外之议未决，而遣使之诏已下，失中原将士四海倾慕之心，他日谁复为陛下用命哉！人心既失，如水之覆，难以复收，而况于天则不顺，于义则不安，窃为陛下忧之！"（《宋史纪事本末》卷七十七）胡、张的言论也是希望孝宗确定主导思想，然后再行动，否则人心涣散不知所向，难以凝聚力量以成事。

陈亮的这一封上书从他此次系列上书的角度来说，具有连续性，对第一书的观点与策略也形成了良好的支撑，但是从有新意和有气势的角度来说，是不及第一书的，这是与他自己对比。如果与普通文人相比，则当别论，无论是文意构思、经营布置、驱遣言辞、情势飞动，都远超一般水平。陈亮是当时的一流作家，早年在太学读书、参加考试之时，已赢得名气，"二陈（陈亮、陈傅良）之名籍甚京师！"（《浪语集·答陈同父书》卷二十三）今以其文考之，确非虚语。

上孝宗皇帝第三书

◎解题

这是淳熙五年（1178）系列上书的第三封。本来这封上书按正常情况发展并不会出现，因为第二封上书之后，宋孝宗下旨对陈亮作一次都堂审查，安排官员当面考察陈亮。如果考察结果陈亮确有见地，就可顺势召见，再作主张。但是出乎意料，审查结束又等了10天，陈亮依然没有得到任何确定的答复。于是性格直率的陈亮忍无可忍，再上一书，放言议论表明想法。这一封上书陈亮主要强调两方面的内容。一要变通。自北宋以来国家立国之方略，即所谓"维持之具"，其势已用尽，国家太平亦当思变革，何况痛失半壁江山，更要思考变通之策。陈亮的变通之策有三：有可迁延数十年之策、有可以为百五六十年之计、有可以复开数百年之基的策略。因事关重大，希望见皇帝面陈，对于前来审查的官员，陈亮只谈了可说的三事：徽、钦二帝被虏为国家大耻，当激天下人之义愤勠力对敌；改变宋朝立国以来强干弱枝的策略，强化基层力量；培养人才，扭转士风。此外则表明自己上书并非为求取官职，而是不忍心怀良策闭口不言。

　　臣窃惟：艺祖皇帝经画天下之大略，盖将上承周、汉之治。太宗皇帝一切律[1]之于规矩准绳之内，以立百五六十年太平之基。至于今日，而不思所以变而通之，则维持之具穷矣。举江、浙、闽、广之士，亡虑[2]十四五万数，蜀不与[3]焉，而龌龊拘挛[4]，日甚于一日。选人[5]之在铨[6]者，殆以万计，而侥倖之源[7]未有穷已。财用之入倍于承平之时，而费于养兵者十之九，[8]兵不足用，而民日以困。非必道微俗薄而至此也，[9]盖本朝维持之具，二百年之余，其势固必至此。艺祖皇帝固已逆[10]知之矣。使天下安平无事，犹将望陛下变而通之，而况版舆[11]之地半入于夷狄，国家之耻未雪，臣子之痛未伸。天锡[12]陛下以非常之智勇，而又启陛下以北向复雠之意，乃欲因[13]今之势而有为焉，此所以十有七年之间，圣虑愈劳而取效愈远也。群臣既不足以望清光[14]，而草茅贱士不胜忧国之心，私以为陛下春秋五十有二，经天下之事变为已多，阅天下之义理为已熟，举足造事，必不伤国家之大体，叩囊底之智[15]，犹足以办此丑虏。六十以往，顾将望一日之安，[16]而亦何忍遗患于后人乎！

[1] 律：约束。　[2] 亡虑：同"无虑"，大略，大约。　[3] 与(yù)：参与。《史记·范雎传》："不敢复与天下事。"　[4] 龌龊拘挛：格局局促。龌龊：泛指狭小，局促。李白《大猎赋序》："当时以为穷极壮丽，迨今观之，何龌龊之甚也！"拘挛：拘束，拘泥。　[5] 选人：候补、候选的官员。　[6] 铨：选授官职。此处代指选官的机构，即吏部。　[7] 侥倖之源：通过非正常途径获得仕进机会的源头。侥倖：企求非分。　[8] 句意为：财政的收入与北宋和平时期相比翻倍，有十分之九都耗费于养兵。[9] 句意为：并不一定是因为治道衰微风俗浇薄才发展到这个地步。[10] 逆：预料，预先。《论语·宪问》："不逆诈，不亿不信。"　[11] 版舆：版图，疆域。　[12] 锡：通"赐"，赐予。　[13] 因：凭借。《孙子·火攻》："行火必有因，烟火必素具。"　[14] 清光：美好的风采，这里借指孝宗所抱恢复之志。《汉书·晁错传》："今执事之臣皆天下之选已，然莫能望陛下清光。"　[15] 囊底之智：古称多谋的人为智囊，囊底之智形容所怀智谋有余，还有足够的智谋。语出《魏书·慕容垂传》："且吾投老，扣囊底智，足以克之，不复留逆贼以累子孙。"　[16] 句意为：60岁以后，不过期望得到一日的安宁。顾：不过。《后汉书·马援传》："卿非刺客，顾说客耳。"

臣以为拘挛龌龊之中，其势当有卓然自奋于草茅[1]而开悟圣聪者。臣不自量其分之不足，而窃有志焉。是以具国家社稷之大计，质[2]之天地鬼神而献之阙下；陛下亦卓然拔之群言之中，特命大臣察其所欲言之意。臣妄意[3]国家维持之具，至今日而穷，而艺祖皇帝经画天下之大指[4]，犹可恃以长久，苟推原其意而变通之，则恢复不足为矣[5]。然而变通之道有三：有可以迁延[6]数十年之策，有可以为百五六十年之计，有可以复开数百年之基。事势[7]昭然而效见殊绝[8]，非陛下聪明度越百代，决不能一二以听之。臣不敢泄之大臣之前，而大臣拱手称旨[9]以问，臣亦姑取其大体之可言者三事以答之，而草茅亦不自知其开口触讳也。

[1] 草茅：在野未仕之人。　　[2] 质：问。潘岳《杨荆州诔》："无疑不质。"　　[3] 妄意：狂妄的揣测，谦词。　　[4] 指：通"旨"，意旨、要旨。《汉书·东方朔传》："丞相御史知指。"　　[5] 句意为：如果推究考察太祖皇帝的意旨而加以变通，那么恢复失地（这件事）也是不值一为的（小事），容易做到。不足：不值得，不必。《汉书·高帝纪上》："章邯已破项梁，以为楚地兵不足忧。"　　[6] 迁延：此处仅指时间的延展，无拖延耽搁之意。[7] 事势：事情的形势。　　[8] 殊绝：特出，超绝。殊：很，非常。《战国策·赵》："老臣今者殊不欲食。"　　[9] 拱手称旨：指大臣按照皇上的意旨行事。拱手，作揖。称旨，符合上意。《汉书·孔光传》："奉使称旨，由是知名。"

其一曰：二圣北狩之痛，盖国家之大耻，而天下之公愤也。五十年之余，虽天下之气销铄[1]颓惰，不复知雠耻之当念，正在主上与二三大臣振作其气以泄其愤，使人人如报私雠。此《春秋》书"卫人杀州吁"之意也。[2]若祇[3]与一二臣为密，是以天下之公愤而私自为计，恐不足以感动天人之心，恢复之事亦恐茫然未知攸[4]济[5]耳。

[1] 销铄：衰落。江淹《杂体诗》："人事亦销铄。"　　[2] 句意为：这就是《春秋》记载"卫人杀州吁"的意思所在。按：这里强调"春秋笔法"，

即在文章的记叙之中表现出作者的思想倾向，而不是通过议论表达出来。"卫人杀州吁"事见《左传》隐公三年、四年，卫国庶出公子州吁弑君自立，理政无方，激起臣民愤怒，后被杀。　[3] 祇（zhǐ）：仅，唯。《史记·项羽本纪》："虽杀之，无益，祇益祸耳。"　[4] 攸：助词，用于动词前，相当于"所"。《易·坤》："君子有攸往。"　[5] 济：成，成功。《后汉书·荀彧传》："终济大业。"

其二曰：国家之规模，使天下奉规矩准绳以从事。群臣救过之不给[1]，而何暇展布四体以求济度外之功哉！故其势必至于委靡而不振。五代之际，兵财之柄倒持于下，艺祖皇帝束之于上以定祸乱。后世不原其意，束之不已，故郡县空虚而本末俱弱。今不变其势而求恢复，虽一旦得精兵数十万，得财数万万计，而恢复之期愈远，就使虏人尽举河南之地以还我，亦恐不能守耳。

[1] 不给（jǐ）：不暇，来不及。苏轼《始皇论》："惴惴然朝不谋夕，忧死之不给。"

其三曰：艺祖皇帝用天下之士人以易武臣之任事者，而五代之乱不崇朝[1]而定。故本朝以儒立国，而儒道之振独优于前代。今天下之士烂熟委靡[2]，诚可厌恶，正在主上与二三大臣反其道以教之，作[3]其气以养之，使临事不至乏才，随才皆足有用。则立国之规模不至戾[4]艺祖皇帝之本旨，而东西驰骋以定祸乱，不必专在武臣也。前汉[5]以军吏立国，而用儒辄败人事。要之人各有家法[6]，未易轻动，惟在变而通之耳。天下大势之所趋，非人力之所能移[7]也。

[1] 崇朝（zhāo）：终朝，从天亮到早饭之间，比喻时间短促。《诗经·鄘风·蝃蝀》："崇朝其雨。"　[2] 烂熟委靡：形容圆滑世故、精神不振、意志消沉的状态。烂熟：熟透，极熟，在此处引申为圆滑世故。　[3] 作：振作。《左传·庄公十年》："一鼓作气。"　[4] 戾：违逆。《淮南子·览

冥》："举事戾苍天。" [5] 前汉：西汉。 [6] 要之：总之。家法：原为汉代经学名词，指不同师承门派各有传统，界限甚严。这里指治国理政的制度传统。 [7] 移：改变。《荀子·乐论》："移风易俗。"

　　臣之所以为大臣论者，其大略如此。而所谓数十年之策，百五六十年之计，数百年之基，与夫恢复之形势，事大体重，苟未决之圣心，则不可泄之大臣之前也。故止陈其大略之可言者三事以答之，二三大臣已相顾骇然，而臣亦惶恐而退。疏远草茅，宁复有路以望清光乎！马周[1]，一时琐琐之才也。太宗喜其为常何陈事，召使面对，未至之间，使者连数辈趣[2]之。使有能为太宗开礼乐法度者，其召之当不容喘矣。陛下聪明迈越太宗，而拔臣于群言混淆[3]之中，孤立以行一意，卒不免泯没而止[4]，其罪在臣之踪迹不明[5]，有以误陛下也。

　　[1] 马周（601—648）：唐代人，字宾王。少孤贫，好学落拓，不为州里所重。至长安，客中郎将常何家。贞观五年（631）诏百官言时政得失，何善武而不涉学，马周为条陈二十余事。太宗怪其能，问何，知是周为之。召周与语，大悦，拜为监察御史，官至中书令。 [2] 趣（cù）：催促。《汉书·张耳陈余传》："使使者贺赵，趣兵西入关。" [3] 群言混淆：言论错杂的状态。 [4] 句意为：最终不能免于消失而停止。泯没：消失。 [5] 句意为：（造成）这样（状况）的罪过在于我立身行事的态度与取向不够明确。踪迹，在这里引申为个人立身行事的表现。

　　臣本太学诸生，自忧制[1]以来，退而读书者六七年矣。虽蚤夜以求皇帝王伯[2]之略，而科举之文不合于程度[3]不止也。去年一发其狂论于小试之间，满学之士口语纷然，至腾谤以动朝路，数月而未已。[4]而为之学官者，迄今进退未有据也。[5]臣自是始弃学校而决[6]归耕之计矣。旋[7]复自念：数年之间，所学云何？而陛下之心，臣独又知之。苟徒恤[8]一世之谤，而不为陛下一陈国家社稷之大计，将得罪于天地之神与艺祖皇帝在天之灵而不可解，是故昧[9]于一来。旧名已在学校之籍[10]，于法不得以上书言事。使[11]臣有一毫攫取爵禄之心，以臣所习科举之文更一二试[12]，而考官又平心以考之，则亦随例得之矣[13]。何忍假数百年社稷之大计，以为一日之侥幸，而徒以累陛下哉！[14]

[1] 忧：丁忧，遭父母丧。制，守制，遵行居丧的制度。旧时，父母死后的儿子或祖父母死后的长房长孙，自闻丧之日起需在家守孝27个月，其间不得婚嫁、应考、上任，在任官员需离任。陈亮之父陈次尹乾道九年（1173）去世，守制指此。　[2] 伯（bà）：通"霸"。　[3] 程度：程式法度，格式标准。程：法式，准则。《吕氏春秋·慎行》："后世以为法程。"度：制度，法度。《荀子·王制》："衣服有制，宫室有度。"　[4] 此处所言指淳熙四年（1177），陈亮再入太学，当年参加了一场考试，因言论尖锐，招致众人议论。口语：毁谤。《汉书·杨恽传》："遭遇变故，横被口语。"腾：传播，流传。动：惊动。朝路：代指朝廷。　[5] 句意为：而作为太学官员的那些人，截至目前因找不到条规制度来评判此事而进退失据。　[6] 决：定，决定。《史记·秦始皇本纪》："皆决于上。"　[7] 旋：随即，不久。《史记·仓公传》："病旋已。"　[8] 恤：顾及，顾念。张衡《西京赋》："遑恤我后。"　[9] 昧：贪冒，冒犯。《左传·襄公二十六年》："晋、楚将平，诸侯将和，楚王是故昧于一来。"　[10] 陈亮乾道四年（1168）被有司录为太学生员（《上叶丞相衡书》），故云旧名已在籍。　[11] 使：假使。《史记·魏其武安侯传》："使武安侯在者，族矣！"　[12] 句意为：以臣下所学习的科举之文再参加一两次考试。　[13] 句意为：也就会按照惯例考中进士了。　[14] 句意为：哪里忍心凭借影响国家数百年发展的大计，以之作为侥幸（求取官职的资本），而徒然烦劳陛下呢！

世固有却万钟[1]之禄而不受者，亦有争一钱以至于相杀者，人情相去之远，何啻[2]于十百千万也！而臣欲持空言以自明[3]，亦浅矣。然审察十日而不得自便之命[4]，臣将无以自见于山林之士，徒以伤陛下招致天下豪杰之道。臣今更待罪[5]三日而后渡江，誓将终老田亩以弭[6]群论，以报陛下拔臣言于众中之恩，故昧死拜书以辞于阙下。臣阖门数十口，去行都无四百里，当席藁[7]私室，以听雷霆之诛。干冒[8]天威，罪当万死。

[1] 钟：古代容量单位，其容量因时、因地而异，或谓六斛四斗，或谓八斛，或谓十斛。　[2] 何啻（chì）：何止。　[3] 句意为：而我想要凭借空泛的言辞来表明心迹与想法。　[4] 指上书后等待十日没有得到任何消息。　[5] 待罪：等待治罪，此处是等待的委婉说法。　[6] 弭：止息，消除。　[7] 席藁：坐卧在稿席上。古人请罪的一种方式。藁：同"稿"，用禾秆编成的席。《史记·范雎传》："应侯席稿请罪。"　[8] 干冒：触犯，冒犯。

◎研读

这封上书的谈吐又变得激烈起来，主要有两方面的原因。一是都堂审查这个环节看上去颇有声势，也表明朝廷严肃谨慎的态度，结果虎头蛇尾。这让陈亮感觉很不舒服，想表达的建议没敢也不愿意充分表达，言犹未尽。二是有负气的因素在里边。陈亮年少成名，自视甚高，第一书里就说过："盖尝数至行都，而人物如林，其论皆不足以起人意。"这次上书又是多年思考的结晶，却未得到预期的结果。虽然面对皇帝不能有任何不恭敬的地方，但在第三书中，陈亮在言语之间将自己的品格气节、上书意图也毫无保留地表达了出来。

都堂审查按理说是一次机会，因为皇帝既然专门派员考察一个人，任用的意向其实已经很明确，但是陈亮上书的言辞，早把自己摆在了群臣的对立面。在第一书里强调："圣断裁制中外，而大臣充位；胥吏坐行条令，而百司逃责；人才日以阘茸，臣恐程文之士、资格之官，不足以当度外之用也。""今世之儒士自以为得正心诚意之学者，皆风痹不知痛痒之人也。"第二书里又说天下之才臣智士"为天下之奇论而无取于办天下之大计"，经生学士则"为天下之正论而不足以明天下之大义"。如此论断，将朝中大臣与社会上的儒生学者批评无余，当然人们也明白文人写文章本来有一定的夸张因素，但即便如此，陈亮态度之偏激与言辞之激烈还是超过了常人。也许正是这种敢于批驳现状的气势让宋孝宗悚然震动。作为南宋最有才干志向且性情深沉的皇帝，宋孝宗固然能从全局的角度判断陈亮的说法并予以容忍，但让群臣见到这样的言辞且保持和颜悦色，恐怕不可能。主持都堂审查的主导官员是赵雄（1129—1193），时任同知枢密院事，早年由虞允文推荐入朝，是典型的主战派，曾出使金朝，与金主争辩再三，坚定不移，金人谓之"龙门"。而且承担这样职责的官员，一般来说都应该避嫌，陈亮文集中也无与赵雄往来的书信、文章，可以推测二人有可能互相听闻对方名声，但此前并无直接交往。按说这样一位官员应该能够和陈亮谈得来，但是从陈亮上书中的描述来看，显然话不投机。很有可能就是前两封上书里对朝中大臣的批评太过激烈，来者在来之前就厌恶他上书里越界越位的言辞，觉得太过狂傲自大，只不过迫于皇帝命令，必须完成这个任务，其实并不真心想了解陈亮，因为第三书里描述的审查场景是——"大臣拱手称旨以问"，基本上就是按程序走过场。陈亮一看如此情形，"故止陈其大略之可言者三事以答之，二三大臣已相顾骇然"。说明来者在听完陈亮的陈述之后，更验证了自己的预判——陈亮为人狂妄，所论策略不着边际。情感疏远、话不投机，且被审查者不想在未见皇帝之前和盘托出自己最高明的想法，所以这次都堂审查可以说是草草收场、不欢而散。赵雄在给皇帝的汇报中如何讲，我们不得而知，但基本情况是可以推测的：不主动贬低攻击陈亮已算很不错，热情洋溢的赞美与推荐则绝不可能。所以都堂审查结束10天之后，无任何消息下达。

宋孝宗固然有点欣赏陈亮的才干，但此时的宋孝宗已52岁、执政17年，已经非常老练，各种品性、才干的官员、学者也接触得非常多，虽然陈亮显得有点突出，但皇帝已经不是血气方刚的年龄，他固然被打动，但激动异常也说不上。何况陈亮的名声里多少还带有"狂士"的影子，起用这样的人，如能成事当然非常好，如一旦真实才具不如其言辞漂亮，导致不良后果，皇帝就会很被动，难免被舆论认为思虑不周、轻信易与。皇帝的沉默对陈亮来说非常煎熬。

陈亮的负气表面来看是因为此次上书不顺利、朝廷态度不明确，深层考虑，这种不平与焦虑实际上应该是社会对待他的"身份"认知与他自身的"身份"认知之间存在差距所造成。阿兰·德波顿认为身份就是"个人在他人眼中的价值和重要性"（《身份的焦虑》）。造成陈亮巨大失落的其实是社会、朝廷对他的价值和重要性并没有给予充分认可，他的上书没有招致灾难性的后果，已经可以看出当时宋孝宗也好、南宋朝廷也好，在这一方面是比较优容士人的，但这并不足以让陈亮满足。陈亮天赋异禀，喜好读书，加上勤奋善思，十八九岁时就写出了《酌古论》，其序言云此篇"可以观，可以法，可以戒，大则兴王，小则临敌，皆可以酌乎此也"（《酌古论序》）。言语虽不无少年人的张扬，但其文才气纵横、辩驳无碍，实非常人能及。后得婺州郡守周葵（1098—1174）赏识，"郡守周葵得之（《酌古论》），相与论难，奇之，曰：'他日国士也。'请为上客"（《宋史·陈亮传》卷四三六）。周葵后来并未因离开婺州而忘记陈亮，在之后也关心指导为之揄扬，并创造机会让陈亮结识当世才俊，官至参知政事后也仍然如此，《宋史》记载："及葵为执政，朝士白事，必指令揖亮，因得交一时豪俊，尽其议论。"陈亮因而得与当时的名士交往，这对他来说是相当独特的经历。《送徐子才赴富阳序》云："亮自十八九岁，获从故老乡人游……晚与一世豪杰上下其论。"《复张好仁》云："亮自十八九岁时，即获与曩者诸老游，其后一世贤豪往往皆不甚鄙弃之，虽天资不如人处甚多，而所闻见较亦不甚少。"《祭宗成老文》云："亮年十八九时，诸公不以为不肖，虽大父行、父行往往辱与之游，其后又与年辈相若者相与上下其论。"我们今天看陈亮集中与人交往的书、启等文，除同在浙东的吕祖谦、陈傅良、叶适等关系密切的友人之外，其他则上至宰执朝官，下至当世名士，可以说陈亮是以才华自立于当时士林之中，他对自己的学问文章很是自负。所以此时上书的陈亮，虽然没有官职也不是贵族，但从事实层面来说也不是一个普通平民，而是一个不折不扣的名士！结果朝廷对上书没有积极的回应，他内心自然不平。

陈亮这封上书至少有三个意图。首先，继续前两封上书的态势，进一步表明自己的意见。第一封讲洗雪国耻维系民心，绝不可讲和，要思考变革，以及国家战略防御的重点等问题。第二封继续强调复仇的重要性与必要性，批判群臣不足倚靠，并希望皇帝早定大计，以使民众知所趋向。这一封关键之处是激民之公愤而雪国家之耻、变通国家基本政策以适应当下形势、扭转萎靡不振的士风。但是陈亮所强调的"数十年之策，百五六十年之计，数百年之基，与夫恢复之形势"则没有和盘托出，这仍然是为得到皇帝召见而努力。其次，在谈论策略的同时，穿插谈了都堂审查的情况和自己未尽言的原因，避免皇帝只听信审查官员的一面之词。再次，表明心迹——自己并不为求取官职。这样既终结了皇帝派员审查没有下文的尴尬局面，也保全了自己的声名气节，以免别人误解，对他的动机作出多种测度：获取官职、沽名钓誉、投机取巧、为自己科举高中铺路……陈亮这样写是十分正确的，因为他比较顾忌自己交游的士大夫圈子对他的认知发生改变。如果他的人品气节受到大家的怀疑，这将对他日后从事政治、学术活动产生很大的影响。但平民上书的行为毕竟少有人敢做，起而做已让朝野侧目，做而未成自然有人忍不住要说。这里有温和的规劝，比如老友吕祖谦在《与陈同甫书》（第十八）中劝他要从才智与仁德、庄重、守礼的关系中去反思自己的行为，陈亮表示接受。他的同乡吕皓就没有这样客气，在《与陈龙川先生书》（《云溪稿》）中先肯定陈亮有一定的才干，但即便如此也不能在别人未主动求教时自己登门去教授，空费精力还得不到重视，而且也许真到需要出山大用时，反而不能体现出才能，并说自己与同辈不仅议论而且嘲笑这样的行为。吕皓的态度可以说代表了绝大多数人对陈亮上书的反应。

但是，历史，从来不是在温和平静、品茗对谈的精致自守里演化推进的。陈亮的行动看上去是"鲁莽"的，不符合那个时代绝大多数读书人的选择，但陈亮是有历史纵深感的人，他深深懂得人生的短暂、时机的重要，最精彩的思考要呈现给最需要且善于解读的人，宋孝宗无疑是最好的选择。把他的"鲁莽"放在较长的历史时段里考查，则何止是正确，是真正的大智慧。正是有了这样的内心笃定的认识，他才能平静对待别人的批评与指责。他回复给吕祖谦、吕皓的信件无一例外都心平气和，因为他是站在另一个层面在做事与看问题。南宋如无宗泽、岳飞的前线苦战、无李纲力主抗金、无胡铨慷慨陈策、无朱熹疾言厉色的奏章、无辛弃疾夺军来归、无陈亮白衣上书议论"国是"……将会是多么衰败萎靡、无足挂齿！这些人都是忘记自身安危的"鲁莽"者，他们固执、坚硬，他们选择直面当下，正是他们的"鲁莽"言辞与行动在推动和改变着历史。

戊申再上孝宗皇帝书

◎ **解题**

　　这封上书写于淳熙十五年（1188），距离上次连上三书已过去10年。淳熙十四年十月，太上皇宋高宗驾崩。对于南宋皇室来说，这不仅是一种人事变化，实际上更显露一种政治风向可能转变的信号。因为宋高宗禅让退位后并没有远离朝政，尤其在和战问题上，主和思想从未改变。宋孝宗在太上皇掣肘之下，仅发动过一次北伐战争，随后便没有机会。现在没有了宋高宗的压制，陈亮认为宋孝宗可再砺雄心，放手一搏。于是再次入京上书，就北伐提供自己的见解与想法。上书的核心观点是"江南不必忧，和议不必守，虏人不足畏，书生之论不足凭"，然后指出要重视经营京口、建业，重视淮东的守卫；要开始行动以伸即位之初志；同时对朝廷的用人机制提出质疑，强调非常之事需与非常之才共谋以成就。

　　臣闻有非常之人，然后可以建非常之功。求非常之功而用常才、出常计、举常事以应之者，不待智者而后知其不济也。前史有言："非常之原，黎民惧焉。"[1]古之英豪岂乐于惊世骇俗哉！盖不有以新天下之耳目，易斯民之志虑，则吾之所求亦泛泛焉而已[2]耳。

　　[1] 非常之原，黎民惧焉：非同寻常之事刚开始时，百姓往往害怕它。语出司马相如《难蜀父老》。原，最初的，开始的。　[2] 而已：语气词，相当于"罢了"。

皇天全付予有家[1]，而半没[2]于夷狄，此君天下者之所当耻也。《春秋》许九世复雠[3]，而再世则不问，此为人后嗣者之所当愤也。中国，圣贤之所建置，而悉沦于左衽[4]，此英雄豪杰之所当同以为病也。秦桧以和误国二十余年，而天下之气索然而无余矣。陛下慨然有削平宇内之志，又二十余年而天下之士始知所向。其有功德于宗庙社稷者，非臣区区之所能诵说其万一也。高宗皇帝春秋既高，陛下不欲大举以惊动慈颜，抑心俯首以致色养[5]，圣孝之盛，书册之所未有也。今者高宗皇帝既已祔[6]庙，天下之英雄豪杰皆仰首以观陛下之举动，陛下其忍使二十年间所以作天下之气者，一旦而复索然[7]乎！

[1] 皇天全付予有家：上天完整付予我家国。付：给予，交付。《尚书·梓材》："皇天既付中国民。"予：代词，我，我的。家：这里泛指家国。
[2] 没（mò）：沦陷，败亡。《晋书·殷仲堪传》："恢之所领水军皆没。"
[3] 《春秋》许九世复雠：语出《公羊传·庄公四年》："九世犹可以复仇乎？虽百世可也。"　　[4] 左衽：我国古代少数民族的服装，前襟向左掩，不同于中原一带人民的右衽。后也用"左衽"为外族统治的代称，此处即是这样的用法。《论语·宪问》："微管仲，吾其被发左衽矣。"　　[5] 色养：承顺父母颜色，尽奉养之道。　　[6] 祔：祭祀名。把新死者的神主附于宗庙先祖旁祭祀。《后汉书·仪礼志下》："虞礼毕，祔于庙，如礼。"　　[7] 索然：离散零落的样子。《晋书·羊祜传》："至刘禅降服，诸营堡者索然俱散。"

天下不可以坐取也，兵不可以常胜也，驱驰运动[1]又非年高德尊者之所宜也。东宫居曰监国，行曰抚军[2]。陛下近者以宅忧[3]之故，特命东宫以监国[4]。天下之论，皆以为事有是非可否，而父子之际至难言也。东宫聪明睿知，而四十之年不必试以事也[5]。故东宫不敢安而陛下亦知其难矣。[6]陛下何不于此时命东宫为抚军大将军，岁巡建业，使之兼统诸司，尽护诸将，置长史司马以专其劳[7]；而陛下于宅忧之余，运用人才，均调[8]天下，以应无穷之变。此肃宗所以命广平王之故事也[9]。兵虽未出，而圣意振动，天下之英雄豪杰靡然知所向矣。天下知所向，则吾之驰驱运动亦有所凭借矣。臣请为陛下论天下之形势，而后知江南之不必忧，和议之不必守，虏人之不足畏，而书生之论不足凭也。

[1] 驱驰运动：驱驰，原意为策马疾驰，这里引申为奔走效力；运动：行动。这里概括指领兵作战之事。 [2] 东宫居曰监国，行曰抚军：太子留守朝中，监督朝政称为"监国"，随国君出征、外出巡视称为"抚军"。《左传·闵公二年》："冢子（太子），君行则守，有守则从，从曰抚军，守曰监国。古之制也。" [3] 宅忧：处在父母丧事期间。《书·说命上》："王宅忧。"孔颖达疏："言王居父忧。"指淳熙十四年（1187）宋高宗去世，此次上书在淳熙十五年，故云。 [4] 特命东宫以监国：指以太子赵惇（1147—1200）为监国。《宋史》卷三十六《光宗本纪》载淳熙十四年（1187）十一月孝宗手诏皇太子可令参决庶务。 [5] 四十之年不必试以事：赵惇监国时已经41岁，早已成年，故云不必以政务去考验他。 [6] 句意为：因此太子处理朝政内心忐忑，陛下也知道他的为难之处。 [7] 句意为：设置长史、司马等官职来掌管具体职事。专：主持，掌管。元稹《唐河南元君墓志铭》："太夫人专门户。" [8] 均调：调整处置。均：调节，调整。《梦溪笔谈·人事》："均两浙杂税。" [9] 肃宗所以命广平王之故事：指安史之乱中唐肃宗李亨任命其长子李豫（唐代宗，作皇子时初封广平郡王）担任天下兵马元帅，后长安、洛阳两京相继收复，李豫以天下兵马元帅身份立下了卓越战功。见《旧唐书》卷一〇《肃宗本纪》。

臣闻吴会[1]者，晋人以为不可都，而钱镠据之以抗四邻，盖自毗陵[2]而外不能有也。其地南有浙江，西有崇山峻岭，东北则有重湖沮洳[3]，而松江、震泽[4]横亘其前。虽有戎马百万，何所用之！此钱镠所恃以为安，而国家六十年都之而无外忧者也。独海道可以径达吴会；而海道之险，吴儿习舟楫者之所畏，虏人能以轻师而径至乎！破人家国而止可用其轻师乎！书生以为江南不易保者，是真儿女子之论也。

[1] 吴会：东汉时，会稽郡分为吴、会稽二郡，合称"吴会"。《后汉书·蔡邕传》："亡命江海，远迹吴会。"后虽分郡渐多，仍通称这两郡故地为

"吴会"。　　[2] 毗陵：今江苏省常州市。　　[3] 沮洳（jù rù）：低湿之地。　　[4] 松江：即吴淞江，在今上海市西南部。震泽：今属江苏省苏州市吴江区。

　　臣尝疑书册不足凭，故尝一到京口[1]、建业，登高四望，深识天地设险之意，而古今之论为未尽也。京口连冈三面，而大江横陈，江傍极目千里，其势大略如虎之出穴，而非若穴之藏虎也。昔人以为京口酒可饮，兵可用，而北府之兵[2]为天下雄。盖其地势当然，而人善用之耳。臣虽不到采石[3]，其地与京口股肱[4]建业，必有据险临前之势，而非止于靳靳[5]自守者也。天岂使南方自限于一江之表[6]，而不使与中国通而为一哉！江傍极目千里，固将使谋夫勇士得以展布四体，以与中国争衡[7]者也。韩世忠[8]顿[9]兵八万于山阳，如老羆[10]之当道，而淮东赖以安寝[11]，此守淮东之要法也。天下有变，则长驱而用之耳。若一一欲堑[12]而守之，分兵而据之，出奇设险，如兔之护窟，势分力弱，反以成戎马长驱之势耳。是以二十年间，纷纷献策以劳圣虑，而卒无一成，虽成亦不足恃者，不知所以用淮东之势者也。而书生便以为长淮不易守者，是亦问道于盲之类耳。

　　[1] 京口：今江苏省镇江市。　　[2] 北府之兵：又称"北府军"，是东晋后期谢玄利用原北府镇将、兵勇、流民武装组建的军队，因驻扎京口（时人谓之"北府"）得名。东晋、前秦淝水之战，北府兵以少胜多。　　[3] 采石：即采石矶，今安徽省马鞍山市西南长江东岸。　　[4] 股肱（gōng）：辅佐，拱卫。《国语·鲁语下》："子股肱鲁国，社稷之事，子实制之。"　　[5] 靳靳：固执，坚持。　　[6] 一江之表：江表指长江以南的地区，从中原地区看，地处长江之外，南方六朝都泛称江表。表：外，外面。　　[7] 争衡：互相争斗，较量高低。　　[8] 韩世忠（1089—1151）：南宋抗金名将，建炎四年（1130）率八千人破金将兀术于黄天荡。绍兴四年（1134），又大破金和伪齐联军。曾拜枢密使，后以上疏诋秦桧误国罢职。　　[9] 顿：安顿，安置。杨万里《城头秋望》诗："秋光好处顿胡床。"　　[10] 羆（pí）：兽名，熊的

一种。　　[11] 淮东赖以安寝：淮东，北宋始设淮南东路，与淮西（淮南西路）相对，又称"淮左"。韩世忠曾任京东、淮东路宣抚处置使，故云。[12] 堑：挖掘壕沟。《左传·昭公十七年》："环而堑之，及泉。"

　　自晋之永嘉[1]，以迄于隋之开皇[2]，其在南则定建业为都，更六姓[3]，而天下分裂者三百余年。南师之谋北者不知其几，北师之谋南者盖亦有数，而南北通和之时则绝无而仅有。未闻有如今日之岌岌然[4]以北方为可畏，以南方为可忧，一日不和则君臣上下朝不能以谋[5]夕也。罪在于书生之不识形势，并与夫逆顺曲直[6]而忘之耳。

　　[1] 永嘉：西晋怀帝年号（307—313）。　　[2] 开皇：隋文帝年号（581—600）。　　[3] 更六姓：指东晋、宋、齐、梁、陈、隋。　　[4] 岌（jí）岌然：危急的样子。　　[5] 谋：考虑。　　[6] 逆顺曲直：指北宋南渡、宋金和战历史的来龙去脉、是非曲直及正义与否。

　　高宗皇帝于虏有父兄之仇，生不能以报之，则死必有望于子孙，何忍以升遐[1]之哀告诸仇哉！遗留报谢，三使继遣[2]，金帛宝货，千两连发。而虏人仅以一使如临小邦。闻诸道路，哀祭之辞寂寥简慢[3]。义士仁人，痛切心骨，岂以陛下之圣明智勇而能忍之乎！意者执事之臣忧思万端，有以误陛下也。南方之红[4]女积尺寸之功于机杼[5]，岁以输[6]虏人，固已不胜其痛矣。金宝之出于山泽者有限，而输诸虏人者无穷，十数年后，岂不遂就[7]尽哉！陛下何不翻然思首足之倒置，[8]寻即位之初心，大泄而一用之，以与天下更始[9]乎！未闻以数千里之地而畏人者也。刘渊、石勒、石虎、苻坚[10]，皆夷虏之雄，曾[11]不能以终其世，而阿骨打之兴于今近八十年[12]，中原涂炭又六十年矣[13]。父子相夷之祸[14]，具在眼中，而方畏其为南方之患，岂不误哉！

　　[1] 升遐：帝王去世的婉辞。　　[2] 遗（wèi）留报谢，三使继遣：高

宗逝后，宋朝先后遣韦璞、颜师鲁、京镗等为使，往来传信及交涉礼仪事务。见《资治通鉴后编》卷一二七。　　[3] 寂寥简慢：冷淡怠慢。简：怠慢，轻视。《战国策·燕策三》："语曰：'论不脩心，议不累物，仁不轻绝，智不简功。'"　　[4] 红：通"工"，指女子从事的纺织、缝纫、刺绣等工作。　　[5] 机杼：织布机的转轴和梭子，借指织布机。　　[6] 输：送给。　　[7] 就：趋向，接近。　　[8] 句意为：陛下何不彻底（将事情）从相反的方向考虑。　　[9] 更始：重新开始，除旧布新。《吕氏春秋·季冬》："数将几终，岁将更始。"　　[10] 刘渊、石勒、石虎、符坚：刘渊（？—310），匈奴族，十六国时期汉政权的建立者。石勒（274—333），羯族，十六国时期后赵的创建者。石虎（295—349），羯族，石勒之侄，废石勒之子石弘，自立为帝。符坚（338—385），氐族，十六国时期前秦君主。　　[11] 曾（zēng）：竟，乃。《孟子·公孙丑》："尔何曾比予于管仲？"　　[12] 阿骨打（1068—1123），女真族，汉名完颜旻，金朝开国皇帝。自1114年起兵反辽，1115年正月建国号"金"，距陈亮写此书（1188）73年，故云近80年。[13] 上书之年（1188）距靖康之难（1127）61年，故云。　　[14] 父子相夷之祸：指金熙宗被海陵王弑杀，海陵王被部将弑杀，随后金世宗被拥立之事。夷：诛杀，消灭。《荀子·君子》："一人有罪而三族皆夷。"

　　陛下倘以大义为当正，抚军之言为可行，则当先经理[1]建业，而后使临之。今之建业，非昔之建业也。臣尝登石头钟阜[2]而望今城，直在沙嘴之旁耳。钟阜之支陇[3]隐隐而下，今行宫据其平处以临城市，城之前则逼[4]山而斗[5]绝焉。此必后世之读山经而相宅者[6]之所定，江南李氏[7]之所为，非有据高临下以乘王气而用之之意也。本朝以至仁平天下，不恃险以为固，而与天下共守之，故因而不废耳。臣尝问之钟阜之僧，亦能言台城[8]在钟阜之侧，大司马门适当在今马军新营之旁耳。其地据高临下，东环平冈以为固，西城石头以为重[9]，带[10]元武湖[11]以为险，拥秦淮、清溪以为阻，是以王气可乘，而运动如意。若如今城，则费侯景[12]数日之力耳。曹彬之登长干[13]，兀术[14]之上雨花台，皆俯瞰城市，虽一飞鸟不能逃也。臣又尝问之守臣，以为今城不必改作，若上有北方之志^[15]，则此直寄路焉耳^[16]。臣疑其言虽大，而实未切^[17]也。据其地而命将出师以谋中国，不使之乘王气而有为，虽省目前经营之劳，乌知其异日不垂^[18]得而复失哉！纵今岁未为北举之谋，而为经理建业之计，以震动天下而与虏绝，陛下即位之初志亦庶几于少^[19]伸矣。

[1] 经理：治理。 [2] 石头钟阜：石头城和钟山。石头城：位于今南京市西清凉山上，三国时孙吴就石壁筑城戍守，称"石头城"。后人也每以石头城指建业。钟阜：紫金山别称，位于今南京市玄武区。 [3] 支陇：支脉小山。 [4] 逼：接近，迫近。《晋书·符坚载记》："置阵逼水。" [5] 斗：通"陡"，陡峭。苏颋《夜发三泉》诗："地势诚斗绝"。 [6] 相宅者：指风水先生之流。 [7] 李氏：代指"南唐"，五代十国时期李昪在江南建立的政权。 [8] 台城：是东晋至南朝时期的台省（中央政府）和皇宫所在地，位于国都建康（今南京）城内，"台"指当时以尚书台为主体的中央政府，因尚书台位于宫城之内，因此宫城又被称作"台城"。 [9] 重：倚重，倚靠。 [10] 带：环绕。《战国策·楚策》："披山带河"。 [11] 元武湖：即玄武湖，避宋之"圣祖"玄朗讳。 [12] 侯景（？—552）：南朝梁怀朔镇人，初为北朝魏尔朱荣将，后归高欢。欢死，附梁封为河南王。后举兵叛变，攻破建康。萧衍（梁武帝）被围于台城，饿死。 [13] 曹彬（931—999）：宋真定灵寿人，历仕后汉、后周。宋太祖伐江南，以彬将行营之师，攻破金陵，生俘李后主，不妄焚杀。长干，古建康里巷名，也借指南京。 [14] 兀朮（？—1148）：完颜宗弼，金完颜旻（太祖）第四子，金兵攻宋，屡为前锋。 [15] 北方之志：指北伐。 [16] 此直寄路焉耳：这里只不过是寄居经过之地罢了。直：只，只不过。寄：寄居。 [17] 切（qiè）：切合。《史记·老子韩非传》："切事情，明是非。" [18] 垂：将近。 [19] 少：稍，略微。

第非常之事非可与常人谋也。陛下即位之初，喜怒哀乐，是非好恶，皦然^[1]如日月之在天。雷动风行，天下方如草之偃^[2]，惟其或失之太快^[3]，故书生得拘文执法以议其后。而其真有志者，私自奋励以求称圣意之所在，则陛下或未之知也。陛下见天下之士皆不足以望清光，而书生拘文执法之说往往有验[4]，而圣意亦少衰矣。故大事必集议[5]，除授[6]必资格；才者以跅弛[7]而弃，不才者以平稳而用；正言以迂阔而废，巽言[8]以软美而入；奇论指为横议，庸论谓有典则。陛下以雄心英略，委曲[9]上下于其间，机会在前而不敢为幡然之喜，隐忍事仇而不敢奋赫斯[10]之怒。朝得一才士，而暮以当路[11]不便而逐；心知为庸人，而外以人言不至而留。泯[12]其喜怒哀乐，杂[13]其是非好恶，而用依违[14]以为仁，戒喻[15]以为义，牢笼[16]以为礼，关防[17]以为智。陛下聪明自天，英武盖世，而何事出此哉[18]！天下非有豪猾不可制之奸，虏人非有方兴未艾之势，而何必用此哉！

[1] 皦然：分明、明白的样子。《水经注·河水》："清浊异流，皦焉殊别。" [2] 偃：倒伏。 [3] 惟其或失之太快：也许正因为（行动）过于迅速而有所失误。 [4] 验：效验，效果。 [5] 集议：召集大臣共同商议。 [6] 除授：任命，授官。 [7] 跅（tuò）弛：放荡不羁。《汉书·武帝纪》："夫泛驾之马，跅弛之士，亦在御之而已。" [8] 巽（xùn）言：恭顺委婉的言词。 [9] 委曲：曲意迁就。 [10] 赫斯：语出《诗经·大雅·皇矣》："王赫斯怒，爰整齐旅。"后因以"赫斯"指帝王盛怒的样子。 [11] 当路：执政，掌权。这里指握有实权的大臣。 [12] 泯（mǐn）：灭，这里指去掉。 [13] 杂：俱，同。《国语·越》："杂受其刑。" [14] 依违：模棱两可。《论衡·答佞》："谗人以直道不违，佞人依违匿端。" [15] 戒喻：警告晓谕。戒：警告，告诫。 [16] 牢笼：笼络，罗致。 [17] 关防：防备。朱熹《与黄商伯书》："若事事如此索关防，则无复闲泰之时矣。" [18] 而何事出此哉：为什么选择这样的（行事方式）呢！

夫喜怒哀乐爱恶，人主之所以鼓动天下而用之之具也。而皇极之所谓无作者[1]，不使加意于其间耳，岂欲如老、庄所谓槁木死灰[2]，与天下为婴儿[3]，而后为至治之极[4]哉！陛下二十七年之间，遵养时晦，示天下以乐其有亲，而天下归其孝[5]；行三年之丧，一成不变，示天下以哀而从礼，而天下服其义。陛下以一身之哀乐而鼓天下以从之，其验如影响[6]矣。乙巳、丙午之间，虏人非无变故[7]，而陛下不独不形诸喜，而亦不泄诸机密之臣；近者非常之变[8]，虏人略于奉慰，而陛下不独不形诸怒，而亦不密其简慢之文。陛下不以喜示天下，而天下恶知[9]机会之可乘；陛下不以怒示天下，而天下恶知雠敌之不可安！弃其喜怒以动天下之机，而欲事功之自成，是闭目而欲行也。小臣之得对，陛下有卓然知其才者；[10]外臣之奉公，陛下有隐然念其忠者[11]。而已用者旋去，既去者无路以自进，是陛下不得而示天下以爱也。[12]大臣之弄权，陛下既知其有塞路者，[13]议人之多私，陛下既知其有罔我者，[14]而去之惟恐伤其意，发[15]之惟恐其怅恨而不满，是陛下不得而示天下以恶也。陛下幡然思即位之初心，岂知其今日至此乎！臣犹为陛下怅念于既往[16]，而天生英雄，岂使其终老于不济乎！长江大河，一泻千里，苟得非常之人以共之，则电扫六合[17]，非难致之事也。

[1] 皇极：帝王统治的准则。《尚书·洪范》："皇极，皇建其有极。"孔颖达正义："皇，大也。极，中也。治下民当使大得其中，无有邪辟。"无作：犹言不加好恶。　[2] 槁木死灰：枯木无气，死灰无热，喻毫无生气、意志消沉。《庄子·齐物论》："形固可使如槁木，而心固可使如死灰乎？"　[3] 与天下为婴儿：同天下一起处在如婴儿般淳朴无虑的状态。《道德经》常以婴儿比况自然纯真的状态。《道德经》第二十六章："知其雄，守其雌，为天下谿。为天下谿，常德不离，复归于婴儿。"　[4] 为至治之极：达到朝政治理至善至美的极点。　[5] 天下归其孝：天下人普遍称誉您的孝道。宋孝宗为宋高宗养子，以宗室子入继大统，一直对宋高宗尊敬孝顺，故云。归：称誉。《抱朴子·审举》："邦间归其信义。"　[6] 影响：指对人或对事所起的作用、感应十分迅速。《荀子·富国》："三德者诚乎上，则下应之如影响。"　[7] 虏人非无变故：此处所指不详。　[8] 非常之变：指宋高宗驾崩。　[9] 恶（wū）知：哪里知道。恶：同"乌"。　[10] 句意为：小臣获得觐见应答的机会，陛下高明英断，知道他们当中有才杰之士。　[11] 句意为：外臣奉公有为，陛下有怜惜而顾念他们的忠诚。隐：怜惜。《三国志·王修传》："修亲隐恤之。"　[12] 句意为：不久被任用人（任职期满）就离开了，已经离开的人没有路径使自己得到推荐，这样陛下就不能向天下显示自己的喜好。

[13] 句意为：大臣玩弄权术，陛下知道他们中有妨碍官员正常提拔的人。
[14] 句意为：议论别人多有密谋之事，陛下已经知道他们中有蒙蔽圣听的人。罔：欺蒙。　　[15] 发：揭发。《汉书·郑当时传》："（司马安）发其事。"　　[16] 句意为：我仍然为陛下惆怅怀念已经逝去的光阴与机会。
[17] 电扫六合：迅速平定天下。电：形容疾速。扫：征伐，平定。六合：天地四方，泛指天下。

　　本朝以儒道治天下，以格律守天下，而天下之人知经义[1]之为常程[2]，科举之为正路，法不得自议其私，人不得自用其智，[3]而二百年之太平由此而出也。至于艰难变故之际，书生之智，知议论之当正而不知事功之为何物[4]，知节义之当守而不知形势之为何用，宛转于文法之中，而无一人能自拔者。陛下虽欲得非常之人以共斯世，[5]而天下有谁肯信乎！臣于戊戌之春正月丁巳[6]，尝极论宗庙社稷大计，陛下亦慨然有感于其言，而卒不得一望清光，以布露其区区之诚。非廷臣之尽皆见恶，亦其势然耳。臣今者非以其言之小验而再冒万死以自陈，实以宗庙社稷之大计不得不决于斯时也[7]。陛下用其喜怒哀乐爱恶之权以鼓动天下，使如臣者，得借方寸之地以终前书之所言，而附寸名于竹帛之间[8]，不使邓禹笑人寂寂[9]。而陛下得以发其雄心英略，以与四海才臣智士共之。天生英雄，殆不偶然[10]，而帝王自有真[11]，非区区小智所可附会[12]也。干冒天威，罪当万死。

　　[1] 经义：儒家经典与义理。　　[2] 常程：固定不变的标准。常，固定不变的。韩愈《师说》："圣人无常师。"程：标准，法度。《商君书·修权》："故立法明分，中程者赏之。"　　[3] 此处两句意为：律法规定人们不能自己判定涉及他们自身的事情，也不能依照自己的想法我行我素。　　[4] 句意为：知道天下的舆论需要纠正，但却不知道建功立业、求见实效为何物。
[5] 句意为：陛下虽然想要得到杰出人才共同面对当今之世的局面。　　[6] 戊戌：指淳熙五年（1178），该年正月至都连上三书。　　[7] 句意为：实在是因为国家社稷之大计不得不决断于此时。　　[8] 附寸名于竹帛之间：将卑微

的姓名附记于书籍之中，意即指得以名垂青史。竹帛，古时初无纸，文字书写于竹、帛之上，引申指书籍史册。　［9］不使邓禹笑人寂寂：不要使邓禹笑话宋朝无人关心国家大事、无人可堪重任。邓禹：东汉人，幼游长安，与刘秀（光武帝）亲善，后佐刘秀运筹帷幄，国内既定，论功禹居第一，封高密侯。寂寂：静寂无声，这里用引申意。　［10］殆不偶然：一定不是出于偶然。殆：必，一定。《庄子·徐无鬼》："君自此为之，则殆不成。"　［11］而帝王自有真：而帝王自有其本性与天命。真：本原，本性。《淮南子·本经》："精神反于至真。"　［12］附会：依附。《晋书·卞壶传》："杨骏执政，人多附会。"

◎ 研读

当年上书未取得任何效果，在朝廷不了了之的态度中陈亮铩羽而归，这种打击还是非常沉重的。随后他基本处于一种退隐状态，隐居乡间，教授生徒、经营家事，较少有奋发有为的豪情壮志，而事实上的平民身份也让他没有机会参与实质性的政治活动。他只能处在这种退守的状态中。虽然这十年家事繁杂，还曾遭遇牢狱之灾，陈亮并未放弃科举之路、也从未放弃对朝政的关心。淳熙十四年（1187），他再次参加科举考试，不幸考前染病，坚持考完之后，拖着病体与候在钱塘江渡口的家人会合后仓皇返家，病倒不起，一个月后才能开始正常吃饭。由于这样一种情况，此次考试还是徒劳无功。这一年，他给丞相周必大、侍郎章德茂都写过书信，除了谈论自己的曲折遭遇之外，同时也不忘吐露报国壮志。特别是周必大当年二月升为右丞相，由于周必大与理学士大夫关系较好，其政治主张也较倾向于积极有为，与执政多年、力求无事的王淮有较大区别，陈亮胸中又燃起了用世激情。他决定于十月八日再去临安，拜见周必大与章德茂，吐露胸中大计，以冀一用。

病愈后在去临安之前，陈亮未必便有上书之心，但去临安正遇一件大事，就在淳熙十四年（1187）十月八日，陈亮进京会友的同一天，太上皇宋高宗驾崩。这件事对陈亮应有很大触动，不仅是陈亮在思考，包括他所交往的士大夫肯定都在各自判断宋高宗去世后南宋朝政的走向，当时的临安城处在一种表面安静而内中激荡不安的状态之中。虽然不可能有大的更革，但毕竟主和派最强有力的主导者离去，大家都在期盼一种新局面，对于一生怀抱恢复北方之志的陈亮来说，这种心理应该尤为热切。同时以他深厚的历史修养与敏锐的判断力而言，他也觉得这又到了一个紧要的历史关头。随后与朝中士大夫的交往，以及在临安所获得的丰富信息，应该更强化了他的想法，上书的念头也许就产生于临安这种一切如常但又躁动不安的氛围之中。

淳熙十四年（1187）冬天，又有一件事对陈亮上书具有一定的推动作用。该年冬，陈亮约朱熹、辛弃疾到江西紫溪相会。朱熹后来未能与会，这场本该是南宋"三巨头"聚首的盛会变成了陈、辛之间的欢饮剧谈。作为力主恢复北方的同道，且性格均豪放洒脱，二人的相会非常愉快，只看两人词作便可了然。陈词云："只使君，从来与我，话头多合。"（《贺新郎·寄辛幼安和见怀韵》）辛词云："老大那堪说。似而今、元龙臭味，孟公瓜葛。我病君来高歌饮，惊散楼头飞雪。笑富贵千钧如发。硬语盘空谁来听？记当时、只有西窗月。重进酒，换鸣瑟。"（《贺新郎·同父见和再用韵答之》）可知这一场相会着实痛快，在高谈阔论之际，必然碰撞出很多火花，这次会面的思想激荡与反复讨论，让陈亮更加跃跃欲试。淳熙十五年二月，陈亮前往金陵（今南京）、京口（今镇江），这次出行可以说是为上书做准备，对于山川形势的考察更验证了他一向的判断与想法。前次上书虽无功而返，但皇帝毕竟表现了知遇之意，这也是让陈亮一直不能忘记而深怀感激的地方。他希望能在这样一个发生变动的关键时机发挥作用，故而在金陵之行结束的夏四月，至临安再次上书。

　　陈亮这次上书虽然同样怀有急迫的心情陈述策略、指摘朝政弊端，但是纵横捭阖出谋划策不再仅是语带风雷的强力说服，而是颇有一种笑谈之中指点江山的气度，这大约来自于积年的深思熟虑与学术修养的提升，绝不是故意营造所能做到。这篇文章谈了三方面的问题。一、当下应该持有的核心观点与实施策略。陈亮对当时形势的总体判断是："江南不必忧，和议不必守，虏人不足畏，书生之论不足凭。"他结合历史、时事、实地考察予以论证：北人不习水战，夺取江南不可能轻易达成；自晋至隋300多年南北相争，并未见顷刻亡国，朝野纷纷畏惧北方之书生之论不可取；沉痛指出"未闻以数千里之地而畏人者"；北方异族统治集团自身也有纷争与矛盾，自顾不暇；通过实地考察指出京口、金陵形势险峻、王气可凭，如着力经营必为北向用兵之依托，即便暂不出兵，经营长江一线，也可形成震动天下之势。中间还不忘穿插建议由东宫太子担任抚军，代替皇帝承担奔走辛劳的具体事务，实际上也是对朝政发展的一种预判。二、依托什么样的人才成就功业。陈亮开篇即提出"有非常之人，然后可以建非常之功"，强调真正的英雄豪杰就是要引领风气"新天下之耳目，易斯民之志虑"，否则泛泛如常，与众人无异。这一方面是强调烘托自己的英豪姿态，另一方面也在暗示自己所提的策略如果超出常人的认识范围也是有原因的，它不是为完成普通事务而策划。开篇的这一论点在文中以批判朝廷用人机制为呼应，再次强调"第非常之事非可与常人谋也"。三、皇帝要明确指向，砥砺国人同仇敌忾之气。这是陈亮历次上书都在强调的问题，朝廷指向不明，则民气不振，团结凝聚之力不强。这一观点开篇强调之后，在文中以提出达成的手段为呼应，即"夫喜怒哀乐爱恶，人主之所以鼓动天下而用之之具也"。

　　可以说这种认识还是很清醒的，也符合当时的基本情况。因为陈亮远离朝政，他只能从宏观的方面提出大判断，但是朝廷如能采纳，在此框架之下制定具体策略，并非不可行。很多人可能并未留意陈亮此次上书结尾部分的一句话："臣今非以其言之小验而再冒万死以自陈。"此处的"小验"，笔者以为所指即《上孝宗皇帝第一书》中提出的有宋一朝大变故每每发生在"丙午、丁未岁"，真宗东封西祀在丁未（1007）、戊申（1008）之间，后60年神宗皇帝即位（1067，丁未年），朝政一变；又60年而靖康之祸（1127，丁未年），国家巨变；"第一书"上书时间为1178年，当时陈亮指出下一个丙午（1186）、丁未（1187）"近在十年间尔，天道六十年一变，陛下岂可不有以应其变乎？"虽然陈亮这个判断带有天道轮回的宿命论色彩，但其判断基于宋朝自身历史现象也是不争的事实，而淳熙十四年（1187）的确发生了一系列重大事件——宋高宗驾崩、皇太子惇开始"参决庶务"（《宋史·孝宗本纪》卷三十五）、宋孝宗有意内禅。同时陈亮对于宋孝宗真实想法的判断也是准确的，宋孝宗其实一直没有放弃过恢复的想法。淳熙十一年，宋孝宗曾让吴挺等人"密陈出师进取利害，以备金人"（《宋史·孝宗本纪》卷三十五），淳熙十二年、十三年又曾召吴挺等人议兵事并曾商议约结夏人，且三年之中连续下诏各道举荐可为将帅、可堪都统者。（《宋史·孝宗本纪》卷三十五）陈亮唯一判断不够准确的就是宋孝宗曲折的内心想法。他本以为宋孝宗此时独御乾坤，正可大显身手实现夙愿，却对宋孝宗由宗亲之子入继大统的艰难历程与矛盾复杂的内心知之甚少。关于宋孝宗曲折的心路历程，余英时《朱熹的历史世界》在"皇权与皇极"一章中有结合历史学、心理学的非常细致深入的分析，此不赘述。上书10个月后，淳熙十六年二月，孝宗下诏传位皇太子。在此之前，禅让的步骤已经在逐步进行，孝宗的意图与一些具体措施也引起大臣的上书议论，禅让之论在当时应该已经不是秘密。陈亮必也听闻到相关消息，恐怕难免不有"徒唤奈何"的遗憾。

　　这封上书在当时的大形势下自然不可能得到回应，但历史不会遗忘曾经为扭转乾坤努力思考、大声疾呼的智者勇者，其地位与作用同时代人即有准确的认识："至若当渡江积安之后，首劝孝宗以修艺祖法度，为恢复中原之本，将以伸大义而雪仇耻，其忠与汉诸葛亮、本朝张浚相望于后先，尤不可磨灭。当今国家多事，所少者忠义之士，苟褒其人，亦足以激昂人心……况如亮者，非所谓一乡一国之士，乃天下之士。"（乔行简《奏请谥陈龙川札子》）斯言不谬！

中兴五论序

◎ 解题

  此篇为《中兴五论》的总序，作于乾道五年（1169）。陈亮在文中概括表达了自己这五篇上书的总的宗旨，强调治国理政须有大体，谋敌致胜须有大略，目前朝政无幡然改观之振作气象，恐怕是因为大体未立而大略未定，故而上书陈述自己的意见，以论中兴策略为核心，并从开诚、执要、励臣、正体四方面提出具体建议。序言中也曲折表达了自己上书之苦衷与真实想法。

  臣闻治国有大体[1]，谋敌有大略[2]。立大体而后纪纲[3]正，定大略而后机变[4]行，此不易之道也。仰惟陛下以睿圣神武之资，充硕[5]大光明之学，留神政事，励志恢复，罔敢自暇自逸。而大欲未遂，大业未济，意者大体之未立而大略之未定欤！[6]

  [1] 大体：基本的、重要的原则。《礼记·礼运》："是故夫礼，必本于大体。" [2] 大略：远大的谋略。《淮南子·主术》："是故有大略者不可责以捷巧。" [3] 纪纲：法度。《礼记·乐记》："然后圣人作，为父子君臣，以为纪纲。" [4] 机变：随机应变。《魏书·李顺传》："蒙逊专威河右三十许年，经涉艰难，粗识机变。" [5] 充硕：充实丰富。 [6] 句意为：我推测是因为重要的基本原则没有确立、远大的谋略没有确定吧！

  臣尝为陛下有忧于此矣。尝欲输肝胆，效情愫，[1]上书于北阙[2]之下。又念世俗道薄，献言之人动必有觊[3]，心虽不然，迹或近似，相师成风，谁能不疑！[4] 既已疑矣，安能察其言而明其心！此臣之所大惧而卒以自沮也。今年春[5]，随试礼部，侥幸一中，庶几[6] 俯伏殿陛，毕写区区之忠以彻天听。有司以为不肖，竟从黜落[7]，不得进望清光以遂昔愿，索手东归[8]，杜门求志。因以为功名之在人，犹在己也；怀愚负计，而不以裨上之万一，是忿世也；有君如此而忠言之不进，是匿情也；己无他心而防人之疑，是自信不笃也。[9] 故书其《中兴论》一千八百余言，大体大略，于斯见矣。并论开诚、执要、励臣、正体之道，合五篇，上干[10] 天听。惟陛下宽其万死，不以为草茅之言而留神财幸。是天下社稷之福也，于臣何有！

[1] 输肝胆，效情愫：言剖肝沥胆，真心实意。　[2] 北阙：宫殿北面的门楼，古时以北阙为正门，因而臣子朝见或上书奏事都在此等候。[3] 句意为：上书献言的人动辄就会有所希求。觊（jì）：非分的希望和企图。班彪《王命论》："绝布、信之觊觎。"　[4] 此四句意为：我心里虽然不这样想，但外在行为的轨迹有相似的地方，相互沿袭成风，谁又能不怀疑呢？[5] 今年：指上《中兴五论》时间，为乾道五年（1169）。　[6] 庶几：或许。　[7] 竟从黜落：终于还是落榜。竟：终于，终竟。杜甫《北征》："奸臣竟菹醢。"　[8] 索手东归：无可奈何回到家中。索手：犹只手，空手。　[9] 此数句意为：于是认为官职名位由别人获得，也如同自己获得一般（关键要有所作为）；自己内心有些策略与愚笨的想法，却不拿出来以补益朝政于万一，是忿恨当世；有如此英明的君主而不进忠言，是隐匿真情；自己没有卑劣窃禄之心而防范别人的怀疑，是自信不够笃实的缘故。裨（bì）：弥补，补益。诸葛亮《出师表》："必能裨补阙漏。"　[10] 干（gān）：接触，触及。《史记·司马相如传》："上干青云。"

◎ 研读

陈亮中状元后在绍熙四年（1193）曾举行过祭祀仪式，告慰祖先，当时写了一篇《告祖考文》，提到自己祖父早年梦中见一人名童汝能，为状元，遂为自己的孙儿命名"汝能"，期望他将来高中状元光耀门庭。从陈亮如此深刻的记忆中也可以看出幼年时代来自祖父的这种期待，终其一生对他都是一种暗中相伴的激励。

乾道四年（1168），他要参加科举考试，但这一时期的陈亮处在一个人生低潮期。先是乾道元年母亲过世，次年父亲因人诬告被捕下狱，乾道三年夏、冬，祖母、祖父因无法承受家庭变故，相继病殁。其时陈家贫乏，无力安葬过世亲人。弟弟搬出分家。妻子何氏虽家中富裕，但何家因怜惜女儿的处境遂接其回家。陈亮一方面应付家中变故，一方面在外为父亲的案子奔走。当时家中唯有妹妹在照应支离破碎的家庭。陈亮后来在《祭妹文》中详述了此时的惨状。经过艰苦努力，在友人的帮助下，其父于乾道四年四月出狱，但此时家中良田卖尽，经济困顿。故而这一年参加科举考试的陈亮应该对自己抱有极大的期望，希望这是一个转折点，希望自己能够通过考试一举改变现状，为此他不再用以前的名字"汝能"，而是更名为自己所崇拜的三国良相诸葛孔明之名"亮"，参加了这一年的婺州乡试，结果高中第一名。这应该给了他极大的鼓舞与自信！

作为解元，前途可期，他一定给自己描绘过不少未来功成名就的画面，这篇文章当中就坦白地讲过自己如果在礼部会试中获得通过，就可以名正言顺见到皇帝来表达自己的见解。不幸会试名落孙山，陈亮空有满腔热情而报国无门，但是又不能怀良策而隐忍不发，故虽担心别人议论书生上书动机不纯，还是最终说服自己赴阙投书，慷慨陈词。

中兴五论之中兴论

◎解题

这是乾道五年（1169）陈亮中兴五论中的核心篇章，是对序言中所提出的"大体""大略"的具体落实。以"中兴"这个概念为文章命名，显示了一个青年士子对在位君主的热切期待，具体方略的提出，则显示了陈亮在一个变动激荡充满机会的大时代中竭诚效力的愿望。此论以北伐恢复故土为核心，既谈如何实施朝政改革，又谈攻守之道与宏观策略，并强调守备进取的重点及与敌方对抗制衡之道。在挥洒自如的行文中见其指点江山之豪情，于细致周密的谋划中见其思虑之精深。

臣窃惟海内涂炭，四十余载[1]矣。赤子嗷嗷无告，不可以不拯；国家凭陵[2]之耻，不可以不雪；陵寝[3]不可以不还；舆地[4]不可以不复。此三尺童子之所共知，曩[5]独畏其强耳。韩信有言："能反其道，其强易弱。"况今虏酋庸懦，政令日弛，舍戎狄鞍马之长，而从事中州浮靡之习[6]，君臣之间，日趋怠惰。自古夷狄之强，未有四五十年而无变者，稽[7]之天时，揆[8]之人事，当不远矣。不于此时早为之图，纵有他变，何以乘[9]之！万一虏人惩创[10]，更立令主[11]；不然，豪杰并起，业归他姓，则南北之患方始。又况南渡已久，中原父老日以殂谢[12]，生长于戎，岂知有我！昔宋文帝[13]欲取河南故地，魏太武[14]以为"我自生发未燥即知河南是我境土，安得为南朝故地"，故文帝既得而复失之。河北诸镇[15]，终唐之世以奉贼为忠义，狃于其习而时被其恩[16]，力与上国为敌而不自知其为逆[17]。过此以往而不能恢复，则中原之民乌知[18]我之为谁！纵有倍力，功未必半。以俚俗谕之，父祖质产于人[19]，子孙不能继赎，更数十年，时事一变，皆自陈于官，认为故产，吾安得言质而复取之[20]！则今日之事，可得而更缓乎！

[1] 四十余载：乾道五年（1169）距靖康之变（1127）42年，故云。[2] 凭陵：侵凌。《左传·襄公二十五年》："介恃楚众，以凭陵我敝邑。"[3] 陵寝：皇帝死后安葬的地方，这里指处在开封、洛阳之间的北宋诸帝墓。　[4] 舆地：土地，领土。　[5] 曩（nǎng）：从前。　[6] 句意为：而跟随着中原地区形成了奢侈浮华的风气。中州：泛指黄河中游地区，即中原地区。《三国志·吴书·全琮传》："是时中州士人避乱而南，依琮居者以百数。"　[7] 稽：查考，查核。《荀子·非相》："兼听而时稽之。"　[8] 揆（kuí）：揣测。鲍照《赠顾墨曹》诗："离会难揆。"　[9] 乘（chéng）：利用。　[10] 惩创：惩戒，警戒。　[11] 令主：明主。令：善，好。《左传·宣公十四年》："寡君有不令之臣达。"　[12] 徂谢：去世。徂：死。刘峻《辩命论》："相次徂落。"　[13] 宋文帝：刘义隆（407—453），南朝宋第三位皇帝，曾于430年、450年和452年三度出师北伐。　[14] 魏太武：拓跋焘（408—452），北魏王朝第三位皇帝。　[15] 河北诸镇：指唐朝安史之乱后黄河以北的成德、魏博、卢龙等藩镇。　[16] 句意为：习惯了外族的风俗而且不时领受他们的恩惠。狃（niù）：习惯，熟习。《后汉书·陈忠传》："臣司狃恩，莫以为负。"被：承受。《墨子·尚贤》："万民被其利。"[17] 句意为：务求与中原之国为敌而不自知其为叛逆。力：务求。《礼记·坊记》："食时不力珍。"　[18] 乌知：哪里知道。　[19] 质产于人：把产业抵押给别人。　[20] 句意为：我哪里能够说这是以前抵押出去的产业而现在想要拿回来呢！

陛下以神武之资，忧勤侧席[1]，慨然有平一天下之志，固已不惑于群议矣。然犹患人心之不同，天时之未顺，贤者私忧而奸者窃笑，是何也？不思所以反其道故也。诚反其道，则政化行，政化行则人心同，人心同则天时顺。天不远人，人不自反耳[2]。今宜清中书之务以立大计，重六卿之权以总大纲；[3]任贤使能以清官曹，尊老慈幼以厚风俗；减进士以列选能之科，革任子以崇荐举之实；[4]多置[5]台谏以肃朝纲，精择监司[6]以清郡邑；简法重令[7]以澄其源，崇礼立制以齐[8]其习；立纲目[9]以节浮费，示先务以斥虚文；严政条以核名实，惩吏奸以明赏罚；时简[10]外郡之卒以充禁旅[11]之数，调度总司之赢以佐军旅之储[12]。择守令以滋[13]户口，户口繁则财自阜[14]；拣将佐以立军政，军政明而兵自强。[15]置大帅以总边陲，委之专而边陲之利自兴[16]；任文武以分边郡，付之久而边郡之守自固。[17]右武事以振国家之势，来敢言以作天下之气；[18]精间谍以得虏人之情，据形势以动中原之心。[19]不出数月，纪纲自定；比及两稔[20]，内外自实，人心自同，天时自顺。有所不往，一往而民自归。[21]何者？耳同听而心同服。有所不动，一动而敌自鬭[22]。何者？形同趋而势同利。[23]中兴之功，可蹻足而须也。[24]

[1] 忧勤：忧愁劳苦。侧席：坐不安稳，表示忧惧。《后汉纪·孝桓皇帝纪》："公卿以下皆畏，莫不侧席。"　　[2] 句意为：天如果不疏远人，人就不会反省。反：反省。《淮南子·氾论》："（纣）不反其过。"　　[3] 句意为：当今应该清理中书省事务以确立大计，赋予职事部门更多的权力以总揽全局。中书：指中书省，朝廷中处理政务的机构。六卿：泛指吏、户、礼、兵、刑、工六个重要的政务部门。　　[4] 句意为：减少进士科取士的数量，并设置选贤任能之科，革除以荫任子的制度，以使举荐贤才的行动落到实处。　　[5] 置：设置，建立。《世说·识鉴》："置郡于鄮阴。"　　[6] 监司：有监察州县之权的地方长官简称。宋转运使、转运副使、转运判官与提点刑狱、提举常平皆有监察辖区官吏之责，统称"监司"。　　[7] 简法重令：简约法度重视政令。[8] 齐：使整齐、统一。　　[9] 纲目：总规与细则。　　[10] 简：通"柬"，选择。《吕氏春秋·简选》："简选精良。"　　[11] 禁旅：即禁军。封建时代直属于帝王，担任护卫帝王或皇宫、首都警备任务的军队。《宋史》卷一八七《兵志一》载："宋之兵制，大概有三：天子之卫兵，以守京师，备征戎，曰禁军；诸州之镇兵，以分给役使，曰厢军；选于户籍或应募使之团结训练以为在所防守，则曰乡兵。"　　[12] 句意为：调度汇总有司之盈余以辅助

军队的储备。　　[13] 滋：滋长，生长，引申为繁衍增多。《尚书·泰誓》："树德务滋。"　　[14] 阜：多，丰盛。《诗经·小雅·颊弁》："尔酒既旨，尔肴既阜。"　　[15] 句意为：挑选（精干的）将佐以树立军政（权威），军政严明则军队（战斗力）自然强大。　　[16] 句意为：设置大帅之职来总揽边疆事务，委任专一则边疆的利益自然能够振兴。　　[17] 句意为：任命文武官员分守边郡，交给他们长久管理，边郡的守备自然稳固。　　[18] 句意为：崇尚行军用兵之道来振兴国家形势，招徕敢言（之豪杰）以振作天下之正气。右：崇尚，尊崇。刘禹锡《天论》："右贤尚功。"来：招来，招致。　　[19] 句意为：精选间谍来获得敌人的情报，依据形势来打动中原地区军民之心。[20] 稔（rěn）：年。《国语·郑语》："凡周存亡，不三稔矣。　　[21] 句意为：有不去的地方，一去则民众自然归服。所：助词，用于动词或动宾词组前构成名词性词组。　　[22] 句意为：有不行动（的情况），一行动则敌人自相争斗。鬭（dòu）：同"斗"。　　[23] 句意为：形势发展的趋向与利害得失是相同的。　　[24] 蹻（qiāo）足：脚向上抬，形容时间短暂。蹻："跷"的异体字。须：等待。《左传·成十二年》："寡君须矣，吾子其入也！"

夫攻守之道，必有奇变[1]：形[2]之而敌必从，冲[3]之而敌莫救，禁之而敌不敢动，乖之而敌不知所如往[4]。故我常专而敌常分，敌有穷而我常无穷也。[5]夫奇变之道，虽本乎人谋，而常因乎地形。一纵一横，或长或短，缓急之相形，盈虚之相倾[6]，此人谋之所措而奇变之所寓也[7]。今东西弥亘[8]绵数千里，如长蛇之横道。地形适等[9]，无所参错[10]，攻守之道，无他奇变。今朝廷鉴守江之弊，大城两淮[11]，虑非不深也，能保吾城之卒守乎？故不若为术以乖其所之。[12]至论进取之道，必先东举齐，西举秦，[13]则大河之南，长淮以北[14]，固吾腹中物。齐、秦诚天下之两臂也，奈虏人以为天设之险而固守之乎！[15]故必有批亢捣虚，形格势禁之道。[16]

　　[1] 奇变：意料之外的变化。奇：出人意外，变幻莫测。《老子》："以正治国，以奇用兵。"　　[2] 形：显露，表现（某种状态）。《诗·关雎序》："情动于中而形于言。"　　[3] 冲：冲击，冲撞。《后汉书·光武帝纪》："冲其中坚。"　　[4] 句意为：（突然）离开而敌人不知道该往哪里去。此处指欲擒

故纵之计。乖：分离。《后汉纪·献帝纪》："死生异路兮从此乖。" [5] 句意为：因此我方常处在专意集中（对付敌人）的状态，而敌人迷惑于我方（奇变用兵之道）而常常精力分散，敌方应对之道有限，而我方奇变之策无穷。[6] 形：对照。倾：依存。《老子》："长短相形，高下相倾。" [7] 措：筹划，筹集。《金史·世宗纪》："规措边事。"寓：寄放，寄托。此处指奇变之道所借以实现的谋略。陶潜《归去来辞》："寓形宇内复几时？" [8] 弥亘：犹绵延。亘，遍。弥亘这里指长江一线地势。 [9] 适等：恰好一样。适：恰好，正巧。《史记·魏其武安侯列传》："适有万金良药，故得无死。"等：等同，一样。 [10] 参（cēn）错：参差错落。参：不齐貌。《诗·关雎》："参差荇菜。" [11] 大城两淮：在淮东、淮西设立多座城池。 [12] 句意为：能够确保我方城池最终得以坚守吗？反而不如筹划谋略使敌人背离其目标。故：竟然，反而。《吕氏春秋·审己》："王故尚未之知邪！" [13] 齐：周代诸侯国名，泛指齐鲁之地，今山东一带。秦：周代诸侯国名，泛指关陕之地，今陕西一带。 [14] 长淮：指淮河。 [15] 句意为：齐、秦之地的确是天下的左膀右臂，奈何敌人凭借为天设之险而固守其地啊！ [16] 句意为：故而（突破齐、秦之地）一定要有抓住要害乘虚而入、借助形势以形成阻碍或限制的方法，（这样敌人就会迫于形势而难以举兵相抗）。批亢捣虚：比喻抓住敌人的要害乘虚而入。批：用手击；亢：咽喉，比喻要害；捣：攻击；虚：空虚。形格势禁：指受形势的阻碍或限制。

    ·

　　窃尝观天下之大势矣。襄汉[1]者，敌人之所缓[2]，今日之所当有事也。控引京洛，侧睨淮蔡；包括荆楚，襟带吴蜀。[3]沃野千里，可耕可守；地形四通，可左可右。今诚命一重臣，德望素著[4]、谋谟明审者[5]，镇抚荆襄，辑和[6]军民，开布大信[7]，不争小利，谨择守宰，省刑薄敛，进城要险[8]，大建屯田[9]。荆楚奇才剑客自昔称雄[10]，徐行召募以实军籍[11]；民俗剽悍[12]，听于农隙时讲武艺[13]。襄阳既为重镇，而均、随、信阳及光、黄[14]，一切用艺祖委任边将之法，给以州兵而更使自募，与以州赋而纵其自用，[15]使之养士足以得死力，用间足以得敌情。[16]兵虽少而众建其助，官虽轻而重假其权，[17]列城相援，比邻相和；养锐以伺，触机而发。[18]

一旦狂虏玩故习常[19]，来犯江淮[20]，则荆襄之帅率诸军进讨，袭有唐邓诸州，见兵于颍蔡之间，[21]示必截其后[22]。因命诸州转城进筑[23]，如三受降城[24]法，依吴军故城为蔡州，使唐邓相距各二百里[25]，并桐柏山[26]以为固。扬兵攘垒[27]，增陴深堑[28]，招集土豪，千家一堡，兴杂耕之利，为久驻之基[29]。敌来则婴[30]城固守，出奇制变；敌去则列城相应，首尾如一。精间谍，明斥堠，[31]诸军进屯光、黄、安、随、襄、郢[32]之间，前为诸州[33]之援，后依屯田之利。朝廷徙都建业，筑行宫于武昌，大驾时一巡幸。虏知吾意在京洛，则京、洛、陈、许、汝、郑之备当日增，而东西之势分矣；东西之势分，则齐秦之间可乘矣[34]。四川之帅亲率大军以待凤翔[35]之虏，别命骁将出祁山以截陇右，偏将由子午以窥长安[36]，金、房、开、达之师入武关以镇三辅，则秦地可谋矣[37]。命山东之归正者[38]往说豪杰，阴[39]为内应，舟师由海道以捣其脊。彼方支吾奔走，而大军两道并进以摄其胸，则齐地可谋矣。[40]吾虽示形于唐、邓、上蔡而不再谋进，坐为东西形援，[41]势如猿臂，彼将愈疑吾之有意京洛，特持重以示不进，则京洛之备愈专，[42]而吾必得志于齐秦矣[43]。抚定齐秦，则京洛将安往哉![44]此所谓批亢捣虚，形格势禁之道也。就使吾未为东西之举，彼必不敢离京洛而轻犯江淮，亦可谓乖其所之也。[45]又使其合力以压唐蔡，则淮西之师起而禁[46]其东，金、房、开、达之师起而禁其西，变化形敌，多方牵制，而权始在我矣[47]。然荆襄之师，必得纯意于国家而无贪功生事之心者而后付之[48]。平居无事，则欲开布诚信以攻敌心；一旦进取，则欲见便择利而止，以禁敌势；[49]东西之师有功，则欲制驭诸将，持重不进，以分敌形。[50]此非陆抗、羊祜之徒[51]，孰能为之？

[1] 襄汉：泛指襄阳、汉水一带。襄：宋称"襄州"，宣和初升为襄阳府，古为南北交通要冲，魏晋以来均为军事重镇。　[2] 缓：怠慢。《墨子·亲士》："缓贤忘士。"　[3] 句意为：驾驭控制开封、洛阳一带，向右可监控淮河、蔡州，能够蔽护包容荆楚之地，又能屏障环绕吴地、蜀地。此四

句说明襄汉地理位置的重要。控：驾驭，控制。钱起《送王使君赴太原》诗："千里控山河。"引：牵领，带领。《史记·田单列传》："引兵东围即墨。"睨：看，视。刘向《九叹》："睨玉石之嵳。"包：蔽护。《易·姤》："以杞包瓜。"括：并吞，包容。贾谊《过秦论》："囊括四海。"荆：古九州之一，周汉以后皆置荆州，疆域屡有变迁，但都在今湖北一带。楚：周代诸侯国，宋时荆州在其曾经的地域范围之内，故有荆楚的说法，也泛指长江中下游一带。襟：如衣襟屏障于前。王勃《滕王阁序》："襟三江而带五湖。"　［4］素著：向来显著。素：一向。著：显著。《楚辞·远游》："名声著而日延。"　［5］谋谟明审者：谋略思路清晰而周密的人。谋：计谋，筹策。《尚书·洪范》："明作哲，聪作谋。"谟：计谋，谋略。袁宏《三国名臣序赞》："遂献宏谟。"审：详细，周密。《礼记·中庸》："博学之，审问之。"　［6］辑和：安定调和。辑：安定，和睦。《史记·建元以来侯者年表》："内辑亿万之众。"　［7］开布大信：展示朝政之大的信义。布：广施。《战国策·齐策》："布德于民。"［8］进城要险：进驻险要之地构筑城垒。城：筑城。《左传·襄公二年》："请城虎牢以逼郑。"　［9］屯田：汉以后历代政府利用兵士在驻扎的地区种地，或者招募农民、商人垦殖荒地，这种措施叫作屯田。所获可补充军饷。［10］称雄：指凭借武力或特殊才能居于一方或众人之上。　［11］句意为：逐渐招募来充实军队的兵卒。　［12］剽（piāo）悍：敏捷而勇猛。也作"慓悍"。　［13］句意为：允许他们在农隙闲暇时间讲习武艺。听：允许，任凭。《后汉书·肃宗孝章帝纪》："听半入今年田租。"　［14］均、随、信阳及光、黄：指均州、随州、信阳、光州、黄州。均州在襄阳之西；随州在襄阳之东；信阳、光州处于今鄂豫皖交界之地，在当时也是战略要地，在襄阳之东；黄州在襄阳东南。此数州与襄阳皆处宋金交锋的前线。　［15］句意为：给他们一定数量的州兵并且让他们自行招募，给予州县的赋税而听任他们自己使用。　［16］句意为：使他们养兵能够得到兵卒以死效力，用间谍足以得到敌人的情况。　［17］句意为：兵虽少但众人共同努力便能树立互助之效，官职虽轻但却增加赋予他的权力。重：加重，增加。《史记·孝文本纪》："是重吾不德也。"　［18］此处四句意为：各城相互援助，像邻居一般声气相通有所照应，养精蓄锐以待时机，紧要关头（便可形成合力）一触即发。［19］玩故习常：轻慢习惯于以前的常态。玩：轻视，轻慢。《国语·周语》："玩则无震。"　［20］江淮：泛指长江、淮河一线。　［21］唐邓、颍蔡：唐州、邓州、颍州、蔡州，皆为宋金边界诸州，位于淮水以北，被金人占据。［22］句意为：显示一定会追击阻截于其后。截：割断，斩杀。蔡琰《悲愤诗》："斩截无孑遗。" [23] 转城进筑：连续筑城推进。转：辗转，此处引申为反复、连续的意思。司马迁《报任少卿书》："转斗千里。" [24] 三受降城：唐神龙三年（707），中宗（李显）命张仁愿在黄河以北筑中、东、西三受降城，以拂云祠为中城，与东西两城相距各四百里左右，置烽堠一千八百所，首尾相应，巩固了唐王朝北部边疆。见《旧唐书·张仁愿传》。《元和郡县志》谓东受降城在榆林县东北八里（今内蒙古托克托南），中受降城在五原（今包头市西北），西受降城在丰州西北八十里（今杭锦后旗乌加河北岸）。[25] 句意为：依靠吴玠、吴璘（兄弟二人均为南宋初名将）军队以前的城池为蔡州（原蔡州当时在金境内），使之与唐州、邓州相距各二百里。 [26] 桐柏山：桐柏山脉位于豫南山地的西段，今河南、湖北两省的交界地带，在当时也处在宋金边境之地。 [27] 扬兵捣垒：指挥军队攻击城垒。扬：挥舞，此处引申为指挥。《南史·梁武帝纪》："扬麾鼓噪。" [28] 增陴深堑：增高城墙加深壕沟。陴（pí）：女墙，城上呈凹凸形的矮墙，借指城墙。 [29] 句意为：召集地方豪族大姓，千家结为一堡，振兴兵民互助之利，为长久驻扎奠定基础。堡（bǔ）：有围墙的村镇。《西游记》二七回："更无庄堡人家。"杂耕：谓屯田之兵与居民杂居。 [30] 婴：环绕。《汉书·蒯通传》："必将婴城固守。" [31] 精间谍，明斥堠（hòu）：精选间谍，修明侦察之事。斥堠：也作"斥候"，侦察，候望。《史记·李将军列传》："然亦远斥堠，未尝遇害。" [32] 光、黄、安、随、襄、郢：宋金边界诸州，在南宋境内。[33] 诸州：指前边提到的蔡、唐、邓三州。 [34] 句意为：东西两边的势力（受到）分化，则齐、秦之间的机会就可以加以利用。间：空隙，缝隙，此处引申为机会。《庄子·养生主》："彼节者有间。" [35] 凤翔：即凤翔府，时在金境内。 [36] 句意为：另外命令骁勇战将出祁山以阻截陇山以西地区，偏将由子午道进兵以窥视长安。 [37] 句意为：金、房、开、达诸州兵马进入武关以镇守三秦，则秦地便可谋取。三辅：又称"三秦"，本指西汉武帝至东汉末年治理长安京畿地区的三名官员，京兆尹、左冯翊、右扶风，同时指其管辖的地区京兆、左冯翊、右扶风三个地方，隋唐以后称"辅"。武关：古晋楚、秦楚要塞，位于今陕西省商洛市丹凤县东武关河北岸，与函谷关、萧关、大散关并称"秦之四塞"。 [38] 归正者：陷于外邦而返回本朝者。[39] 阴：暗中，私下。 [40] 句意为：水军由海道攻其后方，他们正支撑奔走之时，两路大军（指前文所说光、黄、安、随诸州与金、房、开、达诸州兵马）并进以攻击其正面部队，（使金军腹背受敌），则齐鲁之地可以谋取。支吾：抗拒，支撑。《旧五代史·孟知祥传》："知祥虑唐军骤至，与遂、阆兵合，则势不可支吾。"揕（zhèn）：刺，击。《史记·刺客列传》："右手持匕首揕之。"　　[41] 句意为：我方虽然攻击唐、邓、上蔡诸地但不再谋取进展，据守其地配合东西形势发展以为后援。坐，据守。《左传·桓公十二年》："楚人坐其北门。"　　[42] 句意为：（此时）形势如同猿臂轻舒，左右逢源，对方会更加疑惑我们有意收复开封、洛阳一带，（而我方）很谨慎地显示不再推进兵马，则敌人在开封、洛阳一带会愈加专门守备。持重：稳重，慎重。《汉书·韦玄成传》："玄成为相七年，守正持重不及父贤，而文采过之。"[43] 句意为：我们一定会如愿以偿收复齐、秦之地。　　[44] 句意为：安抚平定了齐、秦之地，开封、洛阳（已如囊中之物），又能跑到哪里去呢？[45] 句意为：即使我们没有作出东西两路军并进的举动，金人也不敢离开开封、洛阳一带而轻易进犯江淮一线，这也可以说是使他们偏离了本来要攻击的目标。　　[46] 禁：控制。嵇康《琴赋》："不能自禁。"　　[47] 句意为：用兵变化莫测利用形势控驭对方，多方牵制，这样战场的主动权方能把握在我方手中。形：利用有利形势制驭对方。《孙膑兵法·奇正》："战者，以形相胜者也。"　　[48] 句意为：必须得到忠诚于国家且没有贪功生事之心的将帅然后可以托付给他们。　　[49] 句意为：一旦积极进攻，则希望（他们）选择方便有利的时机停止，以掌控敌方形势。　　[50] 句意为：东西两路军队有功，则希望（他们）能够驾驭诸将，稳待时机不再进攻，以此来分化敌人的形势。　　[51] 陆抗（226—274）：吴郡吴县（今江苏松江）人，字幼节，陆逊子。年二十拜建武校尉。孙皓即位，官封镇军大将军、加拜都护。与晋羊祜对境而治，互以君子之礼相待，终其任，边疆无事。羊祜（221—278）：字叔子，南城（今属山东平邑）人。魏末任相国从事郎中，与荀勖同掌机密。晋王朝建，封钜平侯，都督荆州诸军事，长达十年。平日轻裘缓带，身不披甲，与吴将陆抗互通使节，绥远怀近，以收江汉及吴人之心。后举杜预自代。

　　夫伐[1]国，大事也。昔人以为譬拔小儿之齿，必以渐摇撼之，一拔得齿，必且损儿。今欲竭东南之力，成大举之势，臣恐进取未必得志，得地未必能守。邂逅不如意，则吾之根本撼矣[2]。此岂谋国万全之道？臣故曰：攻守之间，必有奇变。[3]

　　[1] 伐：征讨。　　[2] 句意为：一旦不如意，那么我朝的根基就会被撼动。邂逅：偶尔，一旦。《后汉书·安思阎皇后纪》："邂逅公卿立之，还为大

害。" [3]句意为：这哪里是为国家利益谋划的万全之策呢？因此小臣认为：进攻守备之间，必须要讲究奇变之道。

臣谀[1]人也，何足以明天下之大计！姑疏愚虑之崖略[2]，曰《中兴论》，唯陛下裁幸！

[1]谀（xiǎo）：小。 [2]崖略：大略，大概。《庄子·知北游》："夫道，窅然难言哉！将为汝言其崖略。"

◎ 研读

南宋王观国曾在自己的著作中总结概括"中兴"云："中兴者，在一世之间，因王道衰而有能复兴者，斯谓之中兴。"（《学林》卷二）他并举例如商高宗振兴商朝颓势，周宣王重振周厉王暴政衰败之局，汉光武帝于天下大乱之中起兵南阳兴复汉室，晋元帝以隐忍之态团结士族立足江左，唐肃宗于朝政混沌、江山动荡中整顿残局收复两京，均可谓中兴之主。若以此标准来衡量，宋高宗也可算一位，毕竟以他为首建立了南宋朝廷。当时阿谀之辞必然铺天盖地，实际上皇室所加谥号中也确有"中兴"二字，宋光宗绍熙二年（1191）累进谥号为"受命中兴全功至德圣神武文昭仁宪孝皇帝"。历史发展至今，固然不否认他稳定政局的作用，但恐怕没人愿意称他为南宋中兴之主。南宋最有才干、被士大夫寄望最深，真正励精图治的无疑是宋孝宗。在陈亮眼中，已经登基7年，且举行过北伐、兢兢业业的宋孝宗正是他理想中中兴之主的样子。面对这样的君主、面对这样一个有可能开创中兴局面的时代，怎能不一抒己见，难道要等到科举高中入朝为官再发声吗？那时恐怕良好时机已过，策略再好也难以发挥作用。

这封上书重点谈论三方面的问题。第一，恢复中原的必要性。

强调陷于北方少数民族统治的百姓迫切期望：国家遭遇败亡之耻不能不报、已逝帝王之陵寝不可不还、故土不可不复。并请皇帝注意另外三个不可忽视的情况：金朝之政日趋怠惰，有可乘之势；万一另立有为新君或北方另有豪杰崛起，局面更难收拾；中原百姓逐渐安于北方少数民族统治，淡忘故国之思。故而时机已不可再缓、不能再等！第二，提出了具体的施政策略。涉及官吏选任、法制革新、户口财政、边疆防务等共计11条，但论述概括，只有条目，并未谈具体的实施步骤与办法。第三，攻守之道与战略防务的重点。陈亮的长处诚如他自己所概括的："独好伯王大略，兵机利害，颇若有自得于心者"（《酌古论序》），所以《中兴论》最精彩的内容是后半论兵事的部分。当时宋军的守备形势，陈亮认为十分不可取，东西战线长达千里，如长蛇横道：一则无重点无变化之形势；二则这样的防守敌来方应，很被动；三则在两淮加强城防建设，却未与周边形成联动；四则对进取之道不明，没有长远有效的进攻策略。他提出的主导思想是："夫攻守之道，必有奇变。"所谓"奇变"就是要依靠战地具体山川形势配合精细谋略，控制关键点，战则敌莫能御，守则能对敌形成有效威胁与牵制，总之要掌握主动权，将敌人玩于股掌之间，达至所谓"批亢捣虚，形格势禁之道"。

他提出战略聚焦的重点应该是"襄汉"之地，认为其地"控引京洛，侧睨淮蔡；包括荆楚，襟带吴蜀。沃野千里，可耕可守；地形四通，可左可右。"具体实施策略为四条。一、以襄阳为核心，均州、随州、信阳、光州、黄州为辅，运用转城进筑、屯田久守等方法，形成"列城相援，比邻相和"的局面，在较大区域形成联动，进则荆襄主帅号令诸城集成优势兵力出战，敌来则或据城固守、或联动出战、或出奇制胜。二、迁都建业，筑行宫于武昌，使敌方知宋常有意于汴京、洛阳之地，则敌方加强相关地区守备，可牵制许多力量。敌人应对如上两方面的变化，就会出现东西势力分化的局面。三、在前两步的基础上寻找机会从四川出兵，并邀山东豪杰响应，以谋求夺取秦、齐之地，一旦占有秦、齐故地，则汴京、洛阳就在包围之中，可一举拿下。四、即便不立即发动战事，如此策略也可形成多方牵制的局面，将战争的主动权掌握在宋军一边。

如果说完成于弱冠之年的《酌古论》充分显示了陈亮基于史学修养的深入的思辨力、独特的洞察力、难掩的英雄气概以及超越常人的胆略，那么从《中兴论》开始，是他运用自己已有的史学知识、理论思想思考当下问题的直接成果，进而通过上书等活动，努力使之发挥实效。同时，陈亮选择的上书时机是正确的，主导思想与当政者的思路也基本一致。因为宋孝宗自登基以来一直在整军兴武，5年间举行了3次大规模的阅兵，还积极选拔将领，自己也学习骑射，南宋军队的战斗力有很大的提高。主张抗金的大臣张浚（1097—1164）不幸于隆兴和议前去世，宋孝宗转而依靠指挥采石之战的虞允文（1110—1174），乾道五年（1169）升其为右相兼枢密使，这正是陈亮上书的当年，可见当时朝廷的总体氛围是起用主战派，积极准备。随后乾道八年，虞允文升任左丞相。宋孝宗决定采取分别从江淮、四川东西两路攻金的策略，任命虞允文为四川宣抚使。此前一年，宋孝宗还将三衙之一的侍卫马军司移屯建康（今南京），以建康作为宋军东路的前进基地。从这些具体策略上来看，陈亮建议迁都虽不会被实行，但重视建康则是大家的共识，从四川出兵的思路也与朝廷相合，重视"襄汉"则是他力持的独特观点，这一点在他更为著名的《上孝宗皇帝第一书》中有延续，在本书第一篇研读中有论述。陈亮此次上书并未收到任何回应，孝宗有无看到此论不得而知，作为南宋政局这幕大戏的场外演员，即便他有惊人的才能，未进入正式"舞台"，发挥的作用终究有限。

陈亮的《中兴论》提纲挈领，直陈当时朝政最关切的问题，也提出了自己在战略上的宏大而独特的设想，这是其优点，但此文也有其自身不可避免的弱点，就是有较重的"书生气"。最直接的表现就是谈朝政改革的11条都是泛泛而论，但他认为如果采取这些措施，"中兴之功，可蹻足而须也"，这显然是未参与过实际政务的口气，因而有相当的距离与隔阂。如果接触过具体事务，则不会作出如此轻松的判断。将《中兴论》与同时期辛弃疾的《美芹十论》《九议》相比，也能发现这个问题。辛氏两论分别作于乾道元年（1165）、乾道六年，由于辛氏有实战经验，不同于完全的书生谈兵，在谋划的具体切实方面超过了其他论兵事者，具有战术上的可实施性，这一点为陈亮所不及。

中兴五论之论开诚之道

◎解题

这篇主要强调作为一国之君，且欲成为大有为之君，有两点必须要注意，即示天下以必为之意、开之以无隐之诚。尤其是在选才用才之道上，对于已居官者，要任之以事，责之以实，不能姑息迁就，否则就会出现人浮于事、无才可用的局面；对于未入官的英豪之士，则必须虚心以待，推诚而用，否则难以招致才能杰出者为国效力。

臣尝观自古大有为之君，慷慨果敢而示[1]之以必为之意，明白洞达而开之以无隐之诚[2]；故天下雄伟英豪之士，声从响应[3]，云蒸雾集[4]，争以其所长自效而不敢萌[5]欺罔之心，截然[6]各职其职而不敢生不满之念。故所欲而获，所为而成，而卓乎其不可及也。[7]仰惟陛下英睿神武，出于天纵[8]，嗣承大统，于今八年，天下咸知其为真英主矣。而所欲未获，所为未成，虽臣亦为陛下疑之[9]也。夫慷慨果敢，陛下固[10]示之以必为之意矣，而天下之气索然而不吾应[11]，或者明白洞达、开之以无隐之诚者容有未至乎？[12]

[1] 示：给人看。《史记·廉颇蔺相如列传》："秦王大喜，传以示美人及左右。"　[2] 开之以无隐之诚："无隐之诚"指君主对臣下要开诚布公，无所隐匿，同心协力以成大业。开：示，展示。《汉书·邹阳传》："欲开忠于当世之君。"　[3] 声从响应：比喻迅速表示赞同。《管子·任法》："下之事上

126

也，如响之应声也；臣之事主也，如影之从形也。" [4] 云蒸雾集：如云雾之蒸腾会集，形容众多。 [5] 萌：发芽，这里引申为产生、生发。王逸《九思》："百草萌兮华荣。" [6] 截然：整齐划一的样子。《诗经·长发》："莫遂莫达，九有有截。" [7] 此处三句意为：故而所想要的都能获得，所做之事都能成就，高明超拔为众人所不可及。 [8] 天纵：上天所赋予。[9] 为陛下疑之：替陛下感到疑惑。 [10] 固：本来，早已。《国语·晋语》："臣固闻之。" [11] 句意为：而天下之气寥落冷淡不回应于我（之号召）。 [12] 句意为：或者是因为明白洞达、毫无隐讳地展示自己诚意这一方面还有没有做到尽善尽美吗？

夫任人之道，非必每事疑之而后非无隐之诚也。[1] 心知其不足任，而姑使之以充[2]吾位；使之既久，而姑迁[3]之以慰其心。身尊位大，而大责或不必任；职亲地密，而密议或不得闻。听其言，与之以位而不责其实；责其实，迫之以目前而不待其成。陛下自度任人之际颇有近于此者乎？[4] 如或近之，则非所谓明白洞达、开之以无隐之诚也。故天下懦庸委琐之人，得以自容而无嫌；而狂斐妄诞[5]之流，得以肆言而无忌。中实无能而外为欺罔，位实非称而意辄不满[6]。平居则何官不可为，缓急则何人不退缩！[7] 是宜陛下当宁[8]而叹天下人才无一之可用，而谓书生诚不足以有为，则非陛下之过也，天下之士有以致之耳。虽然，何世不生才，何才不资[9]世！天下雄伟英豪之士，未尝不延颈[10]待用，而每视[11]人主之心为如何。使人主虚心以待之，推诚[12]以用之，虽不必高爵重禄而可使之死，况于其中之计谋乎！[13] 人主而有矜[14]天下之心，则虽高爵重禄日陈于前，而雄伟英豪之士有穷饿而死尔，义有所不屑于此也[15]。夫天下之可以爵位诱者，皆非所谓雄伟英豪之士也。陛下勿以其可以爵位诱，奴使而婢呼之[16]。天下固有雄伟英豪之士，惧陛下诚心之不至而未来也[17]。

[1] 此处两句意为：任用人才的策略，不是每件事都怀疑，然后才失去相互坦诚相待之道。 [2] 充：担当，担任。曹操《求言令》："吾充重任，

每惧失中。"　　[3] 迁：升官。《新唐书·职官志》："迁、拜、旌、赏以劝善。"　　[4] 句意为：陛下自己考虑任用人才之际是否多有与此相近的情况？　　[5] 狂斐妄诞：指狂妄无知。　　[6] 句意为：所处地位与实际才干不相称，但动辄心怀不满。　　[7] 此处两句意为：平常什么官不可以做，一旦情况危急哪一个不退缩！　　[8] 宁：这样，如此。杨万里《过招贤渡》诗："柳上青虫宁许劣。"　　[9] 资：供给，帮助。《史记·郦生列传》："此乃天所以资汉也。"　　[10] 延颈：伸长脖子，表示殷切盼望。　　[11] 视：观察，察看。　　[12] 推诚：以诚意待人。《淮南子·主术》："块然保真，抱德推诚。"　　[13] 此处两句意为：即使没有高官厚禄也可以使他们甘愿献出生命，何况是胸中的计谋呢！　　[14] 矜：骄傲，夸耀。《人物志·材理》："胜而不矜。"　　[15] 句意为：（从立身行事之）义理出发而不屑于官爵俸禄。　　[16] 句意为：像使用奴仆、婢女一般驱使呵呼。　　[17] 句意为：担忧陛下诚心不至所以没有前来。

　　臣愿陛下虚怀易虑，开心见诚[1]，疑则勿用，用则勿疑。与其位，勿夺其职；任以事，勿间以言。[2]大臣必使之当大责，迩[3]臣必使之与密议。才不堪此，不以其易制而姑留；才止于此，不以其久次而姑迁。[4]言必责其实，实必要其成。君臣之间，相与如一体，明白洞达，豁然无隐，而犹不得雄伟英豪之士以共济大业，则陛下可以斥天下之士而不与之共斯世矣[5]。不然，臣恐孤陛下必为之心，沮天下愿为之志，两相求而不相值也。[6]以陛下英睿神武之资，视[7]古之贤主，无所不及而有过之者，而其效乃尔[8]，此臣所以区区爱君之心不能自已，而辄献其愚忠，惟陛下财幸！

　　[1] 虚怀易虑，开心见诚：虚心待人改变思想，显示真心表达诚意。易：改变，更改。　　[2] 此处四句意为：给予他名位，就不要剥夺他（所掌管）的职事；任命他担当某事，就不要因为（他人言语）而产生隔阂。间：嫌隙，隔阂。《左传·哀公二十七年》："故君臣多间。"　　[3] 迩：亲近，接近。[4] 此处四句意为：才能不堪此用，不能因为他容易管理就姑且留用；才能仅仅止于如此，不能因为他长久在朝中（为官）就姑且予以升迁。次：按规定次序。《史记·陈涉世家》："陈胜、吴广皆次当行。"　　[5] 句意为：则陛下可以

责备天下之士人而不与他们共治当世。　[6] 此处四句意为：不是这样的话，臣担忧陛下必定有为之心被辜负，天下愿意有为的志向被败坏，两方面都有所期望但却未能相遇相知。孤：同"辜"。值：逢，遇。《史记·酷吏列传》："宁见乳虎，无值宁成之怒。"　[7] 视：比较。《吕氏春秋·仲秋》："量小大，视长短，皆中度。"　[8] 句意为：（治理政事）的效果也仅如此。

◎ 研读

　　陈亮为南宋文章名家，他曾选编前辈文人学者的文章著作供士子学习，自己也亲自教授生徒。曾编辑《陈子课稿》，是类似吕祖谦《古文关键》、陈傅良《止斋论祖》一类的指导士子学习写作时文策论的作品，后来他自己的文章也被选编作为典范供人学习，如今存约成书于理宗后期的《圈点龙川水心二先生文粹》（四十一卷）即为书肆选编，刻印以牟利，其文章流行于当时可见一斑。观本文，确实符合叶适"芒彩烂然，透出纸外，学士争诵唯恐后"（《陈同甫王道甫墓志铭》）的评价。

　　一般宏大雄肆的篇章讲究文章内容独到、气势贯通，结构布置与遣词用语当然也重要，但毕竟不如前二者重要。短小的文章则不同，因内容可一目了然，构思就变得尤为重要，遣词造句也要准确精当，在此基础上营造出神完气足的整体效果，此篇即如此。题目明确呈现主旨，论述展开的方式变得非常重要，但如果一上来就分几个方面写自己的建议就会很平淡，让人觉得毫无新意，不过尔尔。这篇文章却是精心结撰，虽然短小，但屡有转折，转折中还有对比，能够始终吸引人的注意力。

　　这篇文章起首就抛出一个很高的衡量标杆，即古之大有为之君做事的标准，且他们能"所欲而获，所为而成，而卓乎其不可及"，然后巧妙引入对比，今日之君主也是天下公认的大有为之君，继位已经8年，但是治理效果却未能达到古之明君的效果，自然不仅作者要问，读者也不禁要问——什么地方没有做对？此时读者必然以为作者在批评宋孝宗，要指出缺点，没想到作者接下来是夸赞宋孝宗"慷慨果敢"已经做到了，且很充分。既然如此，还有什么需要加强的呢？至此，作者在读者的期待中将文意引向自己所要突出强调的内容——"开诚之道"。

接下来再次宕开笔墨，仍然不直接提出自己的建议，而是从朝廷选用人才的情况说起，指出朝廷的现状：人才虽不理想，但也让他们担任相关的职务，而且凭资历升迁，位高权重之后，又不让他们承担重大责任，比较亲近的臣子又往往不得参与机密的谋划，有言辞动人者能获得高位但却不考查其实绩，有时考查实绩又迫于当下的情况而不待其成功落实。于是就出现了才德不配位、被任用者未获高位而不满、紧急情况发生时无才可用的局面。陈亮说这不是皇帝的错，这是天下士人做得不好导致如此结果。明明是朝廷治理过程中的重大缺陷，但陈亮却用转折变化的方式表达，从皇帝的角度来说就比较容易接受，否则都成了皇帝的错误。接下来则是本段中第二次转折，虽然朝廷局面不尽如人意，但天下士可用者极多，这时自然而然带出自己要强调的内容"每视人主之心为如何"，指出要"虚心以待之，推诚以用之"，这样自然可以达到期望的治理效果。

最后一段才正式提出建议，主要强调四点："疑则勿用，用则勿疑"；选用人才要任以合适位置且充分授权；大臣近臣要充分承担责任；才干不足不可凭资历而升迁，有所建言要责以落实。如此才能够达到君臣一体、开诚布公的状态。文章至此并不平淡收尾，而是再作转折，指出已经如此做了，还是没有得到英雄豪杰的辅助，这就不是皇帝的过错而是天下英豪不足以任用；接下来再转进一层，如果不这样做，则必然达不到目的，肯定会出现皇帝有为之心不能达成心愿、天下豪杰用世的热情也会受到打击，结果会出现双方受挫的局面——"两相求而不相值",文章至此才落笔收束。

此篇本来可以开门见山,一上来就提建议,但作者偏偏没有这样落笔。第一步先提出问题,分析需要用力之处到底在哪里。解决了这个问题之后,仍然不急于提建议;第二步通过分析现状,研判优劣,指出应该如何对待豪杰之士;第三步才正式提出建议。中间成功地运用转折、对比等手法,调整节奏、调动注意力,读者本来感觉推开一扇门就可看见期待的景色,没想到曲径回旋,又将你带到另一扇门前……转折递进,新意迭出。文中有直接针对现状的评论部分,但在分析原因时却能巧妙地将责任卸开,否则矛头均指向皇帝,皇帝必然很难接受。

文论家议论诗文写作有云:"大起大落,大开大合,用之长篇,比如黄河之百里一曲,千里一曲一直也。然即短至绝句,亦未尝无尺水兴波之法。"(刘熙载《艺概·诗概》)此文即可谓是"尺水兴波"之法的生动体现。

中兴五论之论执要之道

◎解题

文章主要针对宋孝宗好专权，不经过政务机构会商审核而喜欢直接发号施令用御批处理事务的情况而发。强调皇帝的职责是在明了国家总体政治情况的基础上，总揽全局，把握权纲，分辨臣下之邪正，做好职事之委任，然后收其成效，而无须事必躬亲，陷于各种琐碎的事务之中。文章建议皇帝借鉴北宋的三省制度，来完善当下的政务运行机制。

臣窃惟陛下自践祚[1]以来，亲事法宫[2]之中，明见万里之外，发一政，用一人，无非出于独断[3]；下至朝廷之小臣，郡县之琐政，一切上劳圣虑。虽陛下聪明天纵，不惮[4]劳苦，而臣窃以为人主之职本在于辨邪正，专委任，明政之大体，总权之大纲[5]；而屑屑焉一事之必亲，臣恐天下有以妄议陛下之好详[6]也。

[1] 践祚 (zuò)：也作"践阼"，帝王即位。　[2] 法宫：帝王处理政事的宫殿，即正殿。　[3] 句意为：没有一项不是出于独断。　[4] 惮 (dàn)：怕，惧怕。　[5] 此处四句意为。而臣私下认为帝王之职的根本在于分辨（臣子之）邪正，专意于委任之事，明白处理政事的基本原则，总揽政权之根本的法度纲纪。纲：法度，纲纪。《史记·淮阴侯列传》："秦之纲绝而维弛。"大纲：根本之法度纲纪。　[6] 好 (hào) 详：偏好详细琐碎。

自祖宗以来，军国大事，三省[1]议定，面奏获旨。差除[2]，即以熟状^[3]进入，获可，始下中书造命，门下审读。有未当者，在中书则舍人^[4]封缴^[5]之，在门下则给事^[6]封驳^[7]之，始过尚书奉行。有未当者，侍从论思之，台谏劾举之。^[8]此所以立政之大体，总权之大纲，端拱^[9]于上而天下自治，用此道也。今朝廷有一政事而多出于御批，有一委任而多出于特旨。使政事而皆善，委任而皆当，固足以彰陛下之圣德，而犹不免好详之名；万一不然，而徒使宰辅之避事者得用以借口。^[10]此臣爱君之心所不能以自已也。臣愿陛下操其要于上，而分其详于下。^[11]凡一政事，一委任，必使三省审议取旨，不降御批，不出特旨，一切用祖宗上下相维之法^[12]。使权固在我，不蹈曩日专权之患；而怨有所归，无代大臣受怨之失。^[13]此臣所以为陛下愿之也。

[1] 三省：中书省、门下省、尚书省的合称。三省为隋唐时期最高政务机构，中书省拟旨，门下省审议，尚书省执行。三省长官共同负责中枢政务。宋代基本沿袭这一制度。　[2] 差除：事务分配。差（chāi）：赋予职事。除：任命，授官。《世说·方正》："诸葛靓后入晋，除大司马。"　[3] 熟状：宋代文书制度。有关军国大事由三省议定，面奏，获旨。关于任免等平常事项，以书面奏请，称为熟状。获可即下中书撰命，门下审读，然后由尚书奏行。　[4] 舍（shè）人：官名，始见于《周礼·地官》。历代都置，至清废，各代舍人职权大小不一样。中书舍人：是中书省的属官。西晋初设置，历代名称和职务不尽相同。宋代中书舍人主管中书六房（吏、户、礼、兵、刑、工），承办各项文书，起草有关诏令。　[5] 封缴：封还交付。　[6] 给事："给事中"的省称，官名，秦汉时常在皇帝左右侍从，备顾问应对等事，因执事在殿中，故名。唐属门下省，有侍从规谏、稽察六部之弊误，有驳正制敕之违失、封还章奏的权力。宋承唐制。　[7] 封驳：对诏敕认为不当，封还和加以驳正。汉代有关封驳，无专职掌管。唐制：凡诏敕都需经门下省，如认为有失宜的可以封还，对有错误的由给事中驳正。五代废置，宋太宗恢复唐制。　[8] 此处三句意为：有不当者，左右侍从之官则会议论思辨，御史台和谏院的官员则会检举揭发。　[9] 端拱：谓帝王敛手无为而治。隋炀帝《冬至乾阳殿受朝》："端拱朝万国，守文继百王。"　[10] 此处两句意为：万一不是这样，徒然使宰辅臣僚中袖手避事者用作逃避责任的借口。

[11] 此处两句意为：臣希望陛下掌控朝政之关键于上，而将琐碎细密之职事分由臣僚完成。操：掌握，控制。《韩非子·内储说》："君操之以制臣。"

[12] 句意为：一概用祖宗上下相互联通维系的方法。　[13] 此处四句意为：使权力稳固把握在我手中，不蹈袭以往帝王专权的弊病，而怨望有所归依，也不会出现代替大臣承担埋怨的差错。

　　臣闻之故老言，仁宗朝，有劝仁宗以收揽权柄，凡事皆从中出，勿令人臣弄威福[1]。仁宗曰："卿言固善。然措置[2]天下事，正不欲专从朕出。若自朕出，皆是则可，有一不然，难以遽[3]改。不若付之公议，令宰相行之。行之而天下不以为便，是台谏公言其失，改之为易[4]。"大哉王言！此百世人主之所当法[5]，而况于圣子神孙乎！

　　[1]　此处两句意为：凡事皆由皇帝从宫中发号施令（而无需三省会商），不要让臣下耍弄权术。威福：语出《尚书·洪范》："惟辟作福，惟辟作威。"原指统治者的赏罚之权，后因以"威福"泛指权势。　[2]　措置：处置，安排。　[3]　遽（jù）：匆促，急忙。《左传·僖公二十四年》："公遽见之。"[4]　此处三句意为：如果实行之后天下以为不便，御史台、谏院的官员会公开指出（政策）失误之处，更改起来也容易。　[5]　法：效法。

　　史之称光武曰："明谨政体，总揽权纲。"政体者，政之大体也；权纲者，权之大纲也。臣愿陛下立政之大体、总权之大纲，辨邪正，专委任以幸[1]天下，得操要之实而鉴好详之弊[2]，则天下雄伟英豪之士，必有能奋然出力以办今日之事者矣。臣不胜大愿。

　　[1]　幸：帝王亲临。《史记·孝文本纪》："帝初幸甘泉。"这里泛指治理。　[2]　句意为：取得掌控关键的实际效果，而吸取偏好琐碎苛察带来弊端的教训。鉴：借鉴，教训。

◎ **研读**

中国的帝制时代，上层最主要的权力斗争就是君权和相权的斗争，按照理想的分工设置，君主作为国家元首，代表着法统，提供政权的合法性以及国家的凝聚力；宰相作为政府首脑，掌握行政权，同时向君主负责。宋人尝论曰："臣历考往古治乱之原，权归人主，政出中书，天下未有不治。权不归人主，则廉级一夷，纲常且不立，奚政之问！政不出中书，则腹心无寄，必转而他属，奚权之揽！此八政驭群臣，所以独归之王，而诏之者必天官冢宰也。"（《宋史·洪咨夔传》卷四〇六）不过在实际运转过程中，两者并不总是能保持平衡状态。皇权要保持自己的稳固，一定要将更多的权力控制在自己手中；宰相作为皇帝一人之下的总代理人，也想要获得尽可能多的把控大局的能力，但相权的扩大就会直接威胁到皇权本身。从皇权、相权关系发展的历史过程来看，总的趋势是皇权不断强化，相权逐渐衰落，直至皇权淹没相权。

秦汉时期实行一相制，是相权最为兴盛的时期。宰相权力过大，容易造就"权相"，严重时可能危及皇权。东汉以降，开始出现防止相权个人化倾向的制度设计，魏晋南北朝时逐渐形成的三省制就是对相权的分割。隋唐时，在三省制基础上形成的政事堂集中议事制度，使相权由个人占有变成了由政事堂会议集体行使，进一步分散了相权。宋朝的中央机构在神宗元丰前后有很大的不同。元丰以前，虽仍有三省六部，但形同虚设，三省的官职很多成为寄禄之衔，并不承担具体职责。而以"同中书门下平章事"为真宰相之任，参知政事为副相，总揽行政；又设枢密院掌军事，转运使司、铁盐使司、度支使司等三司掌财政，这样形成行政、军事、财政三权分立的局面，宰相的权力大大削弱。在行政体制上可以称之为中书门下体制，中书门下作为最高政务裁决机构，以政事堂为宰相、参知政事议事办公处，设于禁中。政事堂囊括门下省、中书省和尚书省的大部分或主要职权，政事堂下设舍人院，有知制诰或直舍人院，负责撰拟诏旨，还设孔目、吏、户、兵礼和刑等五房，分曹处理事务。原来的"中书主出令，门下主封驳，尚书主奉行"机制的功能被分散在这些机构及其他机构中实行。神宗元丰五年（1082），实行中央官制改革，罢去三司及一切丛杂机构，基本恢复到唐代三省六部的格局。与唐代不同的是，以尚书左仆射兼门下侍郎行侍中之事、尚书右仆射兼中书侍郎行中书令之职，为宰相之任（后改称左、右丞相）；此外，枢密院得以保留。对三省运作的体制，神宗也亲自作了规定："自今事不以大小，并中书省取旨，门下省复奏，尚书省施行，三省同得旨事，更不带'三省'字行出。"（《续资治通鉴长编》卷三二七）元丰改制后的三省制度和唐朝前期三省制度相比，名称虽同，但实际上成为"政柄皆归中书省"（《续资治通鉴长编》卷三二七）的一省专权制，尚书省职权范围缩小、门下省封驳的职能也被削弱。

所以实际上北宋中央机构及其运作机制变化较大，陈亮在文章第二段中提及的祖宗朝体制只是指其大概而言。在这种权力运作机制下，只要皇帝能力尚可，掌控全局没有问题，即便出现权力较大的宰相，比如赵普、吕端、王旦、寇准、吕夷简、韩琦、王安石、蔡京等，基本也均在皇权控制范围内。另外皇权、相权相互制衡的同时，还有台谏力量对双方的监督。虽然皇帝是最高统治者，但由于宰相握有行政大权，北宋台谏的谏诤对象与前代有所不同，主要是针对宰执，其次才是皇帝。台谏的谏诤，不仅限制了皇权，同样也限制了相权，从而使朝廷决策在更大程度上反映了士大夫的意志。所谓："人主莅权，大臣审权，争臣议权。"（《宋史·林栗传》卷三九四）互相制约的皇权、相权、检察权，共同控制着北宋政务系统的运转，北宋大臣所提出的"与士大夫共治天下"（《续资治通鉴长编》卷二二一），不仅是一种理念，也的确是当时的一种现实。仁宗朝作为人才辈出、政治清明的时期，其政治治理的典范意义被广泛认同，陈亮也举了仁宗时期的例子，所谓"付之公议，令宰相行之"，正是皇帝总揽朝纲，朝臣共议，而后由宰相统领的政务部门付诸实施的理想状态。但是这样的良好运行机制，也需要一些先决条件。首先是良主贤臣，其次是较为稳定的政治环境，二者可以说缺一不可。

宋末徽宗昏庸，为了防止三省和台谏对自己的命令有所驳难，直接用"御笔"的形式将政令颁发到有关机构推行，稍有阻隔，便以"违制"论处。从此，全国政事不论大小，唯己所欲而行，大臣不敢非议。后来甚至委派宫女代写"御笔"，由宦官用印付外。皇权的无节制滥用，逐渐丧失自我约束，无限扩张，破坏了中枢权力机构的分权制衡状态，政事日非，后来出现蔡京这样的权相毫不为怪。南宋时，三省合为一体。建炎三年（1129）四月，宋高宗采纳吕颐浩等人的建议，"以尚书左右仆射并同中书门下平章事，门下、中书侍郎并为参知政事，尚书省左右丞并减罢"（《建炎以来系年要录》卷二十二），可以看到三省长官职能有所合并，宰相的权力实际上得到强化。枢密院虽然得以保留，但北宋仁宗时期因对西夏用兵，宰相开始兼任枢密使，南宋时已基本成为定制。秦桧的专权固然根本原因在于高宗支持，但南宋初期政局动荡、相权的实际扩大也是很重要的原因。

所以宋孝宗此时独揽大权有外部现实的原因，也有其自身的主观原因，要言之有四点。一、制度层面始终未全面恢复北宋的状态。绍兴末年，就有不少士大夫请求恢复元丰年间三省分立的制度，宋孝宗也做过努力，乾道八年（1172）二月，更改三省长官称谓，但终南宋一代未能再实现三省分立。这种状态相权固然扩大，皇权受到的节制也没有以前强，所以会有御批、特旨的情形。前文也提到，在隆兴北伐时，孝宗便有略过宰执系统与枢密院而直接与统兵将帅会商的情形。淳熙年间还有不加御用印信的"白札"（《皇宋中兴两朝圣政》卷五十六）出现，用以处置事务。二、扩大皇权，防备权相难制以及出现朋党。有秦桧的前车之鉴，宋孝宗便想把权力尽可能多地控制在自己手中。秦桧任相长达17年，而孝宗朝一共26年多，先后出任宰相者17人，其中有2人还是二次任相，任相时间最长的不过6年零9个月，短的只有3个月。固然中间有台谏攻击等因素迫使更换人选，但皇帝控制相权是重要因素；对参知政事也调换频繁，先后出任参知政事者达34人。皇帝固然想在外朝拥有一些有能力、有才干的得力助手，但绝不想让这些人权力大到难以控制。而且宋孝宗对自己能消除朋党非常自信，尝言："唐文宗说去河北患易，去朝廷朋党难，朕常笑之，有何难事，只是主听不聪。"（《皇宋中兴两朝圣政》卷五十九）而且公开提倡："执政于宰相，固当和而不同。"（《宋史·周必大传》卷三九一）其重要手段便是更换大臣与"异论相搅"。三、急于求治。宋孝宗是一位有自己治国意图与核心目标的皇帝，想要按照自己的意愿做成事情，如此则政从己出，避免施政策略在三省决策系统中反复纠缠，正是速度最快、效率最高的做法。四、性格因素。宋孝宗是个勤勉、细心、善思的皇帝，但同时猜忌心也很强，这样的人一般会倾向于管控更多的事务，"躬揽权纲，不以责任臣下"（《宋史·林栗传》卷三九四）。

　　陈亮在此处从现象观察出发而提出的建议当然是正确的，对于加强朝廷中央行政机构运行机制的规范性也是有益的，但陈亮上书时并未为官，也没有机会接近皇帝，并不深入了解宋孝宗的脾气，对朝廷决策机构具体运行情况也缺乏了解，所以只能就大体而言，意见表达直率。此时宋孝宗在位7年，年富力强，是主动性、积极性较高的时期，更倾向于把控权力。这封上书是否被宋孝宗看到存疑，即便看到了恐怕也不会很重视。反倒是晚年时期，宋孝宗更能接受臣僚规范行政的建议，淳熙八年（1181）曾说："寻常文字须是经由三省施行，方合事体。"（《皇宋中兴两朝圣政》卷五十九）可见宋孝宗并非总要凌驾于规范之上，只不过对于像他这样有能力、有才干、精力充沛的皇帝，让他学宋仁宗的温柔敦厚、拱手而治恐怕做不到，何况时局、人才难与往日相提并论，他也只能按自己的脾气便宜行事了。虽有独断的一面，但也毕竟造就了乾淳之治。

中兴五论之论励臣之道

中兴五论上于隆兴和议之后。与金人议和息战，一方面固然有利于社会稳定运行、民众休养生息，但另一方面国家容易陷入一种忽视过往、苟且偷安的局面中。陈亮一生抱有恢复之志，故而希望宋孝宗能以国家之耻砥砺臣子，夙夜为谋，改变朝臣玩故养安、无人肯趋事赴功的局面。

臣闻上下同心，君臣戮力[1]者，事无不济；上下相蒙，君臣异志者，功无不隳[2]。春秋之时，晋伐楚，三舍[3]不止。大夫请击之，庄王曰："先君之时，晋不伐楚。及孤之身而晋伐楚，是寡人之过也。如何其辱诸大夫也！"大夫曰："先君之时，晋不伐楚。及臣之身而晋伐楚，是臣之罪也。请击之。"庄王俛[4]泣而起拜。晋师闻而夜还。越王求成[5]于吴而归，抱柱而哭，承[6]之以啸。群臣闻之曰："君王何愁心之甚也！夫复雠谋敌，非君王之独忧，乃臣下之急务也。"其后越父兄[7]请报耻，越王曰："昔者我辱也，非二三子之罪也。寡人何敢劳国人以塞吾雠！"[8]父兄曰："四封之内，尽吾君子；子报父雠，谁敢不力！"越王卒用以灭吴，区区楚越有臣如此，而谓堂堂大国反无君忧臣辱、君辱臣死之义乎！

[1] 戮力：并力，合力。　[2] 隳（huī）：败坏。　[3] 邓广铭点校《陈亮集》考订此处，"舍"原误"合"，明成化本亦作"合"，据刘向《新序·

杂事四》改。从其说。　　[4] 俛："俯"的异体字。　　[5] 成：媾和。《左传·桓公六年》："楚武王侵随，使薳章求成焉。"　　[6] 承：接续。罗隐《投宣武郑尚书》："雁影相承接。"　　[7] 越父兄：越国的父老兄弟。[8] 此处三句意为：以前我受辱的事情，不是你们的罪责，我哪里敢烦劳国人来抵偿我的仇恨。塞（sè）：抵偿。《后汉书·犍为盛道妻传》："代君塞咎。"

今陛下慨念国家之耻，励[1]复雠之志，夙夜为谋，相时伺隙。而群臣邈[2]焉不知所急，毛举细事[3]以乱大谋；甚者侥幸苟且，习以成风。陛下数降诏以切责之，厉[4]天威以临之，而养安如故，无趋事赴功之念，复雠报耻之心。岂群臣乐于负陛下哉？特玩故习常，势流于此而不自知也。[5]

[1] 励：振奋。《北史·薛端传》："与弟裕励精笃学。"　　[2] 邈：通"藐"，轻视。刘向《战国策序》："上小尧舜，下邈三王。"　　[3] 毛举细事：琐碎的行动与事情。毛：琐碎。《宋史·陈楠传》："毛举细务，略大利害。"[4] 厉：振奋，振作。《管子·七法》："弱而士不厉。"　　[5] 此处两句意为：只不过是沉迷习惯于向来的做法，形势发展到这样的地步犹然不能自我觉悟。

臣愿陛下慨然兴怀[1]，不御[2]正殿，减膳彻[3]乐，夕惕若厉[4]，立群臣而语之曰："朕承太上皇帝付托之重，念国家之深耻，志在复雠，八年于兹，若涉渊冰，未知攸济[5]。而群臣玩故养安，无肯戮力。是朕不明不德，不足以承大宝[6]，图大业，其何颜以临于王公士民之上！况敢即安以自取辱！[7]"群臣震惧，顿首[8]请罪，然后徐[9]谕之曰："朕固未敢即安，群臣犹以朕可与有为，其各共厥职，勉趋厥事[10]。上率其下，下勉其上，自度其力之不逮[11]者，无尸[12]厥官，朕将明赏罚以厉[13]其后。由今以往，群臣咸为朕思所以畏天爱民，求贤发[14]政，富国强兵，复雠谋敌之道。无以小事塞责，无以小谋乱大，相与熟讲[15]惟新之政，使内外有序，则朕即安之日。"陛下惕然侧席，图济大业，而群臣不能惕然承意，竭力以报[16]其上，是人而禽兽者也，诛之杀之，何所不可！诚使上下同心，君臣戮力，则何事之不济哉！

[1] 慨然兴怀：激愤而振兴抱负。慨然：激愤，慷慨激昂。《后汉书·范滂传》："慨然有澄清天下之志。" [2] 御：驾临。《辽史·礼志》："皇帝御南殿。" [3] 彻：通"撤"，撤除。《左传·宣公十二年》："军卫不彻。" [4] 夕惕若厉：每日都好像面临危险一样戒慎恐惧。形容做事情谨慎小心，不敢怠慢。《易·乾》："君子终日乾乾，夕惕若厉，无咎。"惕：戒惧。厉：危险。 [5] 未知攸济：不知什么时候能够成功。攸：助词。 [6] 大宝：指帝位。 [7] 句意为：何况敢于安逸享乐来自取其辱呢！ [8] 顿首：头叩地而拜，古九拜之一。 [9] 徐：缓慢、逐渐地。苏轼《石钟山记》："余音徐歇。" [10] 此处四句意为：我本来不敢（享受）安逸，群臣如果觉得我可以和大家一起有所作为，一定要各司其职，勉力去做所承担的事情。其：助词表祈使，要，一定。《书·皋陶谟》："帝其念哉！"厥：代词，其。《尚书·禹贡》："厥土黑坟。"趋：遵奉。《史记·商君列传》："秦人皆趋令。" [11] 逮：及，至。《论语·里仁》："耻躬之不逮也。" [12] 尸：占据位置，不做事情。白居易《纳粟》诗："坐尸十年禄。" [13] 厉：勉励，激励。《战国策·齐策六》："明日，乃厉气循城，立于矢石之所。"后作"励"。 [14] 发：颁布，发布。《孟子·梁惠王上》："今王发政施仁，使天下仕者皆欲立于王之朝。" [15] 熟讲：仔细地探讨。熟：仔细，周详。《汉书·谷永传》："反复熟省臣言。" [16] 报：报答。《诗经·木瓜》："报之以琼瑶。"

◎ 研读

砥砺臣民，保持复仇之心，这是陈亮一直具有的想法，这在后来的上皇帝四书里边也仍然在坚持，如第一书中言："陛下何不明大义而慨然与虏绝也！贬损乘舆，却御正殿，痛自克责，誓必复雠，以励群臣，以振天下之气，以动中原之心。虽未出兵，而人心不敢惰矣"；第二书提道："陛下将以办天下之大计，而大义未足以震动天下，亦执事者之所当蚤正而预计也"；第三书提道："五十年之余，虽天下之气销铄颓惰，不复知雠耻之当念，正在主上与二三大臣振作其气以泄其愤，使人人如报私雠"；戊申上书中提道："陛下以一身之哀乐而鼓天下以从之，其验如影响矣"。可以说上述言论的最早发端应该是乾道年间的这一次上书，但是与后边历次上书谈砥砺民心针对全体臣民不同，这一次谈振砺复仇之志，是专门针对大臣，是直接给予皇帝的激励臣子勠力同心的建议。意图主旨虽佳，但书生气太重。

第一，春秋时期的例证固佳，但从实际情形来看，皇帝这样做未必能达到以前的效果。因为南宋所面对的形势与情况远非春秋时小邦寡众所能比拟，春秋时期的臣僚多是家臣性质，与君主的关系更为密切，动员与激励当然更加容易，也容易延伸到邦国全体。后来随着时代变迁，贵族使用家臣来统治的体制逐渐废弃，开始出现推行俸禄制度和年终考核的"上计"制度的官僚组织。大体上，俸禄制度是从工商业的雇佣劳动中发展出来的，年终考核的"上计"制度是从买卖交易和借贷"合契券"的办法中发展出来的。从此国君可以任意选拔和雇用合适人才充任官僚，管理政治，逐步创建了中央集权的君主专制政体。这一体系构建之后，表面上看皇帝主宰一切，但实际上官僚集团这个庞大系统，其运作有自己的一定规则与秩序，而且这个系统内部也有分化与斗争，情形复杂，皇帝对这一系统的指挥并不总能达到如屈伸手指般灵活如意的效果，所以由皇帝从朝廷中发出的激励意志究竟能走多远、起多大效果，着实值得怀疑。

第二，即便砥砺之志贯彻得很好，大臣及地方官员唯皇帝马首是瞻。但是选拔将帅、组织军队、训练兵马、增加财赋、筹备粮草、外交对抗……任何一项都不是仅仅凭一时爆发的热情所能完成，都需要持久的繁重工作与细致谋划才能取得成效。陈亮此处提出的励臣之道更像是一种战时动员机制，短时间这样激发调动，或者战前做这样的动员应该十分有效，但长期让国家、臣子、民众处在紧张复仇的状态则难以做到。

　　第三，皇帝固然在意复仇，主战意图明显，但也要应对整个政治形势的发展变化，在周旋腾挪中寻求合适的时机。实际上终孝宗之世，也只组织了一次北伐，虽想再次举兵，无奈没有合适的时机与条件。孝宗的恢复之志是其夙愿，《桯史》卷二记载："隆兴初，孝宗锐志复古，戒燕安之鸩，躬御鞍马，以习劳事，仿陶侃运甓之意。时召诸将击鞠殿中，虽风雨亦张油帟，布沙除地。群臣以宗庙之重，不宜乘危，交章进谏，弗听。一日，上亲按鞠，折旋稍久，马不胜勘，逸入庑间，檐甚低，触于楣。夹陛惊呼失色，丞奔凑，马已驰而过。上手拥楣，垂立，扶而下，神采不动，顾指马所往，使逐之。"《朱子语类》卷一二七"本朝一·孝宗朝"也记载过骑射之事："孝宗是甚次第英武！刘共甫（珙）奏事便殿，尝见一马在殿廷间，不动，疑之。一日问王公明，公明曰：'此刻木为之者。上万几之暇，即御之以习据鞍骑射故也。'"这样勤于骑射练习，在南宋诸帝中绝无仅有，是其自励自警之举。在宋孝宗流传的为数不多的诗文作品中，恢复之思也有体现："寿皇未尝忘中兴之图，有《新秋雨霁》诗云：'平生雄武心，览镜朱颜在。岂惜常忧勤，规恢须广大。'"（《贵耳集》卷上）在与臣僚的对谈中也往往流露："上尝谓允文曰：'丙午之耻，当与丞相共雪之。'又曰：'朕惟功业不如唐太宗，富庶不如汉文景。'故允文许上以恢复。"（《宋史·虞允文传》）"上尝论唐太宗之功业，因叹大功之未就。公以先德后功为规。"（《王公（淮）神道碑》，《诚斋集》卷一二〇）"上言：'朕……所少者，则是功业未成。'公奏：'功业虽中主可成，齐家、治国非上圣莫能及。'上曰：'然。德行为本，功业次之。'"（《王公（淮）行状》，《攻媿集》卷八七）"上锐意图治，以唐太宗自比，良祐言：'太宗《政要》愿赐省览，择善而从，知非而戒，使臣为良臣，勿为忠臣。'上曰：'卿亦当以魏徵自勉。'"（《宋史·陈良祐传》）他每提及功业，往往联想到唐太宗，因为唐太宗时代武力强盛，开疆拓土，边境强悍的异族势力均被征服，而孝宗既然欲思齐于唐太宗，自然不愿束手隐忍一辈子。南宋的开拓便是恢复中原，宋孝宗也以之为自己的使命。所以吕祖谦在《淳熙四年轮对劄子》二首之一中总结得非常到位："臣窃惟皇帝陛下临御以来，惟绍复大业是志，惟计安寓内是图。前代帝王，聪明勤俭，仅得陛下万分之一者，莫不随世而就功业。未有如陛下汲汲望治，十有六年而焦劳未解者也。"（《东莱集》卷三）这不是一般的阿谀吹捧之辞，这是对宋孝宗16年表现的准确概括。

可是之所以16年"焦劳未解"，只有一次尝试，而不能放手去干，就在于孝宗有极大的顾忌。孝宗6岁入宫作为继承人的候选者，直到34岁才被立为皇子，36岁被立为皇太子并于同年登基。漫长的考察期中，任何的违拗乖张都会导致前功尽弃，所以他精明强干、奋发图强的一面固然突出，但隐忍克制、沉着自律的特点同样鲜明。登基之后如何调和与将帝位传给自己的高宗的关系，让他十分费心，而高宗又是少有的长寿且不放弃权力的太上皇，让孝宗更难以施展。朱熹在解释孝宗任命王淮为相时曾说："寿皇……后来欲安静，厌人唤起事端，且如此打过。"（《朱子语类》卷一二七）"安静"正是主议和的宋高宗最基本的政治导向，"孝宗初年，规恢之志甚锐，而卒不得逞者……亦以德寿圣志主于安静，不思违也"（《鹤林玉露》丙编卷四"中兴讲和"条）。"淳熙中，上益明习国事，老成向用矣。一日朝德寿，谓之曰：'天下事，不必乘快，要在坚忍，终于有成。'上再拜，大书揭于选德殿。"（《西湖游览志余》卷二）内廷是如此主导思想，外朝官员则明显分为主和、主战两派，如要成功组织北伐，必然要先统一思想，从根本上扭转"和议"的基本国策，但这洵非易事，而同时孝宗还要注意稳固自己的帝位，不能因为北伐而使之动摇。所以隆兴北伐失败后他一直在准备，但终究未能再次实施北伐，其谨慎的态度类似于马基雅维利所描述的君主通常会作的选择策略，"人们在避免一种不利的同时，难免遭到另一种不利。但是，谨慎在于能够认识各种不利的性质，进而选择害处最少的作为最佳的途径"（《君主论》第十五章）。所以贤明君主固然在意自己的理想，但更在意自己统治的根基是否稳固。宋孝宗不是不知道砥砺臣子的重要性，但在有十足把握之前，他是不会轻举妄动，去做大规模动员之事的。

第四，陈亮在最后一段中提出的三个步骤的动员过程也显得简单而机械，完全是依照史书中所见前事而设想出的理想化的君臣状态。动员臣僚、上下一心，哪里仅仅是皇帝减膳撤乐、臣子积极响应、皇帝加以训诫教导这么简单。所以说，本篇还是过于理想化，作为此次系列上书中的一篇，有助于表现自己对于朝廷政治治理手段的思考，也能在一定程度上激发阅读者的思考，但付诸实施却并不容易。

中兴五论之论正体之道

◎解题

陈亮认为完美的君臣体系的状态是：君主以仁德待臣下，臣子奉职守以尽忠心，君施其恩而臣行其令。这样国家就能出现臣子勇担大责，而君主坐收成效的和谐状态，但现在情况恰恰相反，皇帝主持大计劳碌操心而大臣安坐窃取美名，这是针对南宋政坛大臣们持禄固位、庸庸碌碌难当大任局面的一种批评，希望皇帝能扭转这种局面。

　　臣闻君以仁为体[1]，臣以忠为体。徧[2]覆包含，如天地之大，仁也；公家之事，知无不为，忠也。故君行恩而臣行令。庆历[3]间，杜衍[4]辅政，遇有内降[5]，辄封还之。仁宗以杜衍不可告之而止者，又多于所封还。治平[6]初，任守忠[7]离间两宫，韩琦[8]乘间开悟上心，斥之远方，仍放谢辞，即日押出国门。君当其善，臣当其怨，君臣之体也。澶渊之役，自寇准[9]而下，均欲追战。章圣皇帝[10]独恻然[11]许和。及其议岁币也，章圣不欲深较，而准戒曹利用以不得过三十万[12]。天圣[13]初，契丹借兵伐高丽，明肃太后[14]微许其使，吕夷简[15]坚以为不可而塞之。其后刘六符[16]来求割地，夷简召至殿庐，以言折[17]之。君任其美，臣任其责，君臣之体也。

　　[1] 体：本体，主体。此处指根本原则。　　[2] 徧："遍"的异体

字。 [3] 庆历：宋仁宗年号，1041—1048年。 [4] 杜衍（978—1057）：字世昌，山阴（今浙江绍兴）人。仁宗时官御史中丞，拜枢密使，庆历四年（1044）授同平章事，与晏殊、韩琦、范仲淹、富弼同时执政。[5] 内降：谓不按常规经中书等省议定，而由宫内直接发出诏令。 [6] 治平：宋英宗年号，1064—1067年。 [7] 任守忠：章献明肃太后时期宠臣，宦官。宋仁宗、宋英宗时期仍为官，仁宗亲政初被贬，后有升迁，英宗即位，曾在皇帝与太后之间搬弄是非，被贬为保信军节度副使、蕲州安置，故云。[8] 韩琦（1008—1075）：字稚圭，相州安阳（今属河南）人。仁宗时，西北边事起，与范仲淹率兵拒战，名重当时，为宋廷所倚重，时人称为"韩范"。西夏和成，入为枢密副使，嘉祐中官同中书门下平章事。英宗立，封魏国公。琦为相十年，临大事，决大议，虽处危疑之际，知无不为。 [9] 寇准（961—1023）：字平仲，华州下邽（今陕西渭南）人。官至参知政事。景德元年（1004），契丹入侵，准任同平章事，力排众议，促使真宗亲征，进驻澶州督战，与契丹订澶渊之盟。后为王钦若等所谗罢相。 [10] 章圣皇帝：指宋真宗。 [11] 恻然：哀怜、悲伤的样子。 [12] 曹利用（？—1029）：字用之，赵州宁晋（今属河北）人，北宋大臣、将领。澶渊之盟签订时宋朝的代表。"帝遣曹利用如军中议岁币，曰：'百万以下皆可许也。'（寇）准召利用至幄，语曰：'虽有敕，汝所许毋过三十万，过三十万，吾斩汝矣。'利用至军，果以三十万成约而还。"（《宋史》卷二八一《寇准传》） [13] 天圣：宋仁宗年号，1023—1032年。 [14] 明肃太后：宋真宗赵恒的皇后，姓刘氏，谥"章献明肃"。仁宗初即位，明肃太后垂帘听政，天圣年间，实由明肃太后主政。 [15] 吕夷简（978—1043）：字坦夫，寿州（今安徽寿县）人，吕蒙正之侄，仁宗时官至同平章事，授昭文殿大学士。深得帝宠，当国十余年。契丹求割关南十县地，地虽未割，但允增加岁币以求和。 [16] 刘六符：契丹大臣，辽重熙十一年（1042），以参知政事身份赴北宋，索取后周世宗攻取的关南十县之地。 [17] 折：责难。《史记·吕太后本纪》："面折庭争。"

今则不然。陛下锐意于有为，不顾浮议[1]；而群臣持禄固位，多务收恩。陛下慨然立计，不屈丑虏；而群臣动欲随顺，图塞谿壑。使陛下孤立以主大计，群臣安坐而窃美名，是尚为得君臣之体乎！臣愿陛下总揽大柄，端己责成，畏天爱民，以德自护；明诏大臣，使当大任，不惮小怨，不辞大艰。使天下戴[2]陛下之恩而严大臣之执守，敌人服陛下之德而惮大臣之忠果[3]，则何事之不济，何功之不成！此祖宗养人心以行德义，正君臣之体而为百世不易之家法也。故愿陛下仰法祖宗，而大臣以寇准、吕夷简、杜衍、韩琦为法，天下有不足为者矣。

　　[1] 浮议：朝野的纷然议论。　　[2] 戴：感戴，感激。《盐铁论·申韩》："百姓戴其功。"　　[3] 忠果：忠诚而果敢。

　　此己丑（乾道五年，1169）岁余所上之论也。距今能几时，发故箧[1]读之，已如隔世。追思十八九岁时，慨然有经略[2]四方之志。酒酣，语及陈元龙、周公瑾[3]事，则抵掌叫呼以为乐。间关[4]世途，毁誉率过其实[5]，虽或悔恨，而胸中耿耿者终未下脐也[6]。一日，读杨龟山[7]《语录》，谓"人住得然后可以有为。才智之士，非有学力，却住不得"[8]。不觉恍然自失。然犹上此论，无所遇[9]，而杜门之计始决[10]，于是首尾盖十年矣。虚气之不易平也如此。[11]《孟子》曰："诡遇而得禽，虽若丘陵弗为。"[12]自视其几矣。[13]又曰："五谷者，种之美者也；苟为不熟，不如荑稗。"[14]岂不为大忧乎！[15]引笔识[16]之，掩卷兀坐[17]者良久。壬辰[18]重午前二日书。

　　[1] 箧（qiè）：小箱子。　　[2] 经略：经营治理。《左传·昭公七年》："天子经略，诸侯正封，古之制也。"　　[3] 陈元龙、周公瑾：陈登，字元龙，东汉下邳（今江苏睢宁西北）人，深沉有大略，历任广陵、东城太守，以平吕布功封伏波将军。周瑜（175—210），字公瑾，三国庐江（今属安徽）人，少时吴中呼为周郎，与孙策同岁，相友善。策东渡，瑜率兵迎之。策死，弟权继位，瑜以中护军与张昭共掌众事。建安十三年（208），联合刘备，大败曹兵于赤壁。　　[4] 间（jiàn）关：形容道路崎岖，辗转难行。《后汉书·邓骘传》："遂逃避使者，间关诣阙，上疏自陈。"　　[5] 句意为：诋毁与赞誉大都言过其实。率：大致。《唐语林·文学》："率多遗忘。"　　[6] 句意为：而心中忠诚为国的想法始终没有忘怀。耿耿：忠直的样子。下脐（qí）：忘

怀。　　[7] 杨龟山：杨时（1053—1135），字中立，南剑州将乐（今属福建三明）人，晚年隐居龟山，人称"龟山先生"，师事程颢、程颐，与吕大临、谢良佐、游酢并称为"程门四大弟子"。　　[8] 句意为：人立身行事有根底然后可以有所作为。才智之士，如果没有学问道德上的成就与造诣，则不能够达到立身有根底的状态。　　[9] 遇：投合。《孟子·公孙丑》："不遇故去。"　　[10] 句意为：而闭门谢客归隐读书的想法方始确定。　　[11] 句意为：内心（因执着的想法）而生之虚气不易平复就像这样。　　[12] 句意为：不按照礼法射猎禽兽，虽然可以堆积如山，君子也不会去做。诡遇：打猎时不按礼法规定而横射禽兽，后比喻用不正当的手段猎取名利地位。《孟子·滕文公下》："为之诡遇。一朝而获十。"　　[13] 句意为：我看自己为人与此接近，即非"诡遇而得禽"之人。几：将近，差不多。　　[14] 句意为：五谷是农作物中佳者，如果不能够长大成熟，反而不如莨（tí）稗（bài）一类的杂草。语出《孟子·告子上》。　　[15] 句意为：（我的上书也与此类似，这样的情况）岂不让人感到大为忧惧吗？　　[16] 识：通"志"，记载。　　[17] 兀坐：端坐，独自静坐。　　[18] 壬辰：宋孝宗乾道八年（1172）。

◎研读

这一则上书关心的问题，和《论执要之道》所谈的问题可以说都是针对皇帝如何行使自己的权力。《论执要之道》注意到了"现象"方面——皇帝行使权力的方式，采用自己直接下达命令的方式不妥，而应该充分依靠互相制衡监督的官僚系统；《论正体之道》则是关注皇帝行使权力后产生的效果，以陈亮的观察，这种效果显然不能让人满意。

不满意的原因主要是与北宋作了对比，北宋在真宗、仁宗、英宗、神宗四朝时期人才济济，如文中提到的杜衍、韩琦、寇准、吕夷简，在主政期间均取得了良好的治理效果。杜衍谨慎低调，历知州军，担任过从地方到中央朝廷多种官职，直至拜相，后因支持"庆历新政"而罢，一生刚正有为。史书记载宋仁宗曾对欧阳修说："外人知杜衍封还内降耶，凡有求于朕，每以衍不可告之而止者，多于所封还也。"（《宋九朝编年备要》卷十二）故而史官评曰："衍劲正清约"，"靳惜名器，裁抑侥幸，凛然有大臣之概焉"。（《宋史·杜衍传》）"事有矫拂于人之情，而吾独不愧于中者，公而已。衍相仁宗，抑侥幸，修纪纲，而圉以至公，一时怨府有所不恤也。昔姚、宋罢斜封官而开元之盛实归之，衍亦多封还内降，而仁宗赖以绝滥进之阶，庆历之光明俊伟，衍与有力焉，呜乎！衍之贤，其知为治之体者与，其得为相之道与！"（《东都事略》卷五十六）韩琦为相十载、辅佐真、仁、英三朝，为北宋的繁荣发展作出了贡献，欧阳修赞其："临大事，决大议，垂绅正笏，不动声色，措天下于泰山之安，可谓社稷之臣。"（《宋史·韩琦传》）更有人从当时整体的政治形势出发作出总结判断："宋自李迪既贬、王曾没后，在位者率多因循固宠，罔顾国家之虑。及至元昊发难，契丹败盟。大敌在外，而草窃潜兴。师徒不振，而征敛日繁。当是之时，宋事几殆，非琦与范、富共起而安定之，虽吕夷简之智，亦安所施哉？迨嘉祐、治平之间，遭遇仁、英二帝，独相者七八年。兴贤举能，修政立事。教养之风，法三代之遗意。向使继其后者，绍休遗绪，升平可致……躬定大策，遭时之难。志不舍命，卒能调和两宫，安宁社稷，自古未尝有也。"（《史传三编》卷三十）寇准在宋太宗时便因多次直谏而被注意，后得重用，32岁时便拜枢密副使，不久升任参知政事，真宗时因澶渊战和之事而声名卓著。在未担任宰相之前，其同僚毕士安便评价："寇准兼资忠义，善断大事，此宰相才也。准方正慷慨有大节，忘身殉国，秉道疾邪，此其素所蓄积，朝臣罕出其右者，第不为流俗所喜。今天下之民虽蒙休德，涵养安逸，而西北跳梁为边境患，若准者正所宜用也。"（《宋史·寇准传》）范仲淹也感慨称赞："寇莱公澶渊之役，而能左右天子，不动如山，天下谓之大忠。"（《宋史全文》卷五）吕夷简辅佐年少的宋仁宗，在太后临朝听政的情况下，正确处理了北宋社会诸多矛盾，确保了一时期之内的社会安定和经济发展。李焘的评价比较全面中肯："自上初立，太后临朝十余年，内外无间，天下晏然，夷简之功为多。其后元昊反，四方久不用兵，师出数败，契丹乘之，遣使求关南地，颇赖夷简计画，选一时有名之臣，报契丹、经略西夏，二边以宁。然建募万胜军，杂市井小人，浮脆不任战斗，用宗室补环卫官，骤增俸赐，又加遗契丹岁金缯二十万，当时不深计之，至于后世费大而不可止。夷简当国柄最久，虽数为言者所诋，帝眷倚不衰。然所斥士，旋复收用，亦不终废。其于天下事，屈伸舒卷，动有操术。后卒配食庙庭，为世名相。"（《续资治通鉴长编》卷一五二）

不止陈亮，南宋之后的历朝历代直至今天的许多人，都在感慨北宋前中期鼎盛时代的臣子们所能达到的境界，那是一个"士知廉耻，人怀自励"的时代；是一个"主明臣敬，能言善信"的时代。皇帝固然时时在防备臣僚集团，但也给了他们历史上少有的自由与尊重，大臣则回报以赤诚与尽忠。陈亮希望南宋统治集团能恢复那种良性的政治生态，但无奈时代与形势确已不同。

南宋朝廷国策不能持续是其最致命的弱点之一，影响了总体的政治氛围与治理效果。南宋不是无人，但政策不能坚持，对事关大局的和战问题始终摇摆不定、莫衷一是。在南宋为相、为帅其实都不好做，李纲、赵鼎、张浚、虞允文就是例子，虽然都曾获得任用，但持续时间都不长，也没能充分实施自己的意图与主张。政策不能持续，则大臣难有担当。短命的政策、多变的形势、多变的人事结构，再加上稳固皇权的终极要求，构成了错综复杂的政治局面，最后的现实情况便是：皇帝强势能控制权力同时自己不愿操劳，则指使一个代理人主导一切，如宋高宗、秦桧集团；皇帝既强势又不惮劳苦如宋孝宗，则频繁插手具体事务；皇帝昏庸则权臣趁机掌控大权，如南宋后期。如此，欲求"君仁臣忠"不亦难乎！

皇家的气度远不如北宋。偏安一隅和统有南北毕竟有别，要么屈膝求和换取平安，如宋高宗；要么像宋孝宗励精图治，便要应对四方各种问题，一直处在期于有为与焦虑不安的挣扎之中，殚精竭虑有之，放手依靠大臣则不敢，才好不容易有了乾淳之治的局面；孝宗之后，皇帝昏弱，则每况愈下。

臣僚的心态与北宋相比也有很大的区别。北宋官僚集团的分野主要是围绕国家治理体系是否要变革与创新，不同派别观点对立，因而形成争斗；南宋的政治则更加分裂，除延续北宋党争余绪之外，还有和战问题、不同的相党集团、近习弄权等各种矛盾。淳熙十六年（1189），杨万里就极其沉痛地指出："近日以来，朋党之论何其纷如也！有所谓甲宰相之党，有所谓乙宰相之党；有所谓甲州之党，有所谓乙州之党；有所谓道学之党，有所谓非道学之党。是何朋党之多欤！且天下士大夫孰不由宰相而进者？进以甲宰相，一日甲罢，则尽指甲之人，以为甲之党而尽逐之；进以乙宰相，一日乙罢，则又尽指乙之人，以为乙之党而尽逐之。若夫甲州之士、乙州之士、道学之士、非道学之士，好恶殊而向皆异，则相攻相摈，莫不皆然。党论一兴，臣恐其端发于士大夫，而其祸及于天下国家，前事已然矣，可不惧哉！"（《己酉自筠州赴行在奏事十月初三日上殿第一劄子》，《诚斋集》卷六十九）以上多种因素叠加，要想实现朝野雍容和睦、皇帝垂拱而治的状态，在南宋只能是个理想。

壬寅答朱元晦秘书^①

◎解题

淳熙九年（1182），朱熹、陈亮均至武义明招山哭祭吕祖谦，因而见面。之后因朱熹巡行浙东，而陈亮要返家，两人一路同行，并至永康陈宅短暂停留。"山间获陪妙论"便是说路上的情形。别后朱熹有信来并赠自己的著作以切磋，同时邀请陈亮赴绍兴官署再谈。陈亮于是写了这封答信。这封信可以说是陈、朱书信论学的开始。信中还未涉及"义利王霸"的问题，陈亮只谈了自己由阅读所赠作品而引发的一些思考。其中比较值得注意的一个地方是对"度外之功""百世之法"的论说，体现了事功思想的思路，但论述并未深入。

　　山间获陪妙论^[1]，往往尽出所闻之外。世途日狭^[2]，所赖以强^[3]人意者，惟秘书一人而已。平生有坐料人物世事之癖^[4]，今而后知其不可也。别去惘然，如盲者之失杖。意每有所不通，辄翘首东望，思欲飞动而未能。方将专人问起居，乃承专翰之赐，蒙所以见念^[5]者甚至^[6]。顽悖^[7]为众所共弃，而嗜好之异乃有甚于伯恭者邪！^[8]既以自幸，深惧为门下知人不明之一累也。^[9]惟时春事^[10]

---

　　①壬寅：宋孝宗淳熙九年（1182）。朱元晦：朱熹（1130—1200），字元晦，又字仲晦，号晦庵，徽州婺源（今属江西）人，生于建州尤溪（今属福建）。南宋著名理学家、教育家、官员，闽学派代表人物，儒学集大成者，世尊称为"朱子"。淳熙三年曾被授予秘书省秘书郎职务，淳熙八年又被任命直秘阁，后上书辞，故云。

更深，按临有相^[11]，台候动止万福^[12]，慰甚不可言。某顽钝只如此，日逐且与后生寻行数墨^[13]，正如三四十岁丑女，更欲扎腰缚脚，不独可笑，亦良苦也。山妇过月始免身^[14]，以初四日巳时得一男，却幸母子完全，小下何足上劳尊念^[15]，愧感无已！

[1] 山间获陪妙论：淳熙八年（1181）朱熹被任命为提举两浙东路常平茶盐公事，淳熙九年正月巡历到武义县，往明招山哭祭吕祖谦墓，陈亮访朱熹于明招堂，游从讲论数日，至永康龙窟而别。　[2] 狭：此处泛指狭窄局促。　[3] 强：振奋。　[4] 僻：通"癖"，嗜好。　[5] 见念：被想念。见：被，受。《荀子·正论》："人皆以见侮为辱，故斗也。"　[6] 至：齐备，这里指关切到了各个方面。　[7] 顽悖：是指愚妄悖逆，这里是自谦之语。　[8] 句意为：（学术）嗜好的不同有超过我与伯恭二人的吗！吕祖谦（1137—1181）：字伯恭，金华（今属浙江）人。世称"东莱先生"，南宋著名理学家、文学家，与陈亮交谊深厚。　[9] 此处两句意为：既已因能（与伯恭为友而感到）幸运，非常害怕（您与我交往）会使您承受知人不明的负累。　[10] 春事：春季耕种之事。钱起《酬陶六辞秩归旧居见柬》诗："田畴春事起，里巷相寻稀。"　[11] 按临有相：巡行莅临有所观察。按：巡行，巡视。《史记·卫将军骠骑列传》："按榆谿旧塞。"临：降临；来到。有：助词。相：视，观察。《左传·隐公十一年》："相时而动。"　[12] 台候动止万福：旧时书信中敬语，谓起居吉祥。台：旧时下对上或同级间的敬称，如兄台、尊台。候：问候。《汉书·张禹传》："上临候禹。"　[13] 句意为：每日暂且（教导）后生辈读书作文。寻行数墨：泛指读书、笔墨生涯。[14] 免身：分娩。免：分娩，后作"娩"。《国语·吉验》："适免母身。"[15] 小下：谦辞，代指自己刚出生的孩子。

　　《战国策》《论衡》《日注》为贶^[1]，甚佳，敢不下拜！《田说》读得一遍稍详。若事体全转，^[2]所谓智者献其谋，其间可采取处亦多；但谓有补于圆转事体，^[3]则非某所知也。居法度繁密之世，论事正不当如此。此亦一述朱耳，彼亦一述朱耳，欲以文书尽天下事情，此所以为荆扬之化也。^[4]度外之功，岂可以论说而致；百世之法，岂可以辏合而行乎！^[5]天下，大物也，须是自家气力可以斡^[6]

得动，挟[7] 得转，则天下之智力无非吾之智力，形同趋而势同利，[8] 虽异类可使不约而从也。若只欲安坐而感动之，向来诸君子固已[9] 失之偏矣；今欲斗饤[10] 而发施之，后来诸君子无乃又失之碎乎[11]。论理论事，若箍桶然，[12] 此某所不解也。

[1] 贶（kuàng）：馈赠。 [2] 句意为：如果朝政导向全面扭转。[3] 句意为：但如果说（这样的建议）能够弥补圆满（当前）的政事。[4] 此处三句意为：（现在阐发您理论的人很多，）这样也是在阐述朱熹的理论，那样也是在阐述朱熹的理论，想要以文字言辞来了却天下之事，这就仿佛以文化发达地区的教化（施之于蛮悍之地，是不可能被接受而发挥作用的）。荆扬之化：泛指文化发达地区的风俗教化。《资治通鉴·晋安帝义熙十三年》："关中华戎杂错，风俗劲悍；裕欲以荆扬之化，施之函秦，此无异解衣包火，张罗捕虎。" [5] 句意为：不拘常法之（非常）功业，岂能凭借讲论（道理）而达到；传承百世的法度，岂能以将就（的内容）而施行。辏合：亦作"凑合"，将就，还过得去。张载《经学理窟·周礼》："凑合此心，如是之大必不能得也。" [6] 斡（wò）：转，扭转。谢惠连《夜咏牛女》诗："倾河易回斡。" [7] 挟：握，拿。王绩《游北山赋》："时挟策而驱羊。" [8] 句意为：（人们）外在的行动趋向相同，形势所指向的利益一致。 [9] 固已：本来已经。 [10] 斗饤（dìng）：亦作"鬬饤""鬪饤""饾饤"，唐宋时以饼饵果品累积置于盒中，以为陈设，此处用以比喻零星、琐碎的办法、策略。 [11] 无乃：比较委婉地表示对某一事或问题的估计或看法，相当于"恐怕""只怕"。碎：琐碎。 [12] 句意为：论理说事，就仿佛以篾约束木片做桶一般，（强行将之拼凑聚合在一起）。箍：以篾束物。

秘书挺特崇深，自拔于党类之中。[1] 岁晚庶得一快，方自委托，岂敢怀不尽？[2] 意之所到，虽缕缕[3] 未止，有不然者，却望见教，某不任至望[4]。

[1] 句意为：秘书（为人）卓越杰出、高远精深，能够超出于一般谈论道学之人。挺：特出。孔稚珪《祭张长史文》："高明秀挺。"崇深：谓道德高尚，学问精深。拔：超出。《孟子·公孙丑》："拔乎其萃。"党类：泛指道学人物。 [2] 句意为：您此时（得以实现自己的抱负），也可谓是一件快意之

事，正自受到朝廷的任命（而从事公务），（我）岂敢隐藏内心的想法。岁晚：泛指年龄较大，得到任命时朱熹52岁。委：付托，任命。《左传·成公二年》："王使委于三吏。" [3] 缕缕：细致，详尽。 [4] 不任：犹不胜，非常，表示程度极深。至望：最恳切的希望。

◎研读

淳熙八年（1181）七月二十九日，陈亮的挚友吕祖谦卒于婺州。两年前吕祖谦因病辞去官职，闲居期间与陈亮常面见或书信往来，"吕公伯恭退居金华，同甫间往视之，极论至夜分"（《龙川文集序》，《水心集》卷十二），而且在陈亮心目中，晚年的吕祖谦对自己尤其友善。吕祖谦猝然离世，陈亮十分悲伤，赶到吕家拜祭哭灵。九月，在自己家设香烛茶酒以祭，并写了《祭吕东莱文》。吕祖谦与朱、陈二人均结识较早，与朱熹更早。吕父吕大器尝为福建提刑司干办官，吕祖谦随侍，时年19岁，曾从学于三山林之奇，就在此时曾与朱熹相见（按：束景南《朱子年谱长编》考证，吕祖谦与朱熹只有此年具备相见的可能，从其说），而且朱熹之父朱松与吕大器为契旧，后辈有交往也在情理之中。当时朱熹已在同安主簿任上，与人讲论交往已多，小他7岁的吕祖谦出身名家，学问声名亦渐起，故而两人结识后交往融洽。后来朱熹书信中曾提及当时情状："三山之别，阔焉累年，跧伏穷山，不复得通左右之问。而亲友自北来者，无人不能道盛德，足以慰瞻仰也。"（《答吕伯恭》一，《晦庵集》卷三十三）"熹自泉、福间得侍郎中丈教诲，蒙以契旧之故，爱予甚厚。比年以来，阔别虽久，而书疏相继，奖励警饬，皆盛德之言。感激铭佩，何日敢忘！"（《答吕伯恭》十三，《晦庵集》卷三十三）自此之后，两人或面见、或书信往来，论文论学、校勘刻印书籍等，交往十分密切。吕祖谦与陈亮结识应在高宗绍兴三十二年（1162），"亮二十岁时，与伯恭同试漕台"（《又甲辰秋书》,《陈亮集》卷二十八),该年两人因参加考试而结识。吕祖谦闻名乡里自不必说,陈亮十八九岁因《酌古论》而知名一时,得郡守周葵赏识,而且周葵还提携他与四方名士交游,所以当时的陈亮也是有一定名气的青年士子,且两人还有远亲的关系,陈亮在祭奠吕祖谦的文章中自称为"从表弟"。考陈亮曾祖母为吕氏(《告高曾祖文》,《陈亮集》卷三十),这可能是他们有亲戚关系的渊源。总之既有亲族关系,又相互知晓对方名声,两人的交谊就此开始。陈亮的性格当然没有朱熹那般沉稳平和,但并不妨碍他与待人温和谦逊、处事细密周全的吕祖谦成为至交,从此展开了频繁深入且充满情谊的学术交流。

因为吕祖谦的缘故,陈、朱必然早就互知对方,甚至即便吕祖谦不主动谈论两人,陈亮之声名以及乾道年间上《中兴五论》、淳熙再诣阙上书,在当时舆论中产生广泛影响,朱熹不可能不知;而朱熹作为道学名家,也自声华卓著,陈亮亦不可能不知。实际上陈亮早年就对理学持批评态度,"绍兴辛巳(1161)、壬午(1162)之间,余以极论兵事,为一时明公巨臣之所许,而反授以《中庸》《大学》之旨,余不能识也,而复以古文自诡于时。道德性命之学亦渐开矣。又四五年,广汉张栻敬夫,东莱吕祖谦伯恭,相与上下其论,而皆有列于朝。新安朱熹元晦讲之武夷,而强立不反,其说遂以行而不可遏止。齿牙所至,嘘枯吹生,天下之学士大夫贤不肖,往往系其意之所向背,虽心诚不乐而亦阳相应和。若余非不愿附,而第其品级不能高也;余亦自咎其有所不讲而未敢怨。"(《钱叔因墓碣铭》,《陈亮集》卷三十六)这里虽然没有正面批评,但是指出朱熹的学说独树一帜,大有势不可当之态,而且影响渐巨,至能左右舆论。他自己的态度则是不愿附和,觉得自己在这些学习朱学的人中不会获得很高的评价,自己也自责学问有讲究未至之处,但并不敢抱怨。虽然语气措辞比较谦逊,但实际上清楚地表明,在天下士大夫风从响应朱熹学说的大氛围中，自己并不特别佩服赞同朱学。陈亮早就说过自己"独好伯王大略，兵机利害，颇若有自得于心者"（《酌古论序》，《陈亮集》卷五），这一点从少至老，没有改变。所以陈亮与朱熹的分歧，并不是认识结交之后才产生，实际上早就有看法，而朱熹未必不是如此。

朱熹淳熙八年（1181）八月，被任命为提举两浙东路常平茶盐公事，淳熙九年正月开始巡历绍兴府属县、婺州、衢州。到金华时，在正月十七日，往武义明招山哭祭吕祖谦之墓，同吕氏子弟、潘叔度、潘叔昌等浙东学者进行讲论。陈亮就在这时从永康龙窟赶来武义明招同朱熹见面相识。之后两人乘篮舆一路讲论，路经永康，在龙窟陈亮家中又聚谈了几天，朱熹才乘舟前往兰溪继续巡历。这次初会两人大有相见恨晚之感，别后朱熹还邀陈亮和陈傅良同来绍兴府再聚，并把《战国策》《论衡》和自注的《田说》寄给陈亮，这便是陈亮在回信中提到的"山间获陪妙论……所赖以强人意者，惟秘书一人而已"的良好状态。

此次见面讲论因为吕祖谦的缘故，两人都表现得特别友善，陈亮因吕祖谦的去世，一时找不到他所敬佩的、学问见识都超越于他的学友，见到朱熹不能不感到惊喜；朱熹的学问当然更广大而赅贯，且年辈高于陈亮，又是高于州府的长官，虽然不一定从长者的角度看陈亮，但初见必然也是平和包容的态度，而且朱熹一向喜与四方士人结交，在他应是一种传"道"的自觉，总希望扩大儒家义理的影响范围，故而不排斥与人交往，学术的论争则另当别论，所以两人此次相见相识总体上还是非常愉快的。两人之后便有书信往还，观点渐次展开，这封书信的后半陈亮就指出："度外之功，岂可以论说而致"，"若只欲安坐而感动之，向来诸君子固已失之偏矣"。这显然是针对理学家们坐而论道与太注重内在修养而发，指出超乎寻常的功业不是仅仅讲论分明或依靠内在德行的完善便可达到，是需要实际起而行去做的，而且"斗饤而发施之"的小修小补的办法与措施也达不到根本改善的目的。如此，在双方见面印象良好、互相渴慕倾倒的氛围中，"王霸义利"的论战拉开了序幕。

又壬寅夏书

◎ **解题**

前书陈亮说朱熹所言"往往尽出所闻之外",虽有寒暄的成分,但亦属实情,觉得朱熹是可以讲论的朋友。因朱熹赠送了自己的著作以求评论,陈亮也将自己《杂论》10篇中的5篇附书寄去以切磋商量,但他也知道二人学术取向不同,所以信中说"其论亦异""尤与世论不合",但还是希望能有所交流讲益。此外书信的内容集中于浙东诸州的旱灾问题,陈亮既表达了担忧,也就处置灾情的具体事务提出了自己的一些建议。

不获听博约之诲[1],又复三月;起居之问不到几格[2],亦复踰[3]月矣。尊仰殆不容言[4],即此暑气可畏,伏惟临按有相,台候动止万福。某顽钝只如此,但意况甚觉不佳,甚思一走门墙[5],解此烦愦[6]。初只候君举[7]不来,今又为俗事所扰,加以天作旱势,令人遂有旦暮之忧,以故要摆离未能得。今只决之六月耳,雨不雨皆非人力所能为也。

[1] 诲:教导的话。《书·说命》:"朝夕纳诲。" [2] 几格:也作"几阁",书案,橱架,也常用来代指书房。 [3] 踰:同"逾",超过。 [4] 句意为:对您的尊敬仰慕几乎难以用语言表达。 [5] 门墙:指师长之门。这里是对朱熹住所的尊称。韩愈《与陈给事书》:"其后阁下位益尊,伺候于门墙者日益进。" [6] 愦:乱,昏乱。 [7] 君举:陈傅良(1137—1203),字君举,号止斋,学者称"止斋先生",温州瑞安(今属浙江)人,南

宋著名学者。

近有《杂论》十篇，聊以自娱，恨举世未有肯可其论者。且录去五篇，或秘书不以为谬，当继此以进，然其论亦异矣[1]。余五篇乃是赏罚形势，世卿恩旧，[2]尤与世论不合，独恐秘书不以为异耳。

[1] 句意为：但是文章的议论也（与惯常的观点）不同。　[2] 句意为：余下的五篇是关于（朝廷）赏罚制度、天下形势（的议论），以及朝廷中享受世袭权力及获得推恩的达官贵人们享有特权（的问题）。

一春雨多，五月遂无梅雨。池塘皆未蓄水，亦有全无者；麦田亦有至今全未下种者。世俗所谓"会龙分龙皆无雨"[1]，今年秧尖皆赤，小民所甚忌。又俗谚"五月若无梅，黄公揭[2]耙归"之说，此细民[3]占卜如此。以大势论之，渡江安静又五十余年，文恬武嬉[4]今亦甚矣，民疲兵老今亦极矣。安静之福，难以常幸。去年除绍兴外，旱势犹未透，其祸必集于今年。而秘书又适当[5]此一路，若岁事小稔[6]，或可求去；大势既如此，所谓"将恐将惧"之时也，庙堂岂容去哉！富家之积蓄皆尽矣，若今更不雨，恐巧新妇做不得无面馎饦[7]。百念所聚，奈何，奈何！婺州亦复大疫。衢州米价顿涌，四千七百文一石[8]，祸将浸淫[9]于婺。钱守虽有爱民之心，而把[10]事稍迟；今岁救荒，奔走上下不遗余力者，独赵倅[11]一人：所至骑从简约，县道诸色文字并不取索，穷民有请无不遂[12]。今闻去替[13]只二十日耳，若失此人，婺州尚未知所倚。春来钱守奏乞用前两任例，令再任，已降在省中，庙堂只许升擢[14]差遣，若得一军垒[15]，乃是为本人计耳，殊非婺州忧旱之地[16]。赵倅闻此亦甚喜，彼亦未暇为婺之地也，只欲候满二十日，便去讨差遣耳。今旱势已成，秘书必更被殃榜[17]。婺州更旱，则将谁属乎[18]？岂能以一身而及七州也！[19]愿便申钱守所请，仍以旱势奏陈，留使再任[20]，专以祷旱及将来救灾之事责之，不容其不效力。闻下任乃是高子演，自是不厘务[21]，本不相妨，令其及期自上足矣。若如此说破，庙堂亦知只为婺州地，[22]当无不可者。然此间事势甚可忧，人情亦何乐于此，但期到则自去，须秘书移牒添倅厅[23]，不得擅自离任，使之听候指挥乃可耳。疫气流行，人家有连数口死，只留得一两小儿，更无人收养者。闻赵倅已处置收养五六十人在州，尽可谓有心力。万一天意悔祸[24]，连得大雨，如社仓义役[25]之事尽可以专责之。此人有心力，不患其无所济也。况决无连不雨之理。秘书不可不早为婺州地，临期不知所委，徒自手忙脚乱耳。六月若一向遂无雨，田秧亦无所营救，但当去绍兴[26]请教，且求一椀[27]现成饭吃，不能别生受[28]。天下大计自责之长人[29]，秘书何以处之？绍兴有梅雨否？无不插之田否？旱疫之余而重以此，庙堂虽欲以恬然处之，可乎？大亏了主上也！[30]当今之世而不大更化以回天意，恐虽智者无以善其后。[31]此不待深见远识而后知，然而皆不知虑，何也？虑者不当而当者不虑，是岂天下之事终不可为乎，亦在其人而已矣。[32]到此亦不须大段[33]推诿，同舟遇风，亦各为性命计耳。胸中所欲言万端，微秘书无以发其狂；而困于俗事，又困于诸生点[34]课，临风引颈[35]，徒剧[36]此情。

[1] 分龙：吴越旧俗，以阴历五月二十日为分龙日；闽俗以夏至后为分龙。俗以五月雨为分龙雨。《避暑录话》卷下："吴越之俗以五月二十日为分龙日，不知其何据。前此夏雨时，行雨之所及必广，自分龙后则有及有不及，若有命而分之者也。"分龙日之前夏雨必广，则为"会龙"。 [2] 揭：担，背负。《庄子·胠箧》："揭箧提囊而趋。" [3] 细民：小民，老百姓。[4] 文恬武嬉：文官只知道贪图安逸，武将一味追求玩乐。形容文武官员贪图享乐、不问国事的腐败现象。韩愈《平淮西碑》："相臣将臣，文恬武嬉。" [5] 当（dāng）：主持，执掌。《左传·襄公二年》："子罕当国。"[6] 稔（rěn）：庄稼成熟。 [7] 怀（bó）饦（tuō）：亦作"不托""馎饦"，一种面食。《齐民要术》卷九："馎饦，挼如大指许，二寸一断，著水盆中浸，宜以手向盆旁挼，使极薄，皆急火逐沸熟煮。"《北梦琐言》卷三："食怀

163

饦面不过十八片。"　　[8] 石（dàn）：容量单位，十斗为一石。　　[9] 浸淫：逐渐蔓延。《汉书·高五王传》："事浸淫闻于上。"　　[10] 把：掌握。《晏子春秋·内篇谏》："后世孰将把齐国？"　　[11] 倅（cuì）：副职，宋代州郡副职一般指通判。赵倅，指婺州通判赵善坚，字子固，宋太祖十一世孙。　　[12] 句意为：县中的各种公文并不（烦琐地）索取查看，贫苦的百姓有所请求没有不答应的。　　[13] 去替：离任被代替。　　[14] 擢（zhuó）：提拔。　　[15] 得一军垒：获得在某一军任职。军，宋代行政区域名，与府、州、监同隶属于路。军垒即军营周围的防御工事，代指军。[16] 句意为：乃是为他本人打算，绝对不是为婺州忧虑旱情的状况来考虑。为……之地（为之地）：代为考虑、帮忙。　　[17] 殃栲：祸害与拷问，此处指承受天灾以及朝廷的责难。栲：通"拷"，拷打，这里泛指上级严厉的质询。　　[18] 句意为：则将要归于谁去处理呢？属（zhǔ）：归往，向往。《老子》第十九章："此三者以为文不足，故令有所属。"　　[19] 一身而及七州：两浙东路下辖越、婺、衢、明、台、处、温七州，朱熹时任提举两浙东路常平茶盐公事，负责浙东地区的赈灾事宜，故云以其一人之力，难以兼顾七地的赈灾事务。　　[20] 此处所说留使再任的官员指前文提及的赵姓通判。[21] 句意为：（因未到任）自然还未管理具体事务。厘："釐"之异体字；治理，处理。《尚书·尧典》："允厘百工，庶绩咸熙。"　　[22] 此处两句意为：如果如此将道理讲明白，朝廷也知道这样做只是为婺州（的实际情况）考虑。　　[23] 句意为：需要您写公文（发至）添倅厅。添倅厅：州郡增设做副职办公居住的地方。　　[24] 悔祸：对所造成的灾祸表示悔恨而撤回。《左传·隐公十一年》："若寡人得没于地，天其以礼悔祸于许。"　　[25] 社仓：积谷备荒的义仓。始于隋代，因为乡社所设，故名社仓，后也有设于州县而由官府直接主持的，其制代有不同。义役：南宋应役户互助的一种方式。乾道五年（1169）浙江松阳民户首创，以一乡或一都为单位，由应役户出田或买田若干作助役田，所收田租充应役费用。　　[26] 绍兴：两浙东路治所在越州山阴县（今绍兴市越城区），朱熹的官署在绍兴，故云。　　[27] 椀：同"碗"。　　[28] 生受：为难，麻烦。黄庭坚词作《宴桃源》："生受，生受，更被养娘催绣。"　　[29] 长人：才干杰出优长者。　　[30] 此处五句意为：旱灾、疫病之余再加上（朝廷的压力、已种植的秧苗无法挽救、未种的田地）等问题，朝廷虽然想要镇静安定地对待，可以吗？幸亏皇帝（励精图治，采取了积极的策略）！　　[31] 句意为：当今这个时世如果不对风俗教化作出大的改变来挽回天意，恐怕虽然是智者也无法避免后患。　　[32] 此处两句意为：

思考（现实问题）的人不主持政事，主持政事的人却不思考，难道天下之事终究不可做吗？也是要看谁去做而已。 ［33］大段：犹言十分。 ［34］点：教导指点。 ［35］引颈：思慕貌，期待貌。韩愈《与少室李拾遗书》："朝廷之士，引颈东望，若景星凤皇之始见也。" ［36］剧：加重，厉害。

前日偶说《论语》，到舜五人、周十乱、孔子所谓"才难"[1]处，不觉慨然有感。自古力足以当天下之任者，多只一个两个，便了[2]一世事。超世迈往之才，岂可以人人而求之乎！虞周至于五人、九人，真可谓盛矣，亦古今之所无也。又因书院出"立太师太傅太保，兹惟三公，论道经邦，燮理[3]阴阳，官不必备，惟其人"作义题，亮因为破[4]两句："圣人不以才难而废天下之大政，亦不以任重而责天下之常才。[5]"秘书以为如何？纸尾及之，以共发五百里之一笑也。区区尚须续具寄。[6]千万为世道崇护！

［1］才难：谓人才难得。《论语·泰伯》："才难，不其然乎？" ［2］了：完成，完毕。《晋书·羊祜传》："若事了，当有所付授。" ［3］燮理：协调治理。 ［4］破：剖析，分析，此处指"破题"。唐宋时应举诗赋和经义做起首处，须用几句话说破题目要义，叫破题。 ［5］句意为：圣人不因为人才难得而废止天下之大政，也不因为任务重大而要求天下的普通人（来担负）。 ［6］句意为：所作文章尚需后续逐渐寄出。区区：（人或事物）不重要，此处指前文提及的《杂论》中未寄出的篇章。

◎ 研读

这封书信总体上笔调轻松自如，内容十分充实，读之既能体会到友朋交往的亲近之情与融洽乐趣，又有学术问题与现实问题的交流与思考。

这封书信最重要的内容是表达对婺州当时夏季旱情严重的担忧，并就一些具体问题提出了建议。陈亮之所以向朱熹谈论这样的事情是因为"秘书又适当此一路",指朱熹新上任提举两浙东路常平茶盐公事。提举常平官简称"提仓",北宋真宗时诸路常平仓设提举官,神宗时为推行新法,各路差提举常平广惠仓兼管勾农田水利差役事,后或废或置。南宋时,与提举茶盐官合为一职,称提举茶盐常平等公事或提举常平茶盐公事,通称"提举常平官",主要执掌本路役钱、青苗钱、义仓、赈济、水利、茶盐等事,与转运使分管财赋,并监察本路官吏。所以与旱情相关的义仓、赈济正在朱熹的管辖范围之内。两浙东路包含区域很大,属州有越州、婺州、明州、台州、楚州、衢州、温州。从陈亮在书信中的表述来看,当年的旱情十分严重,"一春雨多,五月遂无梅雨。池塘皆未蓄水,亦有全无者;麦田亦有至今全未下种者"。在这样的情况下,陈亮认为,如果旱情能够缓解,秋来收成尚好,那么朱熹向朝廷提出转任、辞任的要求应该能实现,但形势如此严重,在灾情解决之前恐怕不仅不容求去,责任会更加沉重,所谓"更被殃榜"。而且形势还在不断恶化,婺州不仅干旱,还有疫情,有的人家一连死去好几人,仅剩幼儿;衢州米价已经严重上涨,并可能波及婺州。鉴于如此严峻的现实,陈亮作为婺州本地人,从熟悉地方情况的角度出发,提出了两点建议。一、留任务实能干的官员。在书信中特别点出当时婺州的一位姓赵的通判,认为此人做事能奔走上下不遗余力;简约亲民,凡民众有所请求,大多能予以满足;追求实效,富有实干精神;所以陈亮强烈建议留任此人,并谈到如何与朝廷交涉以实现留任赵通判的目的,能够看出他对州中事务关切之情。二、救灾之事应早作筹划。否则随着旱情日益严重、疫病流行,不做准备容易临事应对失措。这两点建议对于初涉两浙东路事务的朱熹来说,应该是具有重要参考价值的,因为这些情况来自亲历者的直接观察。而朱熹也确实接受了这两点建议,后来向朝廷奏请留任婺州通判赵善坚,同时也积极筹划赈济之事。

　　陈亮在提出建议之后，认为天下大计必然求成于处在高位能力卓越之人，所以自"秘书何以处之"开始连续发问，表现出急切之情。"虑者不当而当者不虑，是岂天下之事终不可为乎，亦在其人而已矣"，则对朱熹表现出极大的期望。之所以如此，是因为朱熹在来两浙东路之前于淳熙六年（1179）三月开始，担任南康军知军，上任之后在第一道榜文之中就宣布要宽民力、敦风俗、砥士风，也切实按如此施政大纲去行动。尤其在宽民力方面，他做过很多努力，多次上书要求减免多如牛毛的非法无名赋税，减免部分秋苗上缴的数量，减少免役钱的征收。但是，这些奏请朝廷多数不予理睬，朱熹在减轻民众负担方面处处受到限制，只有一项事情颇见成效，就是荒政。淳熙七年，南康军遇到了少有的旱灾，从五月到七月一军之境滴雨未下，土地龟裂，禾苗焦枯，百姓人心惶惶。朱熹在给弟子黄干的信中描述过灾情状况："此间今年枯旱可畏，有弥望数十里而无一穗之可收者。恶政所招，无可言者，然不敢不究心措置。"（《答黄直卿》书三，《晦庵续集》卷一）面对来势凶猛的灾情，朝廷也不得不让步，朱熹部分地实现了原来被漠视不理的各种减免赋税的举措，并采取从外郡筹措粮米，奏请将转运、常平两司所管的常平义仓米用来应付军粮供给，设立赏格劝谕上等富户助赈，多方招徕客商贩米到南康等多种措施。但是过程并不顺利，他不得不同各级大小官员周旋，出入于宰辅、监司、郡守之间，以及动用同朝中参政周必大、江东帅陈俊卿、提举颜鲁子、提举尤袤、转运判官王师愈等人的私人关系，加上强有力的执行措施，才得以尽可能多地筹集到了赈济所需物资。淳熙八年正月，在南康军星子县设场7处、都昌县设场11处、建昌县设场17处，从元旦开始赈粜，到闰三月十五日收场，使饥民度过了年关与春耕前后青黄不接之时。朱熹这样的举动与达成的效果，与当时欺上瞒下、中饱私囊的庸贪官员的怠政恶政形成了鲜明对比，不仅让对他上书的尖锐言辞颇为愤怒的皇帝以及不喜欢他理学论调的一些官员刮目相看，也为他在普通士大夫及民众中间赢得了良好政声。江西诗人赵蕃写诗道："赈米多虚上，蠲租岂尽损。处心诚昧己，受赏更欺天。""敢谓皆如此，其间盖有贤。大江分左右，万口说朱钱（谓南康朱熹元晦使君，江西钱佃仲耕运使）。"（《春雪四首》，《章泉稿》卷二）途经南康的官员赵善括也写下了自己的感受："腾茂飞英，分忧愿，自然风力。千里静，江山改观，羽旄增色。铃下风清公事少，笔端雷动奸豪息。听宴香，深处笑声长，文章客。　丹诏自，天边得。宣室对，君心忆。趁良辰高会，履珠簪碧。和气回春征酝酿，政声报最惟清白。看挥毫，万字扫云烟，吴笺湿。"（《满江红·坐间用韵赠朱守》，《应斋杂著》卷六）朱熹之所以能达到政声"最惟清白"的状态，是因为尽心竭力投入到了拯救民众的行动中。在处置灾情的几个月中，他写了数以百计的奏状、札子、榜文、布告等，故而具有"笔端雷动奸豪息"的效果。朱熹制定的救荒措施也比较周密，这套办法也被推行到了其他州郡，"臣昨任南康日，适值旱伤……本路提举常平尤袤遂以其法行之诸郡。其利甚溥。近日经由信州，则闻玉山一县亦得检官如此措置。"（《辛丑延和奏札》书三，《晦庵集》卷十三）"朱熹知南康，讲荒政，下五等户租五斗以下悉蠲之，袤推行于诸郡，民无流殍。"（《尤袤传》，《宋史》卷三八九）朱熹处理荒政有成例在前，故可明白陈亮期盼他有所行动的热切心情。

此外，陈亮在信中提到自己所著的《杂论》，今天的文集里边，并没有"杂论"的部分，但也有可能收入文集时篇名作了更改。这次寄信时抄录了5篇附信寄去，陈亮在一定程度上清楚自己的学术取向与朱熹不是很契合，所以信中直接提到"恨举世未有肯可其论者"，"其论亦异矣"，表达自己对于别人提出批评意见已有心理准备，同时也表明此前应该就相关问题与别人探讨过，但得到的赞同并不多，所以希望与朱熹继续讨论。提到"余五篇乃是赏罚形势，世卿恩旧"，以此推测这10篇总体上都是谈论与国事朝政相关的内容的文章。虽然余下未寄的5篇陈亮认为"尤与世论不合"，但从语意推断他随后还是会寄出，并言"独恐秘书不以为异耳"，希望在朱熹这里得到理解与认同。这一句在表达"疑义相与析"期望的同时也表现出对友情的信赖之感。结尾处，陈亮讲到自己为生徒讲授《论语》因感慨"才难"而引发的一些思考，"自古力足以当天下之任者，多只一个两个，便了一世事。超世迈往之才，岂可以人人而求之乎！"既是思考所得，亦未尝不有一种"我辈当懂此道""我辈似可为此道"的豪迈情怀在里边，也似有若无地传达了对朱熹暗中推重的意味，在表面轻松的笔调中，却是大有深意。结尾因"才难"的思考联想到书院中为学生出的策论题目，自己依前边所想作破题立意之句——"圣人不以才难而废天下之大政，亦不以任重而责天下之常才"。这两句切中策论题目之要害，警拔而有文采，陈亮自己应该很满意，放在此处既表示谦虚就正于方家，亦表现自己的巧思，"以共发五百里之一笑"又与开头表达友情的期望形成照应，在轻松的氛围中收束，恰切自然。

这封书信文采斐然，既能谈学论文，又能商讨实务；既有知己之情，又有尊敬之情，复有友人之间的轻松笑谑，且在谈笑间又能暗示对于对方的推重，这的确不是一般人笔力、思维所能达到的境界。

又癸卯秋书①

◎解题

　　这封书信与上一封间隔时间较长，前后一年多。由信的内容可知，陈亮忙于修建房屋，十分忙碌，故而没有继续之前的一些话题的讨论，曾相约见面的事情也自然没有成行。之所以隔这么久又突然写信，实际上是迫于现实情况，朱熹巡历两浙东路所属州府时，除赈灾事务之外，格外注意监察官吏治绩，弹劾多人，其中产生最大影响的是弹劾台州太守唐仲友。朱熹前后6次上章，引发官场震动，出现复杂的人际关系的周旋及官场的明争暗斗。在这个过程中，陈亮这个局外人竟也被舆论牵扯其中，这封书信核心意旨就在于表明自己对于此次事件的态度及真实想法。

　　自去年七月三日得教答之后，不惟使车入丹丘[1]，亮亦架数间泼[2]屋，自朝至暮更不得头举，况能相从于数百里之外乎！徐子才[3]云"须赶到缙云相从"者，盖意其如此也。开岁犹未毕工，又复理会些什物之类，凡五阅月亦未得了。盖亮已为一世所弃，只得就冷处自讨个安乐道路，以故久久不得拜起居之问。每空闲时，复念四方诸人过去见[4]在，如秘书方做得一世人物。伯恭钦夫[5]敏妙固未易及，然正大之体，挺特之气，竖起脊梁，当得轻重有无，独于门下归心而已。徐羡之风度凝重，犹足以压倒谢傅诸人，况不

_____

①癸卯：淳熙十年（1183）。

为羡之者乎！[6]春间尝欲遣人问讯，不果，漏逗[7]遂至今日，良可一笑。几番意思闷顿时，欲裹包相寻于寂寞之滨，又复牵掣而止，尊仰殆不胜情。即日秋气澄清，伏惟燕居[8]有相，台候动止万福。

[1] 丹丘：神话中神仙居住之地，昼夜长明。语出《楚辞·远游》："仍羽人于丹丘兮，留不死之旧乡。"后孙绰《游天台山赋》："仍羽人于丹丘，寻不死之福庭"，后遂多以"丹丘"指天台山，并指代所在之台州。　[2] 泼：詈词，含有卑贱、可恶等意义，此处表示自谦。　[3] 徐子才：徐木，字子才，乾道二年（1166）进士，永康人，与陈亮为友。　[4] 见：通"现"。　[5] 钦夫：张栻（1133—1180），字敬夫，后避讳改字钦夫，又字乐斋，号"南轩"，学者称"南轩先生"，汉州绵竹（今属四川）人，南宋初期学者。其学自成一派，与朱熹、吕祖谦齐名，时称"东南三贤"。　[6] 徐羡之（364—426）：字宗文，东海郡郯县（今山东郯城）人，刘宋开国功臣。《宋书·徐羡之传》："羡之起自布衣，又无术学，直以志力局度，一旦居廊庙，朝野推服，咸谓在宰臣之望。沉密寡言，不以忧喜见色。"谢傅：指谢晦（390—426）、傅亮（374—426），二人均为南朝宋开国功臣，与徐羡之同为宋武帝刘裕遗诏所确定的辅政大臣。　[7] 漏逗：拖延。　[8] 燕居：也作"宴居"，退朝而居，闲居。《国语·楚语上》："临事有瞽史之导，宴居有师工之诵。"

台州之事[1]，是非毁誉往往相半，然其为震动则一也。世俗日浅，小小举措已足以震动一世，使秘书得展其所为于今日，断可以风行草偃。风不动则不入，蛇不动则不行，龙不动则不能变化。今之君子欲以安坐感动者，是真腐儒之谈也。孔子以礼教人，犹必以古诗感动其善意，动荡其血脉，然后与礼相入[2]；未"兴于诗"而使"立于礼"，是真嚼木屑之类耳。况欲运天下于掌上者，不能震动，则天下固运不转也。此说虽毚[3]，其理却如此。《震》[4]之九四有所谓"震遂泥"[5]者，处群阴之中，虽有所震动，如俗谚所谓"黄泥塘中洗弹子"耳，岂有拖泥带水便能使其道光明乎！去年之举，《震》九四之象也。以秘书壁立万仞，虽群阴之中亦不应有所拖带[6]。至于人之加诸我者，常出于虑之所不及，虽圣人犹不能不致[7]察。奸狡小人，虽资[8]其手足之力，犹惧其有所附讬[9]，况更亲而用之乎！物论皆以为凡其平时乡曲之冤，一皆报尽，秘书岂为此辈所使哉，为其阴相附讬而不知耳。[10]既为此辈所附讬，一旦出于群疑之上而有所举措，岂不为其拖带乎！况更好人恶人，皆因其平时所不快而致其拖带之意，[11]秘书虽屹然为壁立万仞之举，固不能使其道光明矣。二家各持一论，惟亮此论为甚平，未知秘书以为如何？或更谓未然，不惜一往复其论也。

[1] 台州之事：指淳熙九年（1182），朱熹担任提举两浙东路常平茶盐公事官职期间，巡历所部，涉台州境，民诉太守唐仲友，因至台州，查其违法事实较多，奏劾前知台州唐仲友不法。因唐仲友交游广泛，且为时任宰相王淮姻亲，事情前后论辩调查经历较长时间，朱熹多次上章，影响较大，后唐仲友被免除江西提点刑狱的任命。　　[2] 句意为：（通过诗歌感动其情志）然后与礼的规则相合而（发挥作用）。相，共同，一起。入，合乎，合于。　　[3] 麄：同"粗"。　　[4] 震：《周易》六十四卦之一，象征雷。　　[5] 震遂泥：《易·震》九四爻的爻辞。《象》曰："震遂泥"，未光也。遂：通"坠"。此处陈亮引《易·震》中所言物象情境，比况朱熹巡历台州弹劾唐仲友之事，认为"虽有所震动"，但不免"拖泥带水"。　　[6] 拖带：连带，附带，此处指因事受到周围人的牵连影响。《周易注疏》云："处四阴之中，居恐惧之时，为众阴之主，宜勇其身，以安于众，若其震也遂，困难矣。"此处陈亮谓以朱熹这样行事正大光明之人，虽处复杂困难的境况中，亦不应被周围的情况影响。[7] 致：给予，予以。《晋书·山涛传》："今致钱二十万。"　　[8] 资：凭借。柳宗元《封建论》："资以胜殷。"　　[9] 附讬：依附请托。　　[10] 句意为：舆论认为凡是唐仲友先前在台州（所造成）的各种冤枉之事，（相关之人这次）都报尽了他们的怨恨，您怎么会被这些人所指使呢？（只不过）是被他们暗中依附而没有察觉罢了。物论：舆论。《晋书·谢安传》："物论以玄勋望，宜以授之。"乡曲：偏僻的地方，引申指乡里。使：支配，役使。[11] 此处两句意为：何况更有好人恶人（错杂出现于其间），都因为平时所遭遇的不快之事而表达他们附会影响的意见。致：表达，传达。

　　已往之事，正不足多论。盖谓事会之来未有终极，秘书虽决意草野山岩之间，政恐缓急依旧被牵出来，无可辞之处耳。刘越石一世豪杰，乃为令狐盛所附讬[1]。方知孔子所谓"远佞人"[2]者，是真不可不远也。如亮已为枯株朽木，与一世并无所关涉，惟于秘书不敢不致其区区[3]耳。

[1] 刘越石：刘琨（270—318），字越石，中山魏昌（今河北无极）人。晋朝政治家、军事家，西汉中山靖王刘胜之后。句意为：刘越石一世豪杰，却被令狐盛所依附影响。据《晋书·刘琨传》记载，刘琨任并州刺史时重用精通音律的河南人徐润，润恃宠骄恣，干预军政，刘琨麾下奋威护军令狐盛生性亢直，数以此为谏，并劝刘琨除去徐润，刘琨不听。后令狐盛因徐润诋毁被刘琨所杀，令狐盛之子令狐泥投奔刘聪，刘聪遣令狐泥等统兵攻晋阳，刘琨败走，父母被杀。考上下文之意，此处"令狐盛"似应为"徐润"，因史书中所载"徐润"为奸邪小人，应属用典有误或错写人名。　[2] 远佞人：疏远善以巧言献媚的人。语出《论语·卫灵公》。　[3] 区区：诚挚貌，亦指诚挚的情意。

　　且如东阳之事[1]，此岂可放过？但当时有人欲在中附讬，亮既为人之客，只应相劝，不应相助治人，合在秘书自决之，却因一停房人而治之[2]，此于事理尤不可，又宁是当时为人所附讬耳[3]。亮之本意，大抵欲秘书举措洒然，使识与不识皆当其心而无所不满，岂敢为人游说乎？[4]是真相期之浅，此人虽幸免，卒为天所杀，今世烦天者多矣。亮平生不曾会说人是非，唐与正乃见疑相谮[5]，是真足当田光之死矣[6]。然穷困之中又自惜此泼命，一笑。亮方整顿室宇、什物就绪，且更就南边营葺小园，架数处亭子，遂为老死田间之计，不敢望今世之见知见恕也。秋初得潘叔昌[7]柬，言秘书疑某见怪，某非多事者，秘书又作此言，亮真无所望于今世矣。

[1] 东阳之事：即指弹劾唐仲友之事。考上下文意，应是陈亮与朱熹相识，当时有人因唐仲友之事托陈亮代为说情。唐仲友为婺州金华人，乡里故旧极多，且唐仲友之兄唐仲义与陈亮为连襟，请托之事应在情理之中。

[2] 句意为：却因为有众多的人聚集（反映意见）而处置这件事。停：积聚，引申为积聚、集结不散的样子。陆机《赠尚书郎顾彦先》（其二）："停阴结不解，通衢化为渠。" 　　[3] 句意为：又哪里是当时接受了别人的托付与请求呢？ 　　[4] 句意为：我的本意，大致是希望秘书您处置（这件事）畅快洒脱，使相识与不相识之人都合心意而无不满之处，哪里敢为人游说呢？ [5] 句意为：唐与正却怀疑我在您面前诋毁他。唐仲友（1136—1188）：字与政，号悦斋。见疑：怀疑。谮：说别人坏话，毁谤。 　　[6] 句意为：是真的要像田光一般以死表明心迹了。田光（？—前227），战国时期燕国处士，学识渊博，智勇双全，素称"燕国勇士"。为燕太子丹谋划刺杀秦王，并举荐了荆轲，为不使太子丹疑其泄事而自刎。陈亮引此事比况自己内心与行为皆光明磊落，却被人无端怀疑。 　　[7] 潘叔昌：潘景愈，生卒年不详，字叔昌，吕祖谦门人。

◎研读

朱熹担任提举两浙东路常平茶盐公事后，淳熙九年（1182）春正月，开始巡历绍兴府属县、婺州、衢州，因提举官有监督官员的职责，朱熹在巡行的过程中凡是了解到官员有舞权弄弊、欺上瞒下、扰民害民情形者，就予以揭发弹劾，前后奏劾多人。有绍兴府指挥使密克勤，此人被派往平江府（今苏州）押运赈济所用米粮，返浙后运送到上虞、新昌、嵊县交卸赈济粮食，但朱熹到嵊县后发现其押运交割的一万三千石大米，其中拌和糠泥，不仅如此，还用小斗斛量米给灾民。朱熹亲自抽样检查，一石米就少九升，一斗米中可以筛出泥土一升二合、糠一升一合，折合缺米数达到四千一百六十石，以次充好偷盗官米情节严重，不可饶恕，随后将其人拘管下狱听候发落，希望朝廷对此人从重处罚，并下令绍兴府严查追回所盗米粮以备赈济。朱熹之所以如此愤怒是因为"嵊县一带，饥饿之民赢困瘦瘠，宛转道路，呼号之声不可忍闻，其不免于死亡者，已不胜计"（《奏绍兴府指使密克勤偷盗官米状》，《晦庵集》卷十六）。

衢州太守李峄，其主要罪责是淳熙八年遭水灾，但试图隐瞒，不以实际情况向上汇报，等到被转运司访查得到实情，反而执意称并无水灾，而他的亲戚有在朝为官者，为他开脱，其后未有定论；本年度发生旱灾，向上报告又妄自隐瞒实际情形，说民众并不缺粮食，也没有流离失所，考察其属县的情形，并不符合实际，常山县受灾八分，却只作一分六厘减放；开化县遭受的灾情不减常山，仅按一厘一毫检放，朱熹巡视不仅看到去年水痕犹在，今年贫民"采取蕨根以充饥肠，羸瘦菱黄，非复人貌，岁前雨寒死亡已多"，"而李峄恬然，略不加恤"，只知道一味搜刮乡县，"督责财赋，急如星火"（《奏衢州守臣李峄不留意荒政状》，《晦庵集》卷十七），希望朝廷处置。奏劾衢州原监酒库张大声、龙游县丞孙孜检放不实，本来让他们去探查灾情，结果二人只知唯李峄马首是瞻，希其隐瞒灾情美化政绩之旨，将严重灾情轻描淡写。灾民得不到应有的救助，还得缴纳官府各种杂赋，"致被灾人户困于输纳、追呼、监系、决罚之苦，流移四出，而贫下之民无从得食，岁前寒雨死亡甚众"（《奏张大声孙孜检放旱伤不实状》，《晦庵集》卷十七）。朱熹希望朝廷对两人重赐黜责，作为欺下罔上、慢法害民者之戒。朱熹二月返回绍兴府，七月第二次出巡。奏劾江山县知县王执中不称职，通过考察江山县的情况，认为王执中为人庸谬，不堪担任地方要职，同时通过民众的言论、诉辞及臣僚所奏关于江山县饥民的事情，更多地了解到王执中怠慢不称职的状况，完全不适合担任知县职务，希望予以罢黜。奏劾宁海县知县王辟纲，该县人口流移，朱熹自到任就在询问这件事，到他巡察之时，流移人户已有千余口，知县却恬然不知，毫不体恤下情，没有向上级汇报任何情况，希望朝廷罢免这样不称职的官员。在一系列奏劾中，对于前台州太守唐仲友的弹劾力度最大，因其违法乱政的事实不仅众多，且情节恶劣，涉及范围亦广。

唐仲友，字与政，号悦斋，浙江金华人，绍兴二十四年（1154）

进士。因倡导经制之学与金华学、永嘉学、永康学并行于浙东，在当时也产生较大影响。其父唐尧封官至五品龙图阁朝散大夫，清德有直声，其兄唐仲温、唐仲义也均进士及第。其出身家族属于中上层仕宦之家，且有读书传统，唐仲友比他两位兄长中进士时间要早，说明这个人十分聪明，但就是这样一个少年得志的才子走入仕途之后，却成为贪腐狠苛的官员，聚敛财富、结党谋私无所不用其极，其曾任信州太守，因《信州志》失传，其间作为不得而知，移任台州之后，与本乡距离较近，姻党亲族遍布，逐渐编织了一个巨大的贪腐网络，而且因与宰相王淮是同乡，且其弟妇为王淮之妹，王淮遂成为其在政治上的靠山，让他更加为所欲为。其贪污残民之举本来可能在上行下效、官官相护的泥沼中消匿于无形，但遇上了朱熹巡行浙东，且在灾伤之年，朱熹更加注重考察官员赈济扶助百姓的效果，是以其罪行被彻底揭露。朱熹未到台州时，路上就遇到为躲避官府催逼租税的台州流民，且风闻唐仲友不法之事，"催督税租委是刻急，多差官吏在县追呼……民不聊生。又闻本官在任，多有不公不法事件，众口谨哗，殊骇听闻"（《按知台州唐仲友第一状》，《晦庵集》卷十八）。进入台州天台县，有民众拦道陈诉，朝廷要求八月收足的税额，唐仲友不顾民众死活，要求六月底以前完成。而且要连淳熙七年（1180）、八年所欠官物一并征收，"节次差下承局、禁子等人络绎在道，乞觅骚扰，无所不至"（《按唐仲友第二状》，《晦庵集》卷十八）。朱熹到达台州后，开始细致追查，结果让人震惊。在后续的四封奏状里，将唐仲友的贪腐罪行渐次揭露，主要包括：收缴糙米，多取合耗；未能及时缴纳糙米者则要折合交钱，但价格高，百姓无奈贱价粜米，多交钱给官府；灾荒之年，登记各县须要赈济的民户不实，散给未尝周遍；公使库不准卖酒，但唐仲友不仅同意贩卖，还将大半收入私吞；公使库收入，按例可以支付现任官员逐月供给及宴会等花费，唐仲友将籴本库钱拨入军资库，由军资库转入公使库，巧立名目做各种支出，而且其委任管理公使库的官吏也妄自支用；所收官赋，不缴纳于上级或各库的部分就另立名目使用；很少上堂处理公务，民众诉讼审断的结果多自内宅传出，任由子弟亲信舞权纳贿；用官钱雕刻书板，却发回自家书坊印书牟利；在其乡里所开的店铺有垄断部分商品贩卖之事；违法招刺厢兵；伪造会子，并藏匿伪造官会者；纵容亲信违法乱纪，典型者如曹格，为其长子妻家亲党，其人凌辱同僚、殴打属官、招权纳贿无所不为；纵容子弟干涉公务，收纳贿赂；其父子与营妓交往，送予官中钱物，其中一些人也成为纳贿的帮手；用官费建造浮桥，造成之后设卡收钱；非法处罚民户，勒索钱财；被查之后藏匿公库账簿；挟私报复，如原江东提刑郑槐，曾按劾唐仲友罪状，后来寄居台州，唐仲友到任后怀恨不已，不支俸钱且百端凌辱，以致郑槐饮气身死；等等。以上仅举出朱熹书状中谈到的主要事项，其他事项尚多，而且朱熹翻查郑槐以前的奏状，发现种种不法事迹，无异于今。"足以见其贪纵刻薄本于天资，而长恶不悛，日增月益，以至于今，遂肆然为无所忌惮之意，上欺君，下虐民，而专以陛下付千里刑赏之柄为立威取货、娱悦妇人之具。"（《按唐仲友第四状》，《晦庵集》卷十九）朱熹当时就担心，朝中有姻党，且在台州及金华各处遍布亲信的唐仲友被查之后必上下勾结逃避惩处，"臣伏见仲友本贯婺州，其亡弟之妻王氏见随仲友同在郡舍，仲友近日又为吏部尚书、侍御史所荐，而其支党共为贪虐之人，又皆台省要官子弟亲戚。况仲友为人阴狡有素，事穷势迫，干求请托，何所不为？窃虑以此之故，党援众多，曲为掩蔽"（《按唐仲友第五状》，《晦庵集》卷十九）。事情果然如此发展，唐仲友不仅将其亡弟妻即王淮之妹请到台州坐镇，而且极力四处活动。朝中有王淮为其周旋，而士林中关于朱唐之争有多种说法，不能说其中没有唐仲友及其党羽散播不实言论的因素，导致一次弹劾贪官的行动，其原因被演绎出多个版本。

　　束景南《朱子大传》对此作了归纳：第一种是认为唐仲友与吕祖谦在学术上对立不合，结下怨仇，朱熹偏向吕祖谦，所以奏劾唐仲友。这一记载见《吹剑录外集》，但朱熹6次奏劾毫不涉及吕唐交往之事，可见此说没有依据。第二种认为唐仲友与陈亮有嫌隙，唐仲友嘲笑陈亮学问粗疏，两人争夺色妓，陈亮情场败北，向朱熹进谗言，导致朱熹严查唐仲友，此说见于《齐东野语》。同《齐东野语》说法不同但更具体的是《林下偶谈》，提到唐、陈交恶实际较早，乾道七年（1171）唐仲友曾担任太学公试官，陈亮这一年在太学，因考试产生龃龉。第三种说法是认为高文虎挑拨离间，趁机进谗言，朱熹受他迷惑而弹劾唐仲友。《林下偶谈》中提到过高文虎，当时担任台州通判，才不如唐仲友，唐仲友亦颇轻之，二人关系不佳很自然。说朱熹受到高文虎的影响也属无稽之谈，朱熹在到达台州认识高文虎以前，已向朝廷提交了两封奏状。朱熹奏劾唐仲友的材料大量得自当事人的口供、检举、查到的簿记等，作为通判的高文虎应该也提供了一些检举内容，但从其作为一州副职的身份出发，也不可能提供太多。第四种说法是认为唐仲友主苏学，朱熹主程学，所以奏劾唐仲友，此说见《四朝见闻录》，这种说法也有硬伤，且不说唐仲友擅长的是经制之学，并不主苏学，就是从朱熹来说也不至于卑劣到因反对苏学而给人罗织罪名发泄私愤。

　　由如上多种说法，就可以明白陈亮所说："台州之事，是非毁誉往往相半。"严查唐仲友这样的贪官，百姓自然欢迎，所谓"物论皆以为凡其平时乡曲之冤，一皆报尽"，但"毁誉相半"自然因为劾唐之事上下牵涉人员事务众多，所以扰攘嘈杂各执己见，此事当时应是士大夫群体中的热门谈资。且唐仲友如此贪墨，树敌必多，当时亦必不乏想借朱熹之手惩唐之人，即陈亮所论："至于人之加诸我者，常出于虑之所不及"，"秘书岂为此辈所使哉，为其阴相附托而不知耳"，所以才出现了各种捕风捉影的请托之说，陈亮就成了这种由猜测附会产生的故事的主角之一，被指责向朱熹进谗言。作为被动的"当事者"，陈亮觉得自己有必要澄清事实，所以写了这封信。在谈到众说纷纭之后，对朱熹六劾唐仲友表示赞成与推重，指出在当时形成了很大的"震动"，自然先是对浙东官场的震动，其次也是对朝廷的震动。最后则清楚表明自己的立场，以及在此事件中为何会被附会牵涉的原因。陈亮承认有人托他求情，因为陈亮与唐仲友之兄唐仲义是连襟，唐仲友之妻也姓何，多半也来自何氏家族，所以弹劾事情发生后，唐家、何家必然要托陈亮出面求情。陈亮一则本与唐仲友关系不睦，二则有士林公论，三则因与朱熹交往也更熟悉朱熹的性格，自然不会接受请托，而是采取了"只应相劝，不应相助治人，合在秘书自决之"的立场，没有为唐家、何家游说，这样的态度唐、何两家当然不满意，所以陈亮觉得委屈："亮平生不曾会说人是非，唐与正乃见疑相谮，是真足当田光之死矣。"朱熹在回信中称赞他这种中正持平的态度："附托之戒，敢不敬承……盖意老兄上未及于无情，而下决不至于不及情，是以疑其未免乎此。今得来谕，乃知老兄遂能以义胜私如此，真足为一世之豪矣。"（《答陈同甫》书三，《晦庵集》卷三十六）本来激烈的官场大戏最后在王淮这种老奸巨猾官僚的周旋中被大事化小。王淮没把朱熹讲论最为分明的二、三、四状递给皇帝，而是把简要谈论催逼税赋的第一状和唐仲友自辩状交给皇帝，造成了"唐苏学、朱程学""秀才争闲气"的假象，最终让唐仲友免于责罚，而朱熹则上章求去。朱熹追查处置贪官的努力付诸流水，今弹劾奏章俱在，后人可自辨是非，即在当时士林也有公论，陆九渊在写给别人的信中评价此事："朱元晦在浙东，大节殊伟，劾唐与正一事，尤快众人之心。百姓甚惜其去，虽士大夫议论中间不免纷纭，今其是非已渐明白。"（《与陈倅》，《象山集》卷七）这件大案落幕的方式令人遗憾，但陈亮、朱熹两人倒因为这一件事对对方的了解更为深入。

又甲辰秋书^①

◎解题

　　陈亮生平遭遇两次牢狱之灾，第一次便是在写此信之前的淳熙十一年（1184）春末三月。这次经历对他产生不小震动，在狱中必也备受煎熬，思虑万千，但陈亮不是柔懦之人，他并没有把自己的经历写成哀伤怨愤的诗文，今存文集中并不见此类文章与词作。倒是在写给朱熹的这封信中，他在前半段慨叹遭遇颇写了几笔身世之感，并写与吕祖谦的往来，以驳正朱熹来信中所谈到的世俗一般看法，认为并不符合他与吕祖谦交往的实际情况。在此之后，则针对朱熹四月间来信中的一些观点展开论辩，可以说这是陈朱正式开始论辩的第一回合。

　　五月二十五日，亮方得离棘寺^[1]而归，偶在陈一之架阁^[2]处逢一朱秀才，云方自门下来，尝草草附数字。到家始见潘叔度^[3]兄弟递到四月间所惠教，发读恍然，时犹未脱狱也。讯后遂见秋深，伏惟燕居有相，台候动止万福。

　　[1] 棘寺：大理寺的别称。陈亮当年春末三月因人诬告被捕入狱，五月被释。　[2] 陈一之：未详。架阁：指架阁库官。架阁库：宋时储藏账籍文案资料的机构。　[3] 潘叔度：潘景宪（1134—1190），字叔度，金华（今属浙江）人，隆兴元年（1163）进士。从学于吕祖谦。

---

　　①甲辰：淳熙十一年（1184）。

180

比[1]过绍兴，方见《精舍杂咏》所谓《棹歌》者[2]，自宇宙而有兹山，却赖羊叔子以发泄其光辉矣[3]。恨不得从容间以听余论，略分山水之余味以归，徒切健仰而已[4]。韩记、陆诗亦见录本，深自叹姓字日以湮没，笔力日以荒退，不能以言语附见诸公之后尘，为可愧耳。张果老下驴儿，岂复堪作推磨用？[5]已矣[6]，无可言者。司马迁有言："贫贱未易居，下流多谤议。"[7]因来教而深有感焉[8]。亮之生于斯世也，如木出于嵌岩嶔崎之间[9]，奇蹇[10]艰涩，盖未易以常理论。而人力又从而掩盖磨灭之，欲透复缩[11]，亦其势然也。

[1] 比：近来。《后汉书·光武帝纪下》："比阴阳错谬，日月薄食。" [2] 《精舍杂咏》（十二首）、《棹歌》（十首）是朱熹为武夷精舍建成所作的两组诗。 [3] 羊叔子：羊祜。《晋书·羊祜传》："祜乐山水，每风景，必造岘山，置酒言咏，终日不倦。尝慨然叹息，顾谓从事中郎邹湛等曰：'自有宇宙，便有此山。由来贤达胜士，登此远望，如我与卿者多矣！皆湮灭无闻，使人悲伤。如百岁后有知，魂魄犹应登此也。'"岘山因羊祜之语而闻名天下，《棹歌》主要写武夷溪山景致，陈亮借此典赞武夷山水风景会因朱熹之作而更闻名于世。 [4] 切：深，甚。《北史·袁充传》："在位者皆切患之。"健仰：非常羡慕，非常仰慕。 [5] 此处自谦年纪老大而无用。 [6] 已矣：罢了，算了。 [7] 语出司马迁《报任安书》，原文作"负下未易居，下流多谤议"，言戴罪被辱的处境不容易安生，地位卑贱的人往往被人诽谤和议论。陈亮因遭人诬陷而有牢狱之灾，故引此言表达自己的心情与所处的状态。 [8] 参看附录朱熹第四、第五封答书。 [9] 嵌（kàn）：险峻貌。嶔（qīn）：高峻貌。 [10] 蹇：不顺利，困苦。 [11] 句意为：想要有所突破而又不得不收缩退隐。

亮二十岁时，与伯恭同试漕台[1]，所争不过五六岁[2]，亮自以姓名落[3]诸公间，自负不在伯恭后。而数年之间，地有肥硗[4]，雨露之养，人事之不齐，伯恭遂以道德为一世师表；而亮陆沉[5]残破，行不足以自见于乡闾[6]，文不足以自奋于场屋[7]，一旦遂坐于百尺楼下，行路之人皆得以挨肩叠足[8]，过者不看，看者如常，独亮自以为死灰有时而复然也[9]。伯恭晚岁亦念其憔悴可怜，欲拉拭而俎豆之[10]，旁观皆为之嘻笑，已而叹骇，已而怒骂。虽其徒甚亲近者，亦皆睨视不平，或以为兼爱太泛，或以为招合异类，或以为稍杀其为恶之心，或以为不遗畴昔雅故。[11]而亮又戏笑玩侮[12]于其间；谤议沸腾，讥刺百出，亮又为之扬扬[13]焉以资一笑。凡今海内之所以云云者，大略皆出于此耳。[14]

[1] 漕台：指"漕试""漕举"，宋代科举解试方式之一，即转运司试。宋仁宗景祐年间，命各路转运司类试现任官员亲戚。此后形成制度，由转运司类聚本路现任官所牒送随侍子弟和五服内亲戚，以及寓居本路士人、有官文武举人、宗女夫等，举行考试，试法同州、府解试，漕试合格，即赴省试。 [2] 所争不过五六岁：吕祖谦年长陈亮6岁。 [3] 落：位于，处于。李白《流夜郎赠辛判官》诗："风流肯落他人后？" [4] 硗（qiāo）：通"墝（qiāo）"，土地瘠薄。 [5] 陆沉：比喻埋没。黄庭坚《次韵答张沙河》："丈夫身在要勉力，岂有吾子终陆沉？" [6] 乡间：乡里。 [7] 场屋：指科场，科举考试的地方。 [8] 挨肩叠足：肩挨肩脚碰脚，形容十分拥挤。这里用以比喻说明自己科举考试不利，社会地位没有改善，杂处于众人之间。 [9] 死灰有时而复然：然通"燃"，"死灰复燃"比喻失势的人重新得势，语出《史记·韩长孺列传》。 [10] 拉拭：擦拭，此处比喻安慰勉励。俎豆：祭祀，崇奉，此处比喻吕祖谦对自己的看重与礼遇。 [11] 句意为：虽然他的弟子朋友中很亲近的人，也都对（伯恭善待我）这件事旁观表示不平，有的认为伯恭仁爱之施太过宽泛，有的以为他招揽聚合学术相异之人，有的以为这样可以略微消除其（按：此处"其"指陈亮自己）作恶（按：此处指宣扬不同的学术观点）的想法，有的以为伯恭这样做是因为没有忘记早年交情的缘故。 [12] 戏笑玩侮：此处指对别人的不理解轻视、毫不在意。玩侮：轻慢不恭。 [13] 扬扬：自若貌。 [14] 句意为：现在社会上一般流传的关于我的各种议论，大概都出于这样一些观点。

伯恭晚岁于亮尤好，盖亦无所不尽，箴切诲戒[1]，书尺具存[2]。颜渊之犯而不校[3]，淮阴侯之俛出胯下[4]，俗谚所谓"赤梢鲤鱼，虀瓮可以浸杀"[5]，王坦之以为"天下之宝当为天下惜之"[6]，所谓克己复礼[7]者，盖无一时不以为言[8]。亮不能一一敬遵其戒则有之，而来谕谓"伯恭相处于法度之外，欲有所言，必委曲而后敢及"，则当出于其徒之口耳。[9]

[1] 箴切诲戒：规劝责备教诲告诫。　[2] 书尺：即书信。具：通"俱"，都。　[3] 颜渊（前521—前490）：颜回，字子渊，鲁国人。孔子最得意的门生，以好学仁厚著称。犯而不校：指受到别人的触犯或无礼也不计较，语出《论语·泰伯》。　[4] 淮阴侯：韩信（前？—前196），淮阴人，西汉开国功臣、军事家，早年落魄时曾受乡里无赖子弟胯下之辱。俛："俯"的异体字。　[5] 句意为：仙家的赤鲤鱼放入腌菜的瓮中也会被淹死，比喻有才能的人会被环境所屈服。赤梢鲤鱼：赤色鲤鱼，传说中仙人的坐骑。虀（jī）：同"齑"，调味用的姜、蒜或韭菜碎末。　[6] 句意为：王坦之认为天下的人才应当为天下而爱惜他们。语出《晋书·王坦之传》，谢安喜好音律，虽在近亲丧中也不放弃声律的享受。王坦之认为这样有损德行而进行规劝，谢安不听，王以此语表明自己真诚的态度。陈亮在此引用借以表明吕祖谦对待自己的态度也如王坦之之对谢安一般，是为天下惜才而进行规劝。王坦之（330—375）：字文度，东晋名臣，桓温死后与谢安一同辅政。　[7] 克己复礼：约束自己，使言语行动都符合"礼"的要求。克：约束，克制。语出《论语·颜渊》："克己复礼为仁。"　[8] 句意为：没有一刻不以（如上提及的各种道理）讲说规劝。　[9] 句意为：我不能一一恭敬遵守他的告诫，这种情况是有的，而您来信中所说："伯恭与我交往言谈超越于儒家义理准则之外，有想要说的话，也一定以委婉曲折的方式才敢于表达。"说这种话的人一定是他的那些追随者。

如亮今岁之事，虽有以致[1]之，然亦谓之不幸可也。当路[2]之意，主于治[3]道学耳，亮滥膺无须之祸[4]，初欲以杀人残其命，后欲以受赂残其躯，推狱[5]百端搜寻，竟不得一毫之罪，而撮[6]其《投到状》一言之误，坐以异同之罪[7]，可谓吹毛求疵之极矣。最好笑者，狱司深疑其挟监司之势，鼓合州县以求赂。[8]亮虽不肖[9]，然口说得，手去得，本非闭眉合眼、矇瞳[10]精神以自附于道学者也；若其真好贿者，自应用其口手之力，鼓合世间一等官人相与为私^[11]，孰能御者？何至假^[12]秘书诸人之势，干与^[13]州县以求贿哉！狱司吹毛求疵，若有纤毫近似，亦不能免其躯矣。

[1] 致：招来，招致。嵇康《忧愤诗》："性不伤物，频致怨憎。"[2] 当路：掌权者。 [3] 治：对抗，对付。《史记·韩长孺列传》："公等足与治乎？" [4] 滥：冤屈。《洛阳伽蓝记·永宁寺》："滥死者普加褒赠。"膺：受，承受。《尚书·毕命》："余小子永膺多福。"无须：莫须有。 [5] 推：推断，推求。狱：罪，过失。欧阳修《泷冈阡表》："此死狱也，我求其生不得尔。" [6] 撮：摘取。 [7] 句意为：（被指责）犯言辞有异议之罪。坐：犯……罪，《史记·留侯世家》："孝文帝五年坐不敬，国除。"异同：反对意见，异议。《北史·尉迟迥传》："乃与群公会议，诸将多有异同。" [8] 此处两句意为：执掌刑狱的官员深疑我凭借您的势力（按：监司指朱熹，时任提举两浙东路常平茶盐公事），煽动联合州县中一些势力以谋求贿赂。挟：凭借，依仗。鼓：煽动。 [9] 不肖：不成才。 [10] 曚瞳：昏聩，糊涂。[11] 相与：共同，一起。私：私利。 [12] 假：借。 [13] 干与：过问、参与某事。

亮昔尝与伯恭言："亮口诵墨翟之言，身从杨朱之道，外有子贡之形，内居原宪之实。^[1]"亮之居乡，不但外事不干与，虽世俗以为甚美，诸儒之所通行，如社仓、义役及赈济等类^[2]，亮力所易及者，皆未尝有分毫干涉。只是口唠噪^[3]，见人说得不切事情，便喊一响，一似曾干与耳。凡亮今日之坐谤^[4]者，皆其虚影^[5]也。惟经狱司锻炼，方知是虚。然亮自念有虚形而后有虚影，不恤^[6]世间毁誉怨谤，虽可以自立，亦可以招祸。"今年取金印如斗大"，周伯仁犹以此取祸于王茂弘。^[7]自六月二日归到家，方欲一切休形息影，而一富盗乘其祸患之余，因亮自妻家回，聚众欲篡^[8]杀之，其幸免者天也。不知今年是何运数，自是虽门亦不当出矣。秘书若更高着眼^[9]，亮犹可以舒一寸气；若犹未免以成败较是非，以品级论辈行，则涂穷之哭岂可复为人世道哉！^[10]

〔1〕句意为：我口诵墨翟的学说，立身则遵从杨朱学派的做法，在外给人以经商营利的印象，实际则如同原宪一般贫穷。墨翟：墨家学派创始人，主张"兼爱"，讲究平等与博爱，与儒家的"爱有等差"相对立。杨朱：杨朱学派创始人，主张"为我"，以"存我为贵"，虽拔一毛可利天下而不为。子贡：孔子弟子，善于经商而富有。原宪：孔子弟子，一生安贫乐道，不肯与世俗合流，孔子死后，隐居卫国草泽中，茅屋瓦牖生活清苦。　〔2〕社仓：当时乡间储粮备荒的一种制度。义役：南宋应役户互助的一种方式。　〔3〕唠噪：多言，说话絮絮不休。　〔4〕坐谤：获罪，被诽谤。　〔5〕虚影：虚像，不实之像。　〔6〕不恤：不顾及，不忧虑。　〔7〕周伯仁犹以此取祸于王茂弘：指东晋周颙（269—322）与王导（276—339）之间的事情。颙，字伯仁，当王敦（266—324）发动叛乱时，刘隗劝元帝将王氏一族满门抄斩，司空王导（字茂弘，王敦堂弟）入朝请罪，待罪宫门，周颙进皇宫时王导欲托周颙求情，周颙没与他交谈，出皇宫时因饮酒醉，王导又欲与言，周颙还是没理他，且口中说："今年杀诸贼奴，取金印如斗大系肘。"王导由是衔恨。但周颙在见到皇帝及回家后上奏折，都为王导求情，王导却不知情。后王敦得势，与王导商量如何安排周颙，王导一直沉默以对，对各种任命不置可否，最终导致周颙被杀。事见《晋书》卷六十九《周颙传》。此处陈亮用此典意指自己本意本心很好但外在的言行给了别人不好的印象。　〔8〕箠（chuí）：鞭打。〔9〕高着眼：此处为高看一眼之意。　〔10〕句意为：如果仍然未免以成败论是非，以官位等级论资排辈，则英雄失路之悲又哪里能对世人讲清楚呢！涂穷之哭，即"穷途之哭"，涂同"途"。语出《晋书·阮籍传》。

李密有言："人言当指实，宁可面谀。[1]"研穷义理之精微，辩析古今之同异，原心于秒忽，较礼于分寸，以积累为功，以涵养为正，睟面盎背，则亮于诸儒诚有愧焉；[2]至于堂堂之阵，正正之旗，风雨云雷交发而并至，龙蛇虎豹变见而出没，推倒一世之智勇，开拓万古之心胸，如世俗所谓麤块大脔，饱有余而文不足者，自谓差有一日之长。[3]而来教乃有义利双行、王霸并用之说，则前后布列区区，宜其皆未见悉也。[4]海内之人，未有如此书之笃尽真切[5]者，岂敢不往复自尽其说，以求正于长者！

〔1〕句意为：所说的话当指明实际情况，岂可当面恭维。语出《资治通

鉴·隋纪六》。李密（582—619）：字玄邃，隋末唐初群雄之一。　　[2]句意为：研究穷尽义理之精深微妙，辨析古今学术之同异，探究心性之变于细微之处，讲究礼仪于分寸之间，以不断积累学识为功夫，以涵养道德为正宗，有温润之貌、敦厚之态，则我相较于当世儒者确有惭愧之处。睟（suì）：润泽，慈和。盎：洋溢，显现。《孟子·尽心上》："其生色也睟然，见于面，盎于背，施于四体，四体不言而喻。"意指道德修养高尚的人，其境界于仪态举止自有体现。　　[3]句意为：至于在气势盛壮整齐的战阵中，使军队规整严明，当两军交接之际，兵势如天宇之中风雨骤至雷电齐鸣，战策灵活运用，如长空云涌龙蛇虎豹变化出没，不拘常态。压倒凌跨当世智勇之士，开拓往古来今之心胸抱负，如同世间所谓豪放饮酒吃肉，饱腹有余而文雅不足，自认为略有超越别人之处。堂堂：强盛貌。《史记·滑稽列传》："以楚国堂堂之大，何求不得！"正正：整齐的样子。语出《孙子·军争》："无邀正正之旗，勿击堂堂之陈，此治变者也。"麤："粗"的异体字。胾：切成块状的鱼肉。差：稍，略。《汉书·车师后国传》："通玉门关，往来差近。"　　[4]句意为：而来信中有义理功利并行、王道霸道并用的提法，则我前后罗列讲说的微末想法，应该您都未能深入了解。来教：对他人来信的敬称。区区：（数量）少、（人或事物）不重要，这里谦指自己的看法、想法。　　[5]笃尽真切：指表达意见诚恳全面、清楚明白。

自孟荀论义利王霸，汉唐诸儒未能深明其说。本朝伊洛诸公[1]，辩析天理人欲，而王霸义利之说于是大明。然谓三代以道治天下，汉唐以智力把持天下，其说固已不能使人心服；而近世诸儒，遂谓三代专以天理行，汉唐专以人欲行，其间有与天理暗合[2]者，是以亦能久长。信斯言也，千五百年之间，天地亦是架漏过时，而人心亦是牵补度日[3]，万物何以阜蕃[4]，而道何以常存乎？故亮以为：汉唐之君本领非不洪大开廓，故能以其国与天地并立，而人物赖以生息。惟其时有转移，故其间不无渗漏[5]。曹孟德本领一有跷欹[6]，便把捉天地不定，成败相寻[7]，更无着手处。此却是专以人欲行，而其间或能有成者，有分毫天理行乎其间也。诸儒之论，为曹孟德以下诸人设可也[8]，以断汉唐，岂不冤哉！高祖太宗岂能心服于冥冥乎！天地鬼神亦不肯受此架漏。[9]谓之杂霸者，其道固本于王也。[10]诸儒自处者曰义曰王，汉唐做得成者曰利曰霸，[11]一头自如此说，一头自如彼做；说得虽甚好，做得亦不恶：如此却是义利双行，王霸并用。如亮之说，却是直上直下，只有一个头颅做得成耳[12]。向来十论[13]，大抵敷广[14]此意，只如太宗，亦只是发他英雄之心，误处本秒忽[15]，而后断之以大义，岂右其为霸哉。发出三纲五常之大本，截断英雄差误之几微，而来谕乃谓其非三纲五常之正，是殆以人观之而不察其言也。[16]王霸策问，盖亦如此耳。

[1] 伊洛诸公：泛指北宋程颢、程颐及其门人，以及往来密切的学者。二程为洛阳（今属河南）人，长期在洛阳讲学，后程颐又居临伊川，二人讲学于伊河洛水之间，因称其所创学派为"伊洛之学"，也叫"洛学"。　[2] 暗合：并非有意，而偶然符合。　[3] 句意为：确如此言所讲，1500年间，天地也不过是如同搭建简陋的屋子将就经历岁月，而人心也不过凑合度过时日。架：构筑，架搭。漏：通"陋"，简陋。《荀子·儒效》："隐于穷阎漏屋。"牵补：即"牵萝补屋"，意思是拿藤萝补房屋的漏洞，形容生活贫困、挪东补西，此处比喻将就凑合。杜甫《佳人》诗："侍婢卖珠回，牵萝补茅屋。"　[4] 阜蕃：繁衍生息。　[5] 句意为：只是因为时势迁移变化，在这个过程中就如同房屋不会没有渗漏的时候。此句喻指汉唐之君也有做得不完善的时候。[6] 跷欹（qiāo qī）：亦作"跷蹊""跷奇"，事情违背常理、令人怀疑莫释之处。　[7] 相寻：相继，接连不断。　[8] 句意为：诸位儒者的议论，施之于曹操及才能不及曹操的人是可以的。　[9] 句意为：天地鬼神也不肯承受将就凑合（这种说法）。　[10] 句意为：说其中掺杂有霸道之处，这种治理方法本来就源自王道。杂霸：谓用王道掺杂霸道治理国家。语出《汉书·元帝纪》："（太子）尝侍燕，从容言：'陛下持刑太深，宜用儒生。'宣帝作色曰：'汉家自有制度，本以霸王道杂之，奈何纯任德教，用周政乎！'"[11] 句意为：诸位儒者评说自己的理论就称为是"义理"、是"王道"，汉唐做成功的（那些）事业就说是"功利"、是"霸道"。　[12] 句意为：只有一个核心宗旨就是"做得成"。头颅：在此比喻核心要害之处。　[13] 十论：指《又壬寅夏书》中提到的"《杂论》十篇"。　[14] 敷广：演绎铺陈论述。敷：铺展，铺开。　[15] 秒忽：指细微、微小。秒：禾芒。忽：蜘蛛网的细丝。　[16] 句意为：宣扬展现三纲五常的根本之道，斩截断定英

雄失误的微小之处，但您来信却说（太宗的功业）不是三纲五常的正道，这恐怕是以其人的（行事风格）观察判断而没有考察他的言论。发：扬，宣扬。殆：恐怕，担心。

　　夫人之所以与天地并立而为三者，仁智勇之达德[1]具于一身而无遗也。孟子终日言仁义，而与公孙丑论一段勇如此之详，又自发为浩然之气，[2]盖担当开廓不去，则亦何有于仁义哉![3]气不足以充其所知，才不足以发其所能，守规矩准绳而不敢有一毫走作，传先民之说而后学有所持循，此子夏所以分出一门而谓之儒也；成人之道宜未尽于此。[4]故后世所谓有才而无德，有智勇而无仁义者，皆出于儒者之口；才德双行，智勇仁义交出而并见者，岂非诸儒有以引之乎![5]故亮以为：学者学为成人，而儒者亦一门户中之大者耳。秘书不教以成人之道，而教以醇儒自律，岂揣其分量则止于此乎？[6]不然，亮犹有遗恨也。

　　[1] 达德：普遍的德行。达：通行不变。《礼记·中庸》："知、仁、勇三者，天下之达德也。"　　[2] 孟子论"勇"及"浩然之气"，见《孟子·公孙丑上》。　　[3] 句意为：做不到有担当且勇于开拓，那对仁义又有什么帮助呢！有：通"佑"（yòu），帮助。　　[4] 句意为：气度不足以推广扩大他所知之理，才干不足以发挥他的能力，遵守规矩准绳不敢有一丝违背，继承前人的学说让后来者能延续遵循，这是子夏（从学者中）分出来儒门一派，培养全面发展的人才的道理应该不止于此。充：扩大，发挥。《孟子·公孙丑上》："苟能充之，足以保四海。"走作：超出规范，走样。子夏（前507—前400）：卜氏，名商，字子夏，尊称"卜子（夏）"，求学于孔子，以"文学"著称，名列孔门七十二贤人，《史记·儒林列传》："子夏居西河，子贡终于齐，如田子方、段干木、吴起、禽滑厘之属，皆受业于子夏之伦，为王者师。"[5] 句意为：故而后世有所谓有才而无德的提法，有所谓有智勇而无仁义的提法，（这种区别）都出自儒者之口；（因此）才干德行并举、智勇仁义交相体现于（一人）之身的这种情况，难道不是儒者们的言论所招致的吗！引：招致。　　[6] 句意为：故而我以为：学者应该学习成为全面发展的人，（成为）儒者也是其中很重要的一派。但您不教（我）以全面发展之道，而只教（我）

以成为精粹纯正的儒者来自律，难道是您揣测我的能力与资质只能止于达到（醇儒）的境界吗？

狂瞽[1]辄发，要得心胆尽露，可以刺剟[2]而补正之耳。秘书勿以其狂而废其往复，亦若今世相待之浅也。向时《祭伯恭文》，盖亦发其与伯恭相处之实而悼存亡不尽之意耳。后生小子，遂以为某为假伯恭以自高，痴人面前真是不得说梦。亮非假人以自高者也。擎拳撑脚[3]，独往独来于人世间，亦自伤其孤零而已。秘书若不更高着眼，则此生真已矣！亮亦非缕缕自明者也，痛念二三十年之间，诸儒学问各有长处，本不可以埋没，而人人须着些针线，其无针线者，又却轻佻，不是屈头肩大担底人[4]。所谓至公血诚[5]者，殆只有其说耳。独秘书杰特崇深，负孔融、李膺之气[6]，有霍光、张昭[7]之重，卓然有深会于亮心者，故不自知其心之惓惓、言之缕缕也。

[1] 瞽：浅陋无知。　　[2] 刺剟（duō）：批评。　　[3] 擎拳撑脚：放开手脚，形容不受拘束。擎（qíng）：举。撑：抵住，支撑。　　[4] 句意为：而人人必须要表明自己立身行事的态度与道理，那些立身行事踪迹不分明的人，又轻浮不稳重，不是能够低头挑起重担的人。着（zhuó）：用。白居易《还李十一马》诗："传语李君劳寄马，病来唯着杖扶身"。针线：此处为比喻意，指（立身、为学、行事等）能秉持一贯态度，前后踪迹分明。却：还，再。　　[5] 至公：最公正，极公正。血诚：赤诚，谓极其真诚的心意。[6] 孔融（153—208）：字文举，东汉名士、官员，立学校，表儒术，"建安七子"之一。李膺（110—169）：字元礼，东汉名士、官员，位列"八俊"之首，有"天下模楷"之称。二人在振兴儒道、振奋士气方面皆有表率作用，在当时有广泛影响。　　[7] 霍光（？—前68）：字子孟，西汉中叶权臣，政治家，拥立汉宣帝即位，掌权摄政。张昭（156—236）：字子布，三国时期孙吴重臣，帮助孙权稳定局势。

去年承惠《李赞皇集》[1]，令评其人，且欲与春秋战国何人为比。此公干略[2]威重，唐人罕有其比，然亦积谷做米，把缆放船之人耳[3]。遇事虽打叠得下[4]，胸次尚欠恢廓[5]，手段尚欠跌荡[6]，其去姚元崇[7]尚欠三两级，要亦唐之人物耳，何暇论夫春秋战国哉！管敬仲、王景略[8]之不作[9]久矣，临染[10]不胜浩叹[11]之至。

[1] 李德裕（787—850）：字文饶，赵郡赞皇（今属河北）人。其人经历宪宗、穆宗、敬宗、文宗、武宗五朝，武宗时，自淮南节度使入相，力主削弱藩镇。宣宗立，遭牛党打击，贬潮州司马，再贬崖州司户，卒于贬所。著有《会昌一品集》。此处《李赞皇集》或即指《会昌一品集》，或当时另有其他版本。　　[2] 干略：才干和谋略。　　[3] 积谷做米，把缆放船：收了很多稻谷才打米，解开缆绳放船行走。意指处事稳当，按部就班，虽有才干但也有所拘束，不是特别杰出卓越。　　[4] 打叠：安排，料理。　　[5] 胸次：胸怀。恢廓：宽宏，博大。　　[6] 跌荡：同"跌宕"，放纵不拘，语出《后汉书·孔融传》。　　[7] 姚元崇：姚崇（651—721），本名元崇，字元之。唐朝杰出政治家，武后时，官凤阁侍郎。睿宗时为相，以奏请太平公主出居东都，被贬职。玄宗立，复为相，抑侥幸，劝节俭。为相五年，引宋璟自代。　　[8] 管敬仲：管仲（前？—前645），名夷吾，字仲，谥敬。春秋时期法家代表人物。初事公子纠，后相齐桓公，主张通货积财，富国强兵，九合诸侯，一匡天下，使桓公成为春秋五霸之首。王景略：王猛（325—375），字景略，前秦大臣，政治家、军事家。少贫，博学好兵书，隐居华阴山。后应苻坚招，相契如三国刘备之于诸葛亮。及坚即位，以猛为中书侍郎，一岁五迁，权倾内外，官至丞相。　　[9] 不作：不兴起，此处指世间没有这样的人出现。　　[10] 临染：将落笔写信之际。染：用笔蘸墨或书写，这里指写信。　　[11] 浩叹：因感慨而长叹、大声叹息。

◎ **研读**

由信件可知陈亮刚出狱时有短简答复朱熹，回家见到朱熹四月间寄来的信件，才写了这封长信。没有这次事件可能朱熹不会直接地提出劝诫意见，而陈亮也不会有如此之深的感慨与不吐不快之意。

宋代文人生存的大环境总体来说是比较好的，皇室对于一般士大夫与文人墨客均比较优容，虽然南迁之后国家规模、皇室气度不能和以前相比，但旧日风度犹在，况且宋孝宗统治的时期，相对可说是南宋政治环境最好的时代。大环境固然过得去，小环境中的变数有时候还是足以打破个体本来平静无忧的生活，陈亮此次遭遇便足证偶然因素有时会带来极具破坏性的结果。事情经过并不复杂，"乡人为宴会，末胡椒，特置同甫羹胾中，盖村俚敬待异礼也。同坐者归而死，疑食异味有毒。"（《陈同甫王道甫墓志铭》，《水心集》卷二十四）乡宴上东道主在陈亮吃的羹汤中特意加了胡椒粉，这是乡村中敬重某人的习俗。结果，坐在同一桌的另一个姓卢的人回家后不久就突然死去了，其家人便怀疑饮食因加入的东西不同而有毒。这个事情显然与陈亮无关，因为陈亮也是受邀者而非操办宴会的人。真正让陈亮受到牵连的是与他关系比较密切的吕家与死去的卢姓之人两家之间有讼争，吕家长子吕约曾跟随他学习，次子吕皓也有交往，卢姓人家因恨吕氏入骨，将吕师愈、吕约父子投入监狱还不罢休，又迁怒于陈亮，因为陈亮在宴会上受到了区别对待，就被视为是同伙，被诬告下狱。"甲辰（淳熙十一年）之春，余以药人之诬就逮棘寺，更七八十日而不得脱。"（《陈春坊墓志铭》，《陈亮集》卷三十六）

如仅从致人死亡这件事来落实陈亮的罪责，因实无其事，根本不可能找到证据，也不大可能被关押那么久。关键在于入狱后，这个案件又被别有用心的人加以利用，"初欲以杀人残其命，后欲以受赂残其躯"。本来是命案，竟然又牵扯上了"受赂"的问题，显然有人从中作梗。信中说："当路之意，主于治道学耳，亮滥膺无须之祸"，"最好笑者，狱司深疑其挟监司之势，鼓合州县以求赂。……若其真好贿者，自应用其口手之力，鼓合世间一等官人相与为私，孰能御者？何至假秘书诸人之势，干与州县以求贿哉！"从这些言辞可以看出，主狱者明显有罗织罪名的意图，因为当时的朝政氛围有所变化，对道学已经出现了打压迹象。淳熙十年（1183）六月，监察御史陈贾、吏部尚书郑丙上疏言道学假名济伪，当明诏中外，痛革此习。（参见《朝事二·道学兴废》，《建炎以来朝野杂记》甲集卷六）宋孝宗首肯。而禁道学的直接起因，便是朱熹奏劾唐仲友这件官场大事。在整个事件中，唯朱熹知道陈亮未跟自己说过任何游说请托之辞，完全置身事外，但外界因他们之间有交往，几乎都把陈亮看成跟朱熹是一路人，于是陈亮正好撞上了这个枪口。永康的县官应该是属于反道学派，抓到了陈亮这样有影响的士人，不免想借着打压道学的东风达成自己在官场上的一些目的，于是出现了说陈亮借朱熹势力索贿这样可笑的理由。结果是所有控告都无法落实，吹毛求疵一番，最终陈亮在五月末得以脱身。

　　牢狱之灾让陈亮备生感慨，觉得自己在世间如木生于险峻山石之上，艰难之状难以常理论，不仅如此还要遭遇人为制造的各种打压与不幸。他产生这样的想法可以理解，少年成名，被地方长官看重，也曾游学京城，广交士林中人，未料竟至身陷囹圄，让他不禁回顾成年以来的发展之路。早年与吕祖谦同样参加转运使司的考试，虽比吕小五六岁，自认为学问文章不在人后，但吕祖谦科举之路顺利，中进士之后就正式进入官场，陈亮则文名虽盛却屡试不中。这对他形成了很大的压力与打击，而且错过了壮年进入仕途一展抱负的机会，也让他在乡间与士林中的声名地位受到影响。所谓"陆沉残破"，渐渐不被人重视。当然他对自己始终保有信心，终生力学不忘国耻，这是值得称道之处。同样难能可贵的是，吕祖谦并不因为自己地位的变化而改变与陈亮的交情，二人之间的友谊反而越来越深厚。吕祖谦这样做一方面固然是其性格宽厚温和有容人之量，二人比较投缘；另一方面则源于其为学的风格，吕祖谦出身名门，一生深受家族学术的影响，且"长从林之奇（三山先生）、汪应辰（玉山先生）、胡宪（籍溪先生）游，既又友张栻、朱熹，讲索益精"（《吕祖谦传》，《宋史》卷四三四）。林、汪、胡皆是博学多识为一时师表的人物，张栻为湖湘学派代表人物，朱熹则承洛学而立闽中为大家，友朋讲益之功颇多，逐渐形成其"以关、洛为宗，而旁稽载籍，不见涯涘"（《吕祖谦传》，《宋史》卷四三四）的学术风格，"吕学"给人的总体印象是"平心易气，不欲逞口舌与诸公角，大约在陶铸同类以渐化其偏，宰相之量也"（《东莱学案》，《宋元学案》卷五十一）。所以在吕、陈的交往中，吕祖谦并不完全同意陈亮的学术观点、行文风格，也不完全欣赏其处世方式，否则也不会苦口婆心屡屡劝诫，但是他能够尊重陈亮的不同见解及其学术的价值。所以吕祖谦之看重陈亮，完全不是迁就，而是为国惜才，正是从这个角度来说，陈亮非常感激吕祖谦，觉得吕祖谦是真正能够理解他的知音。所以陈亮对朱熹来信中"伯恭相处于法度之外，欲有所言，必委曲而后敢及"的认识提出反驳。陈亮在吕祖谦门徒面前"戏笑玩侮"，招致"谤议沸腾，讥刺百出"，不过是面对不理解者的一种佯狂姿态，其真心并非如此，所以他希望朱熹能够理解他与吕祖谦交往的实际，以及吕祖谦的真实用心。朱熹此时与陈亮在论辩之前，相互了解也还未十分深入，即如陈亮所指出来信中观点多半受到吕祖谦弟子的影响。但朱熹是十分敏锐的人，淳熙十四年（1187），写信给友人偶谈及陈、吕二人友谊时，观点已经改变："同父才雄一世，勇追千古，但疾之者既不复取其长，而爱之者又不能救其短，此区区不能无遗恨于伯恭，而所以爱同父者，独有异于众人之爱同父也。"（《答石天民书》，《暨阳石氏宗谱》卷一）此时他是真的理解了吕祖谦待陈亮之道。

当然陈亮对自己性格、行为中的缺憾也有所反省，即书信中提到的："见人说得不切事情，便喊一响，一似曾干与耳"，"凡亮今日之坐谤者，皆其虚影也。……然亮自念有虚形而后有虚影，不恤世间毁誉怨谤，虽可以自立，亦可以招祸"。他的口无遮拦、特立独行的确招致了很多误解与不必要的麻烦，而且这样的人往往容易被一些事情牵扯附会，无论弹劾唐仲友事件中被造谣还是此次被诬入狱，都不能说与他日常比较张扬的行事方式没有关系。所以朱熹在四月间信中劝他"凡百亦宜痛自收敛"，并从朋友的角度自责"此事合说多时，不当至今日，迟顿不及事，固可为罪"，可以看出朱熹还是非常真诚的，在劝告之后也提出了期望——"绌去义利双行、王霸并用之说，而从事于惩忿窒欲、迁善改过之事，粹然以醇儒之道自律，则岂独免于人道之祸，而其所以培壅本根，澄源正本，为异时发挥事业之地者，益光大而高明矣"（《与陈同甫》，《晦庵集》卷三十六）。但也正是由劝诫之语所体现的思想与立身路径不同，引发了陈亮的思考与反驳。他首先对自己学问的特点作了总结，即"研穷义理之精微"一段，气势如虹、文采卓越，总结概括也非常到位，这一小段也可谓是论辩开始的宣言。

陈亮最不能认同的是朱熹将他的学术概括为"义利双行，王霸并用"。他指出自孟荀以来"义利王霸"的议论开始出现，孟子开始提出一个人做事为了什么，是为功利呢还是道义；评价一个人、一个社会，是按功利标准呢还是按道义标准这些问题。孟子的结论是不能看功利，一定要看道义，"行一不义，杀一不辜，而得天下，皆不为也"（《孟子·公孙丑上》）。即便这个事情或利益涉及生死，但必须抉择时，也应是"舍生而取义"（《孟子·告子上》）。孟子的这种思想被后世继承，董仲舒对此有简练总结："正其谊（义）不谋其利，明其道不计其功。"（《董仲舒传》，《汉书》卷五十六）也就是把功利与道义看成互不相关的两截，坚持道义标准，排斥功利标准。理论的发展总是越来越细致深入，到了宋代就出现了对历史的具体评价，即陈亮所言本朝伊洛诸公认为三代以"道"治天下，汉唐以"智力"把持天下；近世诸儒则将本来尚显持平的"道"与"智力"的对举评判，演化成了带有褒贬色彩的价值判断——三代以"天理"治天下，汉唐以"人欲"达到统治目的。从当时来说，"道"

是双方都承认存在的大前提，如果按照理学家的理论，将历史发展截断评判，那汉唐时期岂不是连"道"也不存在了吗？所以陈亮认为理学家的认识不妥，实际情况是历史是一个统一体，"道"自然长存，汉唐建立宏大功业的君主，他们追求功利并没有违背"道"的规律，其功业与道义相合，只不过时运变迁，其中有做得不完善的地方。乱世中杀伐争权者，诸如曹操之辈甚至不如曹操者，才可以说是出于"人欲"去追求功利。我们作为后世的观察者都知道人的思想其实很复杂，里边既不可能全是"道心""道义"，也不可能全是"人心""人欲"，必然是二者混杂的状态。实际上朱熹自己也论述过这个问题，"人莫不有是形，故虽上智不能无人心；亦莫不有是性，故虽下愚不能无道心，二者杂于方寸之间"（《戊申封事》，《晦庵集》卷十一）。所以汉唐之君岂能说全无"道心"？故陈亮以整体而非割裂的观点来看待历史是更切合实际的。

另一个争论的焦点是"王霸"，陈亮认为"谓之杂霸者，其道固本于王也"，孟荀以前儒家未明确论"王霸"，但孔子尝云："齐一变至于鲁，鲁一变至于道。"（《论语·雍也》）指出齐国的政治一有改革，便可以达到鲁国的样子，鲁国的政治一有改革，就可以进而达到符合大道的境界。齐国的政治自然是指齐桓公、管仲主导的霸业，鲁国则虽秉承一贯的王政，亦未尽善尽美，继续向更高标准发展则可合"道"，孔子是逆向追溯，政治发展的理想状态便是上追于"道"。如果向下推衍，"霸道"岂非正由"王道"发展而来？回到孟荀生活的时代，战乱比孔子时代更甚，才有所谓王道、霸道的区别，但若无王道亦无霸道，霸道实际是王道演变的一种结果，所以陈亮言霸道本于王道并非无根之谈。总结陈亮的观点，我们可以看到从历史实际出发，道义、功利在历史长河中从来都是交错融合存在于历史主体身上，本来就难以分开，无所谓"双行"；王道、霸道也不是截然不同的两件事，是治理之术在特定历史环境中因应现实情况而发生的变化，亦无所谓"并用"——所以陈亮拈出"做得成"一语，只要顺应历史潮流成就功业，必是道与功谐的产物。

陈亮与朱熹的分歧，其实来自更大、更复杂的历史背景和思考路径。简单来说，就是在一个缺少道德规范的社会，起着道德垂范作用的知识分子如何界定人生的价值和意义。研究历史并在历史中汲取灵感的陈亮，重事实，偏现实与实际功用，对建功立业的英雄人物崇敬有加，并断言在他们身上体现出道德的意义，他们的生命具有人生的价值。由经学入手擅精思理念规范的朱熹，重义理，偏思辨与内在修养，则断言一个人只要正心诚意，练就一颗仁心，根据这颗仁心敬畏地行动，不管他能不能做出显著成绩，都具有人生的价值。两人之所以有这么大分歧，是因为出发点、学术背景本身就不同。

根本观念的分歧，导致两人人生理想的分歧。朱熹希望陈亮收敛身上的豪气，做一个纯粹的儒生，在生活中实践道德修养的精进，为人们树立一个道德楷模。陈亮则认为一个完美的人，应该是一个"成人"——集才、德、智、勇等于一身，既有仁义之行又能担当世上之大事。至于那些不能阐发新知、守规矩绳墨不敢丝毫改变只知遵循传统的人，仅是儒生而已，是由子夏这一支传承发展而来，而不是孔子教导学生的最高目标。"成人"是高于儒生的，一个人的目标应该是"成人"，而不是所谓的儒。儒仅仅是一类人，而且不应该是人生的最高目标。朱熹让他以"醇儒"自律，乃是太看低了他，在树立人生目标上也只进入了第二层次，而没有达到最高的境界。

又乙巳春书之一^①

◎ 解题

　　上封书信寄走后，朱熹于九月作了回应，来书意见明确处在对立面，陈亮无法认同，于淳熙十二年（1185）春援笔再作长书以论。因为所论问题涉及"道"与"人"的关系如何确定，以什么样的价值观来认识历史、评价历史人物，以什么样的价值取向确定"成人"的标准，可以说均属于"元话题"的范畴，勾起了双方极大的兴趣。对这些问题的争执意味着两种学术、人生的走向，其他一切问题的生发演变都建立在对这些基础问题的认识之上，所以二人才会如此认真，意欲说服对方以达成明确认识。

　　去秋辱答教，委曲具尽，足见长者教人不倦之意。谓亮书中有不平之气，则诚有之矣。自棘寺归，闭门不与人交往，以妻弟之故，一出数日，便为凶徒聚数十人而欲杀之，一命存亡仅丝发许^[1]。而告之州县，漠然不应。不知今年是甚运数！事发之五日，头重而不可扶，眼闭而不可擘^[2]，冥心静念，以一死决不可免矣；负一世之谤，颓然未尝自辩数，死后谁当为我明之？明日崛然而兴^[3]，令小儿具纸笔，强作长者一书，冀死后有能明此心者耳，岂愿自敷^[4]叙短长于门下者哉！书成复就枕，又二十日而后动止作息不异于平时。丘宗卿亦受群儿谤伤之言，半间半界^[5]，州府卒归狱于赵穿^[6]，亮

---

　　①乙巳：淳熙十二年（1185）。

197

以此身既存而不复问矣。世途日狭，亮又一身不着行户^[7]，宜其宛转陷于榛莽^[8]而无已时也。

[1] 丝发许：命悬一线、在毫厘之间的意思。 [2] 擘（bò）：分开，辦开。《史记·刺客列传》："专诸擘鱼。" [3] 崛然而兴：振奋而起的状态。 [4] 敷：陈述，铺叙。 [5] 丘宗卿：丘崈（1135—1208），字宗卿，江阴（今属江苏）人。隆兴元年（1163）进士，官至同知枢密院事。丘崈与陈亮认识。陈亮受歹徒袭劫之事，告之州县，州县漠然置之。丘崈时为提点浙东刑狱，对陈亮此事也不置可否，所以陈亮说丘崈受周围小人诽谤言论影响，态度"半间半界"。半间半界：不明确，不上不下的状态。 [6] 归狱：归罪。赵穿：不详。 [7] 行户：宋时称加入商行的商户；也指从事某一行业、职业。这里意指自己独立谋生，并未加入某种行业组织，势单力孤。[8] 榛莽：丛杂的草木，喻艰危、荒乱之处境。

今年不免聚二三十小秀才，以教书为行户。一面治小圃，多植竹木，起数处小亭子。后年随众赴一省试^[1]，或可侥幸一名目^[2]，遮蔽其身^[3]，而后徜徉于园亭之间以待尽矣；其他当一切付之能者。暇时策杖访长者于武夷之山，尽布^[4]腹心，以求是正，留与千百年间做个说话，亦庶几不枉此一生一死矣。

[1] 省试：唐宋时由尚书省礼部主持举行的考试，又称"礼部试"，后称"会试"。 [2] 名目：事物的名称，此处指代官职名称。 [3] 遮蔽其身：此处指获得功名以改变平民身份。 [4] 布：陈述。丘迟《与陈伯之书》："聊布往怀。"

亮旧与秘书对坐处，横接一间，名曰燕坐。前行十步，对柏屋三间，名曰抱膝^[1]，接以秋香海棠，围以竹，杂以梅，前植两桧两柏，而临一小池，是中真可老矣。叶正则^[2]为作《抱膝吟》二首，君举作一首，词语甚工，然犹说长说短，说人说我，未能尽畅抱膝之意也。同床各做梦，周公且不能学得，何必一一说到孔明哉！^[3]亮又自不会吟得，使此耿耿^[4]者无以自发。秘书高情杰句横出^[5]

一世，为亮作两吟：其一为和平之音，其一为悲歌慷慨之音。使坐此屋而歌以自适，亦如常对晤也。去仆已别赍[6]五日粮，令在彼候五七日不妨，千万便为一作，至恳至恳！

[1] 抱膝：指以手抱膝而坐、有所思貌。《三国志·蜀志·诸葛亮传》："亮躬耕垄亩，好为《梁父吟》。"裴松之注引鱼豢《魏略》："每晨夕从容，常抱膝长啸。"古人常以长啸抒发内心情志，诸葛亮"抱膝长啸"是文学中仁人志士忧国忧民满怀抱负的代表性意象之一。陈亮崇拜诸葛亮，曾在二十六岁时将原来的名字"汝能"改为"亮"，见其《告祖考文》中自述，故而此处以"抱膝"为新建居室命名，并请友人题写诗文发挥其意，但叶正则、陈君举的作品主要从古今对比的角度表达对友人的慰勉之情，而"未能尽畅抱膝之意"，故而书信中请朱熹再为写作。　[2] 叶正则：叶适（1150—1223），字正则，号水心居士。温州永嘉（今属浙江）人，官至吏部侍郎，南宋永嘉学派的集大成者。　[3] 句意为：同床异梦，周公也不能模仿出别人梦境的样子，（叶、陈两位友人）所作《抱膝吟》又何必都一一提到诸葛孔明呢！陈亮言下之意，不必总与诸葛亮对比，要重在阐发"抱膝"的内涵。　[4] 耿耿：心情不安的状态。《诗·柏舟》："耿耿不寐，如有隐忧。"　[5] 横出：不断变化的出现，指多变而杰出的状态。《论衡·物势》："亦或辩口利舌，辞喻横出为胜。"　[6] 赍（jī）：携带。

抱膝之东侧，去五七步，作一杉亭，颇大，名曰小憩。三面临池，两旁植以黄菊，后植木樨[1]八株，四黄四丹，更植一大木樨于其中，去亭可十步。池之上为桥屋三间，两面皆着亮窗，名曰舫斋。过池可十四五步地，即一大池，池上作赤水堂三间。又作箈水，正临大池，池可三十亩。池旁又一小池，小池之旁即驿路。去驿路百步，有一古松，甚大而茂，当是七八十年之松。赤水堂正对之，名曰独松堂。堂后为宁廊一间，中有大李树，两旁为小廊，分趋舫斋。小廊之两旁即植桃。堂之两旁，为小斋以憩息，环植以竹。独松堂寻赤水木未足，度与舫斋皆至秋可成。杉亭之池如偃月，西一头既作柏屋，东一头当作六柱榾亭一间，名曰临野。正西岸上稍幽，作一小梓亭于其上，名曰隐见。更去西十步，即作小书院十二间，前又临一池，以为秀才读书之所，度二年皆可成也。两池之东有田二百亩，皆先祖先人之旧业，尝属他人矣，今尽得之以耕。如此老死，亦复何憾！田之上有小坡，为园二十亩，先作小亭临田，名曰观稼。他时又可作一小圃，今且植竹，余未有力也。此小坡，亮所居屋正对之，屋之东北，又有园二十亩，种蔬植桃李而已。"楼台侧畔杨花过，帘幕中间燕子飞"，可只作富贵者之事业乎！[2]

[1] 木樨（xī）：桂花树的别称，开白色或黄色小花，有特殊的香气。
[2] "楼台"二句为北宋晏殊诗句。吴处厚《青箱杂记》卷五："晏元献公虽起田里，而文章富贵，出于天然。尝览李庆孙《富贵曲》云：'轴装曲谱金书字，树记花名玉篆牌。'公曰：'此乃乞儿相，未尝谙富贵者。'故公每吟咏富贵，不言金玉锦绣，而唯说其气象，若'楼台侧畔杨花过，帘幕中间燕子飞'……之类是也。故公自以此句语人曰：'穷儿家有这景致也无？'"

魏公《座右铭》荷见教，非欲示人，而见者辄夺去，岂但妙画为人所宝爱，当是荒懒者无分当得此教耳。六大字不敢强，今以妻父之葬，辄欲求六大字以光[1]墓上。男子不敢犯分以求，而荆妇心欲其夫转以为请，此于礼宜可许也。愿便得之为祷，亮并欲求"抱膝""燕座""小憩"六大字，干冒但剧惶恐。纳纸六幅，恐不中则书室自斥写之良妙。胸中所怀千万，而一见终未可期。已经新元[2]，伏惟燕居有相，尊候动止万福。

[1] 妻父：陈亮岳父何恢，字茂宏，义乌人，卒于淳熙十年（1183），参见陈亮《何茂宏墓志铭》。光：使显得荣耀。 [2] 新元：指新春元旦，农历正月初一。

前书大略为死计耳。纸末之论，盖非小故，却只略言之而未竟，宜烦来教之辨答也。朋友之论，多教亮以无多聒挠[1]长者；虽然，怀不尽于长者之前，又似不用情[2]。理之所在，岂宜如此但已，愿更一言之。

[1] 聒挠（guō náo）：打扰。聒：声音嘈杂，使人厌烦。 [2] 不用情：不以真实的感情相待。

昔者三皇五帝[1]与一世共安于无事，至尧而法度始定，为万世法程。禹启始以天下为一家而自为之。有扈氏不以为是也，启大战而后胜之[2]。汤放桀于南巢[3]而为商，武王伐纣，取之而为周。武庚挟管蔡之隙，求复故业，诸尝与武王共事者，欲修德以待其自定，而周公违众议，举兵而后胜之。[4]夏、商、周之制度定为三家，虽相因[5]而不尽同也。五霸[6]之纷纷，岂无所因而然哉。老庄氏思天下之乱无有已时，而归其罪于三王[7]，而尧舜仅免耳；使若三皇五帝相与共安于无事，则安得有是纷纷乎？其思非不审，而孔子独以为不然：三皇之化不可复行，而祖述[8]止于尧舜；而三王之礼，古今之所不可易，万世之所当宪章[9]也，芟夷[10]史籍之繁词，刊削流传之讹谬[11]，参酌[12]事体之轻重，明白是非之疑似，而后三代之文灿然大明，三王之心迹皎然不可诬矣。后世之君徒知尊慕之，而学者徒知诵习之，而不知孔氏之劳盖如此也。当其是非未大明之时，老庄氏之至心[13]岂能遽废而不用哉！亮深恐儒者之视汉唐，不免如老庄当时之视三代也，儒者之说未可废者，汉唐之心迹未明也。[14]故亮尝有区区之意焉，而非其任耳。[15]

[1] 三皇五帝：有多种提法，通常三皇指燧人、伏羲、神农，五帝指黄帝、颛顼、帝喾、尧、舜。合称多用以泛指远古时代的帝王。 [2] 有扈氏：有扈，古国名，与夏同为姒姓。启得位后，有扈氏不服。启伐之，战于甘之野。《尚书·甘誓》："王曰：'嗟！六事之人，予誓告汝：有扈氏威侮五行，怠弃三正，天用剿绝其命，今予惟恭行天之罚。'" [3] 南巢：古地名，以位于古代华夏族活动区域南方，故名。成汤伐暴君夏桀，获胜，流放桀于南巢。《古文尚书·仲虺之诰》："成流放桀于南巢。" [4] 武庚：子姓，武氏，名庚，字禄父。商纣王帝辛之子。周武王灭商兴周后，封武庚管理商朝旧

地（今河南安阳一带）。管蔡之隙：武王灭商后不久即病逝，周公旦摄政，引起管叔、蔡叔及其群弟的疑忌，武庚见机拉拢发动叛乱。周王朝面临严峻的形势，周公东征，诛武庚，杀管叔而放蔡叔，废霍叔为庶民。事见《史记·殷本纪》）。　　[5] 相因：相袭，相承。　　[6] 五霸：亦作"五伯"，指春秋时期五个盟主，有多种说法，有代表性的说法指齐桓公、晋文公、秦穆公、楚庄王、宋襄公。　　[7] 三王：指夏禹、商汤、周武王（一说指周文王）。[8] 祖述：效法遵循前人的学说或行为。　　[9] 宪章：效法。　　[10] 艾夷：本意为除（草），喻指铲除或消灭。　　[11] 讹谬：差错谬误。　　[12] 参酌：犹言参考，酌定。　　[13] 至心：最诚挚之心，诚心。　　[14] 句意为：我很担心儒者们看待汉唐，不免如同老庄学派当时看待夏商周三代（的角度一样），儒者们的观点不可废弃，但汉唐事业开创者们的意图也恐怕难以（讲论）明白。　　[15] 句意为：故而我曾（对此）有微不足道的想法（想要表达），但又恐不能胜任（这样的职责）。

　　夫心之用有不尽而无常泯，法之文有不备而无常废。[1] 人之所以与天地并立而为三者，非天地常独运而人为有息[2]也，人不立则天地不能以独运，舍天地则无以为道矣。夫"不为尧存，不为桀亡"者，非谓其舍人而为道也，若谓道之存亡非人所能与，则舍人可以为道，而释氏之言不诬矣。使人人可以为尧，万世皆尧，则道岂不光明盛大于天下？使人人无异于桀，则人纪[3]不可修，天地不可立，而道之废亦已久矣。天地而可架漏过时，则块然[4]一物也；人心而可牵补度日，则半死半活之虫也。道于何处而常不息哉？惟圣为能尽伦[5]，自余于伦有不尽，而非尽欺人以为伦也；惟王为能尽制[6]，自余于制有不尽，而非尽罔世[7]以为制也。欺人者人常欺之，罔世者人常罔之，乌有欺罔而可以得人长世[8]者乎！"不失其驰，舍矢如破"[9]，君子不必于得禽也，而非恶[10]于得禽也。范我驰驱[11]而能发必命中者，君子之射也。岂有持弓矢审固[12]而甘心于空返者乎！御者以正，而射者以手亲眼便为能，则两不相值而终日不获一矣[13]。射者以手亲眼便为能，而御者委曲驰骤以从之[14]，则一朝而获十矣。非正御之不获一，射者之不以正也。以正御逢正射，则"不失其驰"而"舍矢如破"，何往而不中哉！孟子之论不明久矣，往往反用为迂阔不切事情者之地。亮非喜汉、唐获禽之多也，正欲论当时御者之有罪耳。高祖太宗本君子之射也，惟御者之不纯乎正，故其射一出一入[15]；而终归于禁暴戡乱[16]、爱人利物而不可掩者，其本领宏大开廓[17]故也。故亮尝有言："三章之约[18]非萧曹[19]之所能教，而定天下之乱又岂刘文靖[20]之所能发哉！"此儒者之所谓见赤子入井之心也[21]。其本领开廓，故其发处便可以震动一世，不止如见赤子入井时微眇[22]不易扩耳。至于以位为乐[23]，其情犹可以察者，不得其位，则此心何所从发于仁政哉？以天下为己物，其情犹可察者，不总之于一家，则人心何所底止[24]？自三代圣人固已不讳其为家天下矣。[25]天下大物也，不是本领宏阔，如何担当开廓得去？惟其事变万状而真心易以汩没[26]，到得失枝落节处，其皎然者终不可诬耳。高祖太宗及皇家太祖[27]，盖天地赖以常运而不息，人纪赖以接续而不坠；而谓道之存亡非人之所能预，则过矣[28]。汉唐之贤君果无一毫气力，则所谓卓然不泯灭者果何物邪？[29]道非赖人以存，则释氏所谓千劫万劫者是真有之矣。[30]

[1] 句意为：心思理念之运用有不够彻底（之时）但不会时常处在丧失消亡的状态，法令制度的条文有不够完备（之时）但不会时常处在衰败停止的状态。 [2] 息：止歇。 [3] 人纪：人之纲纪，指立身处世的道德规范。语出《古文尚书·商书·伊训》。 [4] 块然：木然无知貌。 [5] 伦：道理，条理。 [6] 制：制度，规章。《左传·隐公元年》："今京不度，非制也。" [7] 自余：犹其余、此外。此处指"王"以外的其他人。罔世：欺骗社会。罔：欺骗，欺蒙。 [8] 长世：历世久远。 [9] 句意为：驭手驱车进退转旋皆有法，（车上之人）显身手箭不虚发。驰：驰驱之法。舍矢：放箭。如：而。破：射中。语出《诗·小雅·车攻》。 [10] 恶（wù）：憎恶，讨厌。 [11] 范我驰驱：按照规矩法度去驾车奔驰。 [12] 审固：确定而稳固。语出《礼记·射义》："故射者，进退周还必中礼，内志正，外体直，然后持弓矢审固。持弓矢审固，然后可以言中。此可以观德行矣。"

[13] 句意为：驾驭车马的人只管自己正道直行，射者只管自己眼疾手快瞄准猎物，就会出现两方面互相不配合的情况，导致整天一无所获。 [14] 句意为：而驾驭车马的人配合（射者的要求）驰骋奔跑来相从。委曲：曲意迁就，这里指御者主动配合射者的要求。 [15] 句意为：汉高祖、唐太宗本是持君子射箭之道者，只是驾车者不能秉于正道，故而他们发箭射击有（与其意图）不一致、不相符的情况，（而不能百发百中）。此处是以射箭之事比喻处理政务。 [16] 禁暴戢乱：抑制强暴势力，治理混乱局面。戢（jí）：停止。 [17] 开廓：开朗阔大。 [18] 三章之约：指刘邦入关中后，与百姓所约定的三条法律："杀人者死，伤人及盗抵罪。" [19] 萧曹：指萧何（前? —前193），西汉开国功臣之一，西汉初年宰相；曹参（? —前190），西汉开国功臣之一，汉朝第二位相国。二人均为辅佐刘邦的得力助手。[20] 刘文靖："靖"通"静"；刘文静（568—619）：唐朝开国功臣、宰相。 [21] 句意为：这就是儒者所说的人若突然看见小孩要掉进井里，必然会产生惊惧同情的心理。语出《孟子·公孙丑上》："今人乍见孺子将入于井，皆有怵惕恻隐之心。"此处指汉高祖的"约法三章"，唐太宗的定乱之谋，皆类于孟子所谓"见孺子将入于井"时所生发出的仁义恻隐之心。 [22] 微眇（miǎo）：细小，微末。 [23] 以位为乐：以获得天下之位为乐。[24] 底止：止境，终点。 [25] 句意为：自从夏商周三代之圣贤以来，本来就已经不忌讳把国家政权据为己有（这样的做法）了。 [26] 汩没（gǔmò）：湮没。 [27] 皇家太祖：宋太祖赵匡胤（927—976）。 [28] 句意为：而认为"道"的存亡完全不是人力之所能参与影响的，就有失偏颇了。[29] 句意为：汉唐之贤能君主果然没有对世间之事、天地之道产生任何影响，那么所谓卓然不灭的道又到底指的是什么呢？ [30] 句意为："道"如果不是依赖人而存在并展现，那么佛家所说的千劫万劫就可以说是真的存在了。

　　此论正在于毫厘分寸处较得失，而心之本体实非斗钉辏合以成。此大圣人所以独运天下者，非小夫学者之所能知。使两程 [1] 而在，犹当正色明辨。比见秘书与叔昌子约 [2] 书，乃言"诸贤死后，议论蠡 [3] 起"，有独力不能支之意。伯恭，晓人也，自其在时固已知之矣。天地人为三才，人生只是要做个人。圣人，人之极则 [4] 也。如圣人，方是成人 [5]。故告子路者则曰："亦可以为成人。"来谕谓

"非成人之至"，诚是也。谓之圣人者，于人中为圣；谓之大人者，于人中为大。纔^[6]立个儒者名字，固有该^[7]不尽之处矣。学者，所以学为人也，而岂必其儒哉！子夏、子张、子游，皆所谓儒者也，学之不至，则荀卿有某氏贱儒之说，而不及其他。《论语》一书，只告子夏以"女为君子儒"^[8]，其他亦未之闻也。则亮之说亦不为无据矣。管仲尽合^[9]有商量处，其见笑于儒家亦多，毕竟总其大体，却是个人，当得世界轻重有无^[10]，故孔子曰"人也"。亮之不肖，于今世儒者无能为役^[11]，其不足论甚矣，然亦自要做个人，非专徇管萧以下规摹也^[12]，正欲搅金银铜铁镕作一器，要以适用为主耳。亦非专为汉唐分疏^[13]也，正欲明天地常运而人为常不息，要不可以架漏牵补度时日耳。

[1] 两程：程颢（1032—1085）字伯淳，号明道，世称"明道先生"，洛阳（今属河南）人。北宋理学家、教育家。程颐（1033—1107）字正叔，世称伊川先生，北宋理学家、教育家，程颢之胞弟，二人均为理学的奠基者、"洛学"代表人物。　[2] 子约：吕祖俭（1146—1200），字子约，号大愚，金华（今属浙江）人。从学于父亲吕大器与兄长吕祖谦，与陈亮往来较多，对吕氏学术的继承传播及对陈亮学术的传播均起到了重要作用。　[3] 蠭："蜂"的异体字。　[4] 极则：最高准则、标准。　[5] 成人：儒家所提倡的一种成才标准，指汇聚众多美好品质于一身的一种理想的完美人格，最早见于《论语·宪问》："子路问成人。子曰：'若臧武仲之知，公绰之不欲，卞庄子之勇，冉求之艺，文之以礼乐，亦可以为成人矣。'曰：'今之成人者何必然？见利思义，见危授命，久要不忘平生之言，亦可以为成人矣。'"陈亮对此有所发展，认为"成人"应该是于内追求仁义道德的修养，于外则注重实事实功，做到"仁智勇之达德具于一身"，由此才能"与天地并立而为三"。与传统儒家相比，陈亮的"成人之道"具有鲜明的事功特色。　[6] 纔："才"的异体字。　[7] 该：同"赅"，包容，包括。　[8] 语出《论语·雍也》。女：通"汝"。　[9] 尽（jǐn）合：纵使应该。尽：纵使。杜甫《朱凤行》："愿分竹实及蝼蚁，仅使鸱枭相怒号。"　[10] 句意为：能够承担社会中的各种责任。　[11] 无能为役：意思是连供给他们役使都不配，此处自谦才干远不能和别人相比。语出《左传·成公二年》。　[12] 徇：顺从，遵从。管萧：

管仲、萧何的并称，两人均为历史上的名相。规摹：亦作"规模"，典范，榜样。刘孝威《辟厌青牛画赞》："雄儿楷式，悍士规模。"　　[13] 分疏：辩白，诉说。《北齐书·祖珽传》："珽自分疏，并云与元海素相嫌。"

　　夫说话之重轻亦系[1]其人：以秘书重德为一世所尊仰，一言之出，人谁敢非？以亮之不肖，虽孔子亲授以其说，纔过亮口，则弱者疑之，强者斥之矣。愿秘书平心以听，惟理之从，尽洗天下之横竖、高下、清浊、白黑，一归之正道，无使天地有弃物，四时有剩运，人心或可欺，而千四五百年之君子皆可盖也！故亮尝以为"得不传之绝学者"，皆耳目不洪[2]，见闻不惯[3]之辞也。人只是这个人，气只是这个气，才只是这个才。譬之金银铜铁，只是金银铜铁，炼有多少则器有精粗，岂其于本质之外换出一般，以为绝世之美器哉。[4]故浩然之气，百炼之血气也，使世人争骛高远以求之，东扶西倒而卒不着实而适用，则诸儒之所以引之者亦过矣。[5]

　　[1] 系：牵涉，关联。　　[2] 洪：大。《论衡·累害》："古今才洪行淑之人遇此多矣。"　　[3] 惯：通"贯"，贯通，通晓。　　[4] 句意为：譬如金银铜铁，只是金银铜铁，锻炼程度不同则（做成）的器具有精良与粗糙的差别，哪里是在其本质之外又变化出另外的品质，做成冠绝当世的精美器物呢！　　[5] 句意为：故而浩然之气，是久经磨炼所成就的精神气质，（现在）使世人纷纷好高骛远以追求（精神境界的高远），顾此失彼却终究没有落到实处而适于应用，则是众多儒者所（倡导而）引起的现象，也是超过了应有的限度。东扶西倒：从这边扶起却又倒向那边，比喻顾此失彼。

　　亮方治少屋宇，更无举头工夫，而新妇急欲为其父遣人，仓卒具此，又未能究[1]所怀。秘书必未肯遽[2]以为然，更三五往复[3]，则其论定矣。亮亦不敢自以为是也，秘书无惜极力铺张以见教。论不到底，则彼此终有不尽之情耳。

　　[1] 究：穷尽。《汉书·食货志》："害气将究矣。"　　[2] 遽（jù）：遂，

就。 [3] 三五：约举之数，表示数目不多。往复：指书信往来。

君举年大而学不止。正则学识日以超颖[1]，非复向时建宁相见之正则也。亮人品庸俗，本非山水好乐，此间亦无所谓山水可乐者，且于平地妆点些子景致，所谓"随分春"者是也。徐子才常相见，不独有可用之才，而为学之意方笃，亦甚思得一见长者，但要出不易耳。渠[2]本约有便即作一书，偶亮遣人仓遽之甚，不暇更于五十里外取书。亮不敢拜受之宣教专状[3]，计同台眷长少一一安宁，过庭以此示之为幸。新妇儿女附拜再四起居。柑子一筜[4]，内有真柑五十枚，乃是黄岩柑，闻其味颇胜温州者，亮亦不能别也。大栗干者八斤随至，轻浼[5]尚幸笑留。石天民[6]此月二十三日赴上，未曾得相见。其贫日甚，而有力者念之不以情[7]，今且得全家饱煖[8]也。百冗中西望武夷，如欲飞动，而祠禄[9]之满，又恐秘书复被牵出。一见定何时？千万为世道崇护，不任区区之祷！

[1] 超颖：高超，突出。 [2] 渠：代词，表第三人称，他。 [3] 受之：朱塾（1153—1191），字受之，朱熹长子。宣教：宋代迪功郎的别称，此处在字之后加称官职名，表示尊称。 [4] 筜（yǎn）：同"罨"，竹编的笼子。 [5] 轻浼（měi）：泛指微薄、不成敬意之物。浼：玷污，污染。 [6] 石天民：石斗文，字天民。隆兴元年（1163）进士，官至枢密院编修。 [7] 不以情：此处指不计情感远近亲疏之状态（而加以帮助）。 [8] 煖：同"暖"。 [9] 祠禄：指朱熹于淳熙十二年（1185）担任主管华州云台观之职。

◎研读

朱熹于淳熙十一年（1184）年九月的答书，反对意见十分鲜明，一是就"天理""人欲"来说，要学孟子修养"浩然之气"，持"义"于胸中，然后去担当天下大事，而不必凭借"才能血气"来求取功利。以此为标准去判断汉高祖、唐太宗的功业，他认为汉高祖私心还未大显，到唐太宗则全是人欲，只不过假借仁义来施行他的私心；而且对历史人物的判断不当以成败论是非，否则就会认为谁建立了国家、传世久远，谁就得天理之正，这样就只会关注他们的功业，而忘记建立这种功业所选择的路径并不正当。所以，朱熹坚持三代之后的千五百年之间只是凑合而过，中间虽有小康之时，但三代及周孔所传之道没有一日得行于天地之间，道虽然长存不灭，但汉唐之君所作所为无补于道。二是谈儒者"成人"之论，认为陈亮来书中说儒者之学由子夏一门传来不妥；再者子路也曾向孔子问"成人"（《论语·宪问》），孔子举例评论后说"亦可以为成人"，则孔子举例中提到的示范人物，并没有达到成人的最高境界；选择追随子夏还是追随子路，在于学者根据自己的性格决定，但孔子举例中提到的臧武仲、卞庄子、冉求固然兼有勇力与智慧，好像符合陈亮的标准，然而中间还夹着一个孟公绰，此人不过是清心寡欲有德之人，且孔子还要求这些人在各自的特点之上以"礼乐"来约束规范自己，才可谓"成人"，如此看来，这些人和管仲、萧何这样以智勇建立功业者也不是一类人。言下之意，陈亮的成人之论似是而非，以"成人"为做人的最高境界并不恰当。（见附录《寄陈同甫书》第六）

陈亮自然不能认同如上说法，回信表达自己的反驳意见。在关于汉唐之君历史评判问题上他首先确定一个基调，指出目前儒者对于汉唐的认识有偏差，往昔老庄一派认为正是由于夏禹、殷汤、周武王大举制定法度、兴起变革，于是改变了三皇五帝、尧舜时期安定和谐的状态，故天下纷争四起要归罪于三王，现在儒者对于汉唐的认识有类于老庄对于三代的认识，不尽符合事实。儒者的学说自然不可全废，但汉唐之际的真实情况、汉唐之君的真心也没有能够明白揭示出来，所以有必要辨正。他的核心观点有二：首先，"夫心之用有不尽而无常泯，法之文有不备而无常废"，即心念之运用有不够完善彻底的时期，但不会长久处在消亡的状态，法度有不够完备之时但不会长久处在废止的状态。其次，人与天地并立为三，人不立则天地不能独自运行，舍弃天地与人则道无所依托。围绕如上核心观点，他认为：一、汉唐立国长久非以欺罔。虽然唯圣人能尽显道义之真，唯王者能尽显制度之用，其余的人不能做到极致，但也不是以欺罔之道立于世间，若以欺罔之道立世，人亦以其人之道还治其人之身，则不能长久，以此反证汉唐立世长久，显然不是以欺罔诡诈之道立国。二、汉唐之君之所以在得国之道、治国之术上显得不够纯正，在于其辅佐者有时未能以正道侍奉其君。三、汉唐之君登上尊位掌控天下的欲望强烈，情有可原，不得其位则不能实施仁政，不总于一家，则难以压制群雄争夺之心。最后总结认为历史上的卓越人物如汉高祖、唐太宗、宋太祖，是天地赖以运行而不息、世间纲纪传承不断的依托，如果说汉唐之君无补于道，那么"道"应该也不存在了。

关于"成人"，陈亮表示接受朱熹评价其"成人"的标准不是极致的观点，同时提出"圣人，人之极则也。如圣人，方是成人"，在这个极高的、双方都能接受的标准下，陈亮指出"儒者"不等于圣人，号为"儒"，就有许多做得不到位的地方。学者应该学做一个"人"，而不一定非要成为"儒"。从这个标准出发，陈亮认为管仲虽然被儒家批评，但是能担当世间重任，连孔子也评价他"人也"（《论语·宪问》）。孔子作出这个评价是有对比的，当时向孔子提问的人同时问到子产，孔子评价是："惠人也。"从一字之差可以看出孔子的态度是有差别的，对郑相子产，孔子认为他不仅有功绩，同时宽厚慈惠；对于管仲，则稍显微妙，对德行不置一词，只说是"人"，单看这一条只能说孔子对管仲是持肯定态度，结合更多的论述，就能发现孔子评判的重点在哪里。同样在《论语·宪问》中，还有两处谈到管仲："子路曰：'桓公杀公子纠，召忽死之，管仲不死。'曰：'未仁乎？'子曰：'桓公九合诸侯，不以兵车，管仲之力也。如其仁！如其仁！'"子贡曰：'管仲非仁者欤？桓公杀公子纠，不能死，又相之。'子曰：'管仲相桓公，霸诸侯，一匡天下，民到于今受其赐。微管仲，吾其被发左衽矣。岂若匹夫匹妇之为谅也，自经于沟渎而莫之知也。'"子路、子贡都认为管仲不是仁者，但孔子认为管仲发挥才干稳定了天下，民众得受这种恩惠，这就是他的"仁"。但《论语·八佾》中孔子也批评过管仲气量狭小、逾越礼制。所以我们可以清楚地看到孔子评价管仲"人也"，是忽略其德行的瑕疵而推崇其才干。陈亮不屑于理学家们追求内在德行修养的为人路径，而希望建立实际的功业，故而敬重管仲。他进一步指出重要的是"做个人"，也不是专门追随管仲、萧何及其后这类历史人物。不管才干与品行如何，关键要"适用"，这个"适用"自然是强调适于当世而发挥作用，因为陈亮一贯都在寻找解决当代问题的最佳策略，从这个角度来说，汉唐之君的作为也不过是"适用"于他们所处的时代，并无不妥，所以他强调自己不是专为汉唐辩护，是想要讲清楚天地运行不辍、人的作为没有停歇、"道"自然长在的道理所在，千百年来世界的运行并不是凑合度日。

这封信除了继续论争话题之外，也谈到自己正在修整家中所居亭园，且在旁边建造小书院12间，作为教授生徒之所，整个工程"度二年皆可成"，可知颇具规模。庭院之旁有田地200亩，为陈氏先人之业，在他二十四五岁援救父亲时大抵已经卖光，如今又回到了陈家手中。可见陈亮一生多遭谤议、备尝艰辛坎坷，但不失治生的头脑，"外有子贡之形"也不是虚言，教书授徒之外应该还别有维生的手段，否则难以支撑这样大规模的修建活动。信中引了晏殊"楼台侧畔杨花过，帘幕中间燕子飞"来形容自家庭园的状态，愉悦自得的心情流露于言语之间。也在信中因小园之景向朱熹求题字及诗文，通过后来的书信往来，我们可以看到朱熹满足了陈亮题字的要求，但是对于创作陈亮所看重的《抱膝吟》则一直未落笔。

又乙巳春书之二

◎**解题**

这封书信是对朱熹两封来书的回应，承接之前的论辩，核心问题仍然集中于对汉唐事业、汉唐之君用心的出发点的评价；从"成人"角度出发继续论说管仲之"仁"，表面说管仲，其实是想通过对这一代表性人物的性质界定，来表明双方各自对以功业垂名后世者的价值判断；三代以后至宋以前，"道"是否运行于天地之间以及天道与人道的关系，也仍然是争论的焦点之一。这封书信表明两人观点的交锋更为激烈，胶着力战，难分高下。读至此书实际上已很明白，立身之基与事业理想不同的人，开展论争终究不可能相互心悦诚服。

比者^[1]匆匆奉状，聊以致其平时所欲言者耳，非敢与长者辨。乃承谆复^[2]下谕，所宜再拜受教，而纸末之谕，尤使人恻然有感，自当一切不论，然其间亦有不可不言者。

[1] 比者：近来。　　[2] 谆复：反复叮咛。

如亮之本意，岂敢求多于儒先，盖将发其所未备，以窒后世英雄豪杰之口而夺之气，使知千涂万辙，卒走圣人样子不得；^[1]而来谕谓亮"推尊汉唐以为与三代不异，贬抑三代以为与汉唐不殊"，如此则不独不察其心，亦并与其言不察矣。某大概以为三代做得尽者

211

也，汉唐做不到尽者也。[2] 故曰："心之用有不尽而无常泯，法之文有不备而无常废。"惟其做得尽，故当其盛时，三光[3] 全而寒暑平，无一物之不得其生，无一人之不遂其性；惟其做不到尽，故虽其盛时，三光明矣而不保其常全，寒暑运矣而不保其常平，物得其生而亦有时而夭阏[4] 者，人遂其性亦有时而乖戾者。本末[5] 感应，只是一理。使其田地根本无有是处，安得有来谕之所谓小康者乎？[6] 只曰"获禽之多"，而不曰"随种而收"，恐未免于偏矣。[7]

[1] 句意为：以我的本意，哪里敢求全责备于儒者，只不过想阐发他们（学说中）还不够完备的地方，以堵塞后世英雄豪杰之口而削弱他们的气势，使他们知道（世上）道路有千万条，最终也不能够脱离圣人所确定的规范。儒先：儒生，犹先儒。　　[2] 句意为：我大致认为三代是能够做到彻底符合道的要求的时代，汉唐则做不到彻底完备。　　[3] 三光：古时指日、月、星。　　[4] 夭阏（yāo è）：摧折，遏止。　　[5] 本末：比喻主要的与次要的。这里指事情的本体与效用。　　[6] 句意为：假使他们立足的基本思想中根本没有这样的理念，哪里会有您来信中所谈到的"小康"局面的出现呢？田地：耕种的土地，此处用其比喻义，指立足出发的基本思想领域。按：此处所谈到的"小康"问题，见附录中朱熹第六封回信。　　[7] 句意为：只看到他们所做事情的结果，而不管（他们）是依据不同的情势采取行动而最终有所收获，恐怕认识未免偏颇。"获禽之多""随种而收"均用其比喻义。

孔子之称管仲曰："威公九合诸侯，不以兵车，管仲之力也。如其仁，如其仁。"[1] 又曰："一正天下，民到于今受其赐。微管仲，吾其被发左衽矣。"[2] 说者以为：孔氏之门，五尺童子皆羞称五伯；孟子力论霸者以力假仁[3]；而夫子称之如此，所谓"如其仁"者，盖曰似之而非也。[4] 观其语脉，决不如说者所云。故伊川所谓"如其仁者，称其有仁之功用也"。仁人明其道不计其功，夫子亦计人之功乎？[5] 若如伊川所云，则亦近于来谕所谓"喜获禽之多"矣。功用与心不相应，则伊川所论"心迹元不曾判"者，今亦有时而判乎？[6] 圣人之于天下，大其眼以观之，平其心以参酌之，不使当道有弃物而道旁有不厌于心者[7]。九转丹砂，点铁成金，不应学力到后反以银为铁也。[8]前书所谓"搅金银铜铁镕作一器"者，盖措辞之失耳。新妇急欲为其父遣人，一夕伸纸引笔而书，夜未半而书成，不能一一尽较语言，亦望秘书察其大意耳。

[1] 语见《论语·宪问》，句意为："齐桓公多次主持诸侯间的盟会，停止了战争，都是管仲的力量。这就是管仲的仁德，这就是管仲的仁德。"威公：齐桓公，宋人因避宋钦宗（赵桓）名讳而改。 [2] 语见《论语·宪问》，句意为："（管仲辅相齐桓公，称霸诸侯），使天下一切得到匡正，人民到今天还受到他的好处。假若没有管仲，我们都会披散着头发，衣襟向左边开，（沦为落后民族）了。" [3] 以力假仁：指霸权者用武力扩张侵略，而又粉饰以仁义之道。 [4] 句意为：而孔子如此称赞，所谓"如其仁"这样的话语，大概是似是而非的一种表达。 [5] 句意为：仁德之人（在社会中）发扬光大其所坚持的"道"而不考虑（自身的）功劳，孔子难道也会考虑人们所建树功劳的差别（而对他们有不同的评价吗）？ [6] 句意为：功用与心志不相符合，则伊川先生所论"心志与行事之轨迹本来不曾有分别"，（难道）现在有时又要区别对待了吗？心迹：心志与行事。 [7] 句意为：不使道路之上有废弃之物而道旁有内心不服气的人。这里用其比喻义，指圣人处理天下事务从大处着眼，平心斟酌考虑各方面的情况，物尽其用，使人们都能心服。[8] 句意为：（丹砂久炼其效用倍增），九转丹砂，可点铁成金。（此与人之修养有类似之处，艰苦锻炼，必能具有非常之见识与判断），不应学力修养精深后，反而出现"以银为铁"这样认识上的明显偏误。陈亮此处如此讲，是想指出朱熹学力精深，本应能清楚判别事情的是非曲直，但现在评论汉唐之君全无仁义之心，通盘否定，观点偏颇。朱熹评汉唐之君的相关言论见附录第八书。针对陈亮此处"点铁成金""以银为铁"之喻，朱熹在答书中亦有辩驳，见附录第九书。九转丹砂：《抱朴子·金丹》："九转之丹，服之三日得仙。……其一转至九转，迟速各有日数多少。……其转数少，其药力不足，故服之用日多，得仙迟也；其转数多，药力成，故服之用日少，而得仙速也。"

王通有言："《皇坟》《帝典》，吾不得而识矣，不以三代之法统天下，终危邦也。如不得已，其两汉之制乎！不以两汉之制辅天下者，诚乱也已。"[1]仲淹取其以仁义公恕统天下，而秘书必谓其假仁借义以行之，心有时而泯可也，而谓千五百年常泯可乎？法有时而废可也，而谓千五百年常废可乎？至于"全体只在利欲上"之语，窃恐待汉唐之君太浅狭[2]，而世之君子有不厌于心者矣。匡章通国皆称其不孝[3]，而孟子独礼貌之者，眼目既高，于驳杂[4]中有以得其真心故也。波流犇迸[5]，利欲万端，宛转于其中而能察其真心之所在者，此君子之道所以为可贵耳。若于万虑不作，全体洁白，而曰真心在焉者，此始学之事耳。一生辛勤于尧舜相传之心法，不能点铁成金而不免以银为铁，使千五百年之间成一大空阙，人道泯息而不害天地之常运，而我独卓然而有见，无乃甚高而孤乎![6]宜亮之不能心服也。

[1] 语见《文中子·关朗篇》，句意为："《皇坟》《帝典》我未能得以见识，（但）不以三代的法制统治天下，终究是不安宁的国家。如果无可奈何，则（采用）两汉的制度！（如果）不用两汉的制度辅助治理天下，确实会（导致）混乱。"《皇坟》《帝典》：犹言三坟五典，传说中上古时代的典籍。[2] 浅狭：浅薄狭隘。　　[3] 匡章（生卒年不详）：战国时期齐国名将，人称章子或者匡子，曾从孟子学。《孟子·离娄下》："公子都曰：'匡章，通国皆称不孝焉，夫子与之游，又从而礼貌之，敢问何也？'孟子曰：'世俗所谓不孝者五：惰其四支，不顾父母之养，一不孝也；博弈好饮酒，不顾父母之养，二不孝也；好货财，私妻子，不顾父母之养，三不孝也；从耳目之欲，以为父母戮，四不孝也；好勇斗狠，以危父母，五不孝也。章子有一于是乎？'"陈亮引此典意谓孟子不废与匡章交往，是由于孟子具有高明见识，能于驳杂中分辨出真心，这是君子可贵之处。这种品质与能力比保持思虑的纯正不染重要得多，能做到思虑纯正不染只是初学者的状态。　　[4] 驳杂：混杂。　　[5] 犇迸（bēn bèng）：奔腾爆发。犇："奔"的异体字。　　[6] 句意为：一生勤力治学追求尧舜相传之修养心性之法，不能做到点化凡物为珍宝、于驳杂之中拈出真相，则不免以俊秀杰出为普通庸常，（这样的学术取向）使得1500年间（成为一个无"道"传承的）巨大空缺时代，人世之"道"泯灭而不妨碍天地之"道"的长久运行，而（您觉得）唯独自己能超越众人认识到（天道运行的状态），（这种想法）不是太过孤高自赏了吗！

来书所谓"天地无心而人有欲，是以天地之运行无穷，而在人者有时而不相似"，又谓"心则欲其常不泯而不恃其不常泯，法则欲其常不废而不恃其不常废"，此明言[1]也。而谓"指其须臾之间偶未泯灭底道理，以为只此便可与尧、舜、三代并隆，而不察其所以为之田地根本无有是处"者[2]，不知高祖太宗何以自别于魏宋二武[3]哉？来书又谓"立心之本，当以尽者为法，不当以不尽者为准"，此亦明言也。而谓汉唐不无愧于三代之盛时，便以为欺罔者，不知千五百年之间以何为真心乎？亮辈根本工夫[4]自有欠阙，来谕诚不诬矣，至于"畔去绳墨，脱落规矩"[5]，无乃通国皆称其不孝而因谓之不孝乎！此夷齐所以蒙头塞眼，柳下惠所以降志辱身，不敢望一人之或知者，非敢以浅待人也，势当如此耳。[6]亮不敢有望于一世之儒先，所深恨者，言以人而废，道以人而屈，使后世之君子不免哭穷途于千五百年之间，亮虽死而目不瞑矣！

[1] 明言：明著之言，明白的话。　[2] 句意为：而所谓"指望那须臾之间偶然未曾泯灭的道理，以为（凭借）这样的（道理与作为）便可与尧、舜及夏商周三代并驾齐驱，却没有考虑他们想法与行为的立足之基根本就不对"这种说法。　[3] 魏宋二武：指魏武帝曹操、宋武帝刘裕，二人均以武力、权谋取天下。　[4] 根本工夫：此处指从事儒学的深厚修养。　[5] 朱熹来书中言："不以儒者之学求之，则吾恐其畔弃绳墨，脱略规矩，进不得为君子，退不得为小人。"畔去绳墨，脱落规矩：此处指违背儒家义理的标准与原则。陈亮引用以表示对这一说法的不满。畔：通"叛"，违背。　[6] 句意为：这就是伯夷、叔齐之所以蒙塞耳目，柳下惠之所以降低意志、屈辱身份与世俗同流合污，（而）不敢期望一个人或许能够了解（他们的内心）的原因，不是敢于轻视别人，形势如此罢了。

"楼台侧畔杨花过，帘幕中间燕子飞"，当时论者以为"贫人安得此景致"？亮今甚贫，疑此景之可致，故以为"可只作富贵者之事业"？而来谕便谓"做沂水舞雩意思不得，亦不是抱膝长啸底气象"[1]，如此则咳嗽亦不可矣！心之所欲言者甚多，来戒之及，过是决不敢更有所言。但所谓"不传绝学，更须讨论"者，犹恐如俗谚所谓"千钱药却在笆篱边"耳。

[1] 沂水舞雩：指以儒家修养持身，知时处世、洒脱率真的状态。语出《论语·先进》。陈亮在前一封书信中谈自己新建房舍亭园，并引晏殊描摹富贵气象的诗句，本属轻松戏谑之笔，当然其中也不能说无丝毫欣然自喜之意，故而朱熹来书有如上语，认为陈亮的状态既无浴沂舞雩之胸次，也不是孔明抱膝长啸的气象。

许作《抱膝吟》，须如前书得两篇可长讽咏者为佳，不必论到孔明抱膝长啸。各家园池，自有各家景致，但要得语言气味深长耳。

◎ 研读

朱熹针对上一封书信，连续写了两封回书（按：即附录中朱熹书信的七、八），第一封内容不多，谈到他对陈亮引用晏殊诗句"楼台侧畔杨花过，帘幕中间燕子飞"所表达情态的看法，认为这两句诗既不能表达孔门弟子曾晳所谈到的"沂水舞雩"的情态——过一种无忧无虑、充分的、诗一般的身心自由的生活；也不能表达诸葛亮躬耕陇亩、抱膝长啸所显示的那种处江湖之远而心怀天下的气度。认为陈亮没有剥离追求富贵的想法，把富贵者的"悠游自在"和贤达儒者的"洒脱超然"混为一谈。还说到了关于《抱膝吟》创作的看法，认为叶适的诗很好，但是"不曾向顶门上下一针"，也就是说没有表达出关键的意思。上封信中陈亮曾提到朱熹写给他的《座右铭》因为有人喜欢其书法而被拿走，这让朱熹有些生气。因为朱熹本意是"为写张公（张浚）集句《座右铭》去，或恐万一有助于积累涵养、睟面盎背之功耳"，具体文字为："谨言语，节饮食，致命遂志，反身修德"，明显针对陈亮平日刚猛张扬的行事风格提出规箴，现在陈亮反手送人，显然并不认同他写此铭之意。故在此次回信中说："《座右铭》固知在所鄙弃，然区区写去之意，却不可委之他人，千万亟为取以见还为幸，自欲投之水火也。"随后表示自己身体不适，信中重要的问题会作书再谈。

第二封回信篇幅较长，主要针对尚未有定论的几个问题：一、汉唐之事业是否合道。陈亮上一封信从"夫心之用有不尽而无常泯，法之文有不备而无常废"（《又乙巳春书之一》）角度出发，认为汉唐之世、汉唐之君虽有不完美的地方，但多数时期、多数事还是符合道的要求的。朱熹不能认同这个观点。首先，朱熹认为从现实情况看，在人身上有人心、道心的区别，正因为有区别，更应该加强修养保持纯粹，且在做具体事情时不得有半点假借——"圣人之教人，必欲其尽去人欲而复全天理也。若心则欲其常不泯而不恃其不常泯也，法则欲其常不废而不恃其不常废也。"只要做事的思想出发点不纯正，就不得以正统自居；而且不能因人心、道心是现实存在的状况，就认为人心、道心相互掺杂存在理所当然，一定要追求道心的纯正——"是以欲其择之精而不使人心得以杂乎道心，欲其守之一而不使天理得以流于人欲，则凡其所行，无一事之不得其中，而于天下国家无所处而不当。夫岂任人心之自危，而以有时而泯者为当然；任道心之自微，而幸其须臾之不常泯也哉！"其次，朱熹从道统的角度强调自孟子以后，从尧、舜、禹传至儒家的道就失去了继承者："孟子既没，而世不复知有此学。"这当然是偏颇的观点，但是从朱熹批评韩愈的言谈中便不难理解他为什么说孟子以后无人能继承道统，朱熹尝言："韩文公第一义是去学文字，第二义方去穷究道理，所以看得不亲切。""如韩退之虽是见得个道之大用是如此，然却无实用功处。……他只是要做得言语似'六经'，便以为传道。至其每日功夫，只是做诗、博弈、酣饮取乐而已。观其诗便可见，都衬贴那《原道》不起。""只是不曾向里面省察，不曾就身上细密做工夫。"（《朱子语类》卷一三七）以传道自任且被苏轼评价为"文起八代之衰，而道济天下之溺"（《潮州韩文公庙碑》）的韩愈，在朱熹这里被批评对道不能真践实履、流于文学及表不及里、缺乏内在修养省察的工夫。但正是通过对道统继承如此严格的判别，朱熹强调后世的"英雄豪杰"，或因资质之佳，或因计谋之精，言行之间偶然合于道的情况是有的，但是其内心出发点还是在利欲之私，这样一讲，自然否定了以功业垂名后世的汉唐君主；后世的"学者"，稍有才气便不肯虚心用功于儒家的学问，因为他们凭借才华轻取富贵，但有时又不能全然不顾义理，于是将偶然与道相合的事理拿来言说，便认为可以与尧、舜、禹三代媲美，而没有考虑到这种想法根本没有建立在坚实纯正的"道"的土壤之上。这一条直接抨击追求功利实用之学的学者们，自然也包括陈亮。二、天道与人道的关系。陈亮在上封书信中表达自己的观点，认为人与天、地并立而为三，且三者之间的运行机制不是天地自顾自运行不止，人无能为力，而是"人不立则天地不能以独运，舍天地则无以为道矣"（《又乙巳春书之一》）。朱熹也不同意这个观点。首先，他指出不能认为天道在，人道就在；其次，虽然道以人显，但不能说有人就有道，还存在有没有达到"道"的境界的问题，人心一旦有偏差，"道"亦不在。"立心之法，当以尽者为法，而不当以不尽者为准"（附录《答陈同甫》第八），因此汉唐之君事业虽盛，但其内心思想意念不纯正，其所成就的功业就不能无愧。总之，朱熹得出结论：第一，汉唐之君虽然偶有暗合古代圣贤之道的时候，但因其出发点在利欲上，所以性质不能混为一谈；第二，不能以偏概全，不能因为偶有合于道的情况，便认为他们全部的功业与古代贤君的事业无异；总之，汉唐之君的功业合于义理者常少而不合者常多，合于义理者常小而不合者常大。三、关于"成人"。陈亮前书认为学成人不必于儒，揽金银铜铁为一器而主于适用。朱熹指出这样的观点完全是立心于"功利"，不可取。如果不以儒学为路径求成人，脱略规矩，则恐怕"进不得为君子，退不得为小人"（附录《答陈

218

同甫》第八）。而且如果讥议儒家"不传之绝学"——"从上诸圣相传心法"（附录《答陈同甫》第八），恐怕就会失去判断事物的标准，使后学义利不明、舜跖不分，追随流俗，心思学术走上歧路。

对于朱熹的反驳意见，陈亮自然不能心服，言犹未了意犹未尽，在这封书信中继续应战。陈亮的反驳大致可以概括为"两个不认同、三个不服气"。不认同者一，陈亮首先认为在评价汉唐问题上朱熹曲解了他的意思，其次认为朱熹说汉唐之君做事的出发点一无是处也不符合实际。陈亮指出自己并没有贬抑三代认为与汉唐水平相同之意，只是认为从接近"道"的角度来说，三代做得几近完善，而汉唐没有做到这个地步——"做不到尽者"，但并非完全不符合"道"，所以才有"心无常泯，法无常废"之说；另外，如果汉唐之君做事的出发点一无可取，怎么会有那些小康局面出现呢？不认同者二，关于用"楼台侧畔杨花过，帘幕中间燕子飞"表达心情，陈亮认为朱熹完全扭曲了自己的意思。他不过是想表达闲适意态，竟被朱熹数落既不符合儒者洒脱风度，也没有诸葛亮志在天下的气象，只是富贵之心未除。平心而论，朱熹此处确实有理学家的"头巾气"，这样一个细节被他上纲上线。"三个不服气"，一是从"成人"的角度谈对管仲的评价。陈亮认为孔子说"如其仁"，这里"仁"的含义与其他地方并无区别，而不应像程颐的解释："如其仁者，称其有仁之功用也"——"这就是他的仁德"这句话，是称赞他的行事有仁德的功用，并指出就像程颐所说"心迹元不曾判"，人们做事出发的心思本来没有分别，难道现在针对不同的人就要作出区别吗？这是批评朱熹对管仲的评价与对别人的评价持有双重标准。二是从做事的出发点来看，朱熹说汉唐之君做事"全体只在利欲上"，陈亮不服。认为如此说是太小看了汉唐之君，也没有仔细考量这些人在波涛汹涌的历史大潮中的真心，而且如果真这样认为的话，三代之后千五百年之间不就成了一个"道"完全缺失的时代吗？那又该如何评判汉高祖、唐太宗与魏武帝、宋武帝的区别？且人道不彰，天道独自运行，千五百年之后独有像朱熹这样的学者能看出天道的存在，难道不是自视太高了吗？陈亮通过连续的论说质疑，既表达自己的不服，也表达实际情况不可能如朱熹所论。三是不服气"言以人废，道以人屈"。陈亮承认自己欠缺修养工夫，但是如果说不通过儒家的路径，就被判断为"畔弃绳墨，脱略规矩"，走上歧途，其学说观点也不能被人接受与传播，陈亮是绝不认同的。

朱熹来信给人总体感觉是面对义理争辩坚守阵线、寸步不让，不肯有一丝放松，语气上基本能保持冷静自持的状态；陈亮同样不肯混沌论说界限，更不肯被对方误解曲解，语气上相比则更为急促显露，让人感觉到他难以压抑的不平与执笔力争的激愤。要之，个人才性气质不同，读这样的书信，不仅能让人了解一场历史时空中曾经发生的学术争论，同时也对具体参与者的风度才情有了更深刻的把握与更切近的感受。

又乙巳秋书

◎ **解题**

在陈朱二人的论辩中，朱熹力持"道统"的特点十分鲜明。本来大力强调儒家"道统"开始于韩愈，但"韩愈用力虽大，收效则微"（钱穆《朱子学提纲》），真正建立起这个谱系并发挥巨大作用的是朱熹，其话语体系对道统的持守明显体现出理论架构的意图与形态，在系列书信论辩中也有鲜明的表现，无论讲修养、论功业，还是评史事、求学问，凡是和这个话语体系偏离或在此之外的，都会被他判定为不符合道，基本持否定排斥的态度。陈亮的学说没有追求体大思精，但坚持看问题要从历史实际出发，对具体的人与事秉持正视的态度，准确地判定其价值。此封书信针对朱熹来信的观点，论述的焦点仍集中于对汉唐事业的评价、"道"是否常存于世间等问题。

春夏之交，辱报翰甚悉，所以劳长者之心力而费其言语者亦不少矣。惶恐不可言。讯后又复数月，不任尊仰。即日秋气愈肃[1]，伏惟天生贤哲，茂对令辰[2]，台候动止万福。千里之远，不能捧一觞为千百之寿，小词一阕，香两片，川笔十枝，川墨一挺[3]，蜀人以为绝品，不能别[4]也。并菖蒲一缣[5]，谩充背子用；[6]雪梨石榴四十颗，薄致区区赞祝之意。能为亮自举一觞于千里之外乎？恃爱忘分[7]，庶不以薄少轻浼为罪而笑留，幸甚。

[1] 肃：萧条。 [2] 茂：勉力，努力。对：顺合天时。《易·无妄》："《象》曰：'天下雷行，物与无妄。先王以茂对时育万物。'"令辰：吉利的时辰。 [3] 挺：量词，通常用以指长条状物体的数量。 [4] 别：辨别，区分。《左传·僖公二十四年》："目不别五色之章为昧。" [5] 樗蒲：指装饰有樗蒲花纹理的布料。缣（jiān）：量词，唐制布帛四丈为一匹，也称"缣"。宋时小谓匹为缣。《宋史·日本国传》："一衣用二三缣。" [6] 谩：通"漫"，胡乱，姑且，随便。背子：又名褙子，始于隋朝。直领对襟，两侧从腋下起不缝合，多罩在其他衣服外穿着，流行于宋、明两朝。 [7] 忘分：忘记分寸。

亮自去载两遭大变之后，意绪日以颓堕，须鬓亦种种[1]矣。所幸椀饭粗足，可免营求[2]。若得萧散[3]十年，高床大枕而死，夫复何憾！惜其胸中之区区，不能自明于长者之前；人微言轻，不为一世所察；秘书虽察之而不详，多言又非所以相浼渎[4]；抱此不满，秘书谓其亦何所乐也！

[1] 种种：发短貌，形容老迈。《左传·昭三年》："余发如此种种，余奚能为。" [2] 营求：经营财富，谋求。《魏书·李崇传》："家资巨万，营求不息。" [3] 萧散：闲散，清闲。 [4] 浼渎：玷污，亵渎，多用作谦词。

亮大意以为本领闳阔[1]，工夫至到[2]，便做得三代；有本领无工夫，只做得汉唐。而秘书必谓汉唐并无些子本领，只是头出头没[3]，偶有暗合处，便得功业成就，其实则是利欲场中走。使二千年之英雄豪杰不得近圣人之光，犹是小事，而向来儒者所谓"只这些子殄灭不得"[4]，秘书便以为好说话、无病痛乎[5]！

[1] 闳阔：宏伟广阔。 [2] 至到：指程度达到极点。 [3] 头出头没：意谓追随世俗。语出《五灯会元·濠州思明禅师》。 [4] 这些子：此处指前后传承不断、得以延续下来的"道"。殄（tiǎn）灭：消灭，灭绝。[5] 句意为：您便以为这就是很好的说法，没有任何问题吗？

来书所谓"自家光明宝藏"[1]者，语虽出于释氏，然亦异于"这些子"之论矣。天地之间，何物非道？赫日[2]当空，处处光明。闭眼之人，开眼即是，岂举世皆盲，便不可与共此光明乎！眼盲者摸索得着，故谓之暗合，不应二千年之间有眼皆盲也。亮以为：后世英雄豪杰之尤者，眼光如黑漆，有时闭眼胡做，遂为圣门之罪人；及其开眼运用，无往而非赫日之光明，天地赖以撑挂，人物赖以生育。今指其闭眼胡做时便以为盲，无一分眼光；指其开眼运用时只以为偶合，其实不离于盲。嗟乎，冤哉！彼直闭眼耳，眼光未尝不如黑漆也。一念足以周[3]天下者，岂非其眼光固如黑漆乎！天下之盲者能几？赫日光明未尝不与有眼者共之。利欲汩之则闭，心平气定，虽平平眼光亦会开得。况夫光如黑漆者，开则其正也，闭则霎时浮翳[4]耳。仰首信[5]眉，何处不是光明？使孔子在时，必持出其光明以附于长长开眼者之后，则其利欲一时涴[6]世界者，如浮翳尽洗而去之，天地清明，赫日长在，不亦恢廓洒落、闳大而端正乎！今不欲天地清明，赫日长在，只是"这些子殄灭不得"者便以为古今秘宝，因吾眼之偶开便以为得不传之绝学，三三两两，附耳而语，有同告密；画界而立，一似结坛[7]，尽绝一世之人于门外，而谓二千年之君子皆盲眼不可点洗[8]，二千年之天地日月若有若无，世界皆是利欲，斯道之不绝者仅如缕耳。此英雄豪杰所以自绝于门外，以为立功建业别是法门，这些好说话且与留着妆景足矣。若知开眼即是个中人，安得撰[9]到此地位乎！

[1] 自家光明宝藏：禅宗用语，意为众生各自具有如来藏佛性。此处指自己本身所持守拥有的义理、认识。语出《景德传灯录》。　[2] 赫日：红日。　[3] 周：周遍。《周易·系辞上》："知周乎万物，而道济天下。"[4] 浮翳（yì）：犹遮蔽，也指云雾等遮蔽物。　[5] 信：通"伸"，伸长，舒展。《易·系辞》："尺蠖之屈，以求信也。"　[6] 涴（wò）：弄脏，污染。杜甫《虢国夫人》诗："却嫌脂粉涴颜色。"　[7] 结坛：佛教、道教的宗教仪式，按照教义教理的规定，构建一个坛场安置神灵，然后举行法事。此

处用其比喻义，指结成团体之意。 ［8］点洗：点抹洗涤。 ［9］撰：通"选"，选择。左思《招隐》诗："逍遥撰良辰。"

秘书以为三代以前都无利欲，都无要富贵底人。今《诗》《书》载得如此净洁，只此是正大本子。亮以为才有人心便有许多不净洁，革道止于革面，亦有不尽概圣人之心者。[1]圣贤建立于前，后嗣承庇于后，又经孔子一洗，故得如此净洁。秘书亦何忍见二千年间世界涂涴、而光明宝藏独数儒者自得之，更待其有时而若合符节乎？[2]迁善改过，圣人必欲其到底而后止，若随分点化，是不以人待之也。[3]点铁成金，正欲秘书诸人相与洗净二千年世界，使光明宝藏长长发见，不是只靠"这些子"以幸其不绝，又诬其如缕也[4]。最可惜许多眼光抹漆者尽指之为盲人，而一世之自号开眼者，正使眼无翳，眼光亦三平二满，元靠不得，亦何力使得天地清明，赫日长在乎！[5]

［1］革：变革，变化。革面：指改变颜色、容色。《易·革》："《象》曰：'君子豹变'，其文蔚也；'小人革面'，顺以从君也。"概：概括符合。［2］句意为：您也哪里忍心见两千年间世界糊涂污浊，而珍贵的"道"只有少数儒者自认为传承并觉悟，又哪里需要谈到有时会出现实际做事者（之行事原则与方法）与"道"完全相符合（的情况）呢？ ［3］句意为：改正过失向善，圣人必定希望人们做到彻底改正而后停止，如果是根据情况随便指点一二，那是不以人之道相对待啊。 ［4］句意为：又诬蔑"道"之传承（常处在）微弱如细丝般要断绝的状态。 ［5］句意为：最可惜许多眼光明亮的人尽被指为盲人，而世间自称打开眼目者，即便没有白翳遮蔽，眼光也不过平常普通，原本就靠不住，又哪里有力量使得天地焕然清新、红日长在呢！

亮之说话，一时看得极突兀，原始要终[1]，终是易不得耳。秘书莫把做亮说话看，且做百行俱足人忽如此说。[2]秘书终不成尽弃置不以入思虑也？亮本不敢望有合，且欲因此一发，以待后来云云。

[1] 原始要终：推求事物发展的起源和结果。　　[2] 句意为：您不要把如上文字当作是我陈亮在说话，且当作是品德行为完善者忽然这样去说。

◎研读

在辩论中两人最大的分歧莫过于对汉唐之君及其事业的评价与定位。朱熹对陈亮上封书信的回复（附录《答陈同甫》第九）所谈仍以此为核心，朱熹在这一封书信中采用了递进论证的方式，强调了三个层次的问题。一、古之圣贤与后之英雄有区别，关键在其内在功夫。朱熹认为两人一致的地方有一点，就是都认为后人在依道做事的时候不能做到尽善尽美，但朱熹认为陈亮只是发现了这个现象，并没有找到现象背后的原因，"但论其尽与不尽，而不论其所以尽与不尽"。朱熹认为古之圣贤之所以杰出，在于"从本根上便有惟精惟一功夫"，而后之英雄没有这样的修养功夫，只凭借自己的利欲之心去做事情，其中个人资质佳者有所体会树立，偶然做事暗合于道，也不是说他就是从道心出发，因此与那些一般的英雄豪杰做事或合或不合于道——不能尽善，其实没有什么分别。所以不能因其表面上偶然做到了，就以为与古之圣贤立身行事相同，由于出发点不同，实际上差之毫厘谬以千里，性质完全不同。二、以如上义理为依据，朱熹评价管仲"心乃利欲之心，迹乃利欲之迹"，虽然孔子赞赏其功业，但后世学者如孟子、董仲舒秉承义理来考查，皆作了负面的判断而毫不宽容。三、基于如上事实，朱熹认为儒者要"密传谨守"古圣相传之道，稍有不慎就会失去道义之正，偏向于利欲之私。由以上的论说可以看出朱熹采取了环环相扣的方式，步步推进，对自己所讲之理防守甚严。

陈亮上封书信中有"点铁成金"之说——劝朱熹更新认识并转换阐释汉唐历史的角度，朱熹认为这种方法施之于有教无类、迁善改过的教育之事可以，对于历史事实，因其已定形，不是人口舌议论所能改变，不可能将"功利之铁"追点为"道义之金"。这实际是对"阐释"的排斥，历史固然不容篡改，但从来都是被阐释的。孟子以来的儒者对管仲形成的不同认识，岂非是在新的历史条件下的一种阐释？只不过朱熹自己没有觉察这一点。随后朱熹顺着金铁之喻继续论述，指出："圣人者，金中之金也；学圣人而不至者，金中犹有铁也。汉祖唐宗用心行事之合理者，铁中之金也，曹操刘裕之徒，则铁而已矣。"朱熹认为学者坚守儒家义理——"自家光明宝藏"即可，这是金中之金，现在肯定汉唐之君，犹如去铁炉旁的矿渣中拣择零星之金，这不是极其错误的举动吗？陈亮所提王通"以两汉之制辅天下"的观点，朱熹也认为是卑陋之说，不足为据。再次提出如果见得"不传底绝学"，就不会受世俗闲杂议论的蒙蔽。而且批评陈亮的议论不仅不能堵塞世间重视功利的英雄豪客们之口，更起到了推波助澜的作用，是纵风止燎，使这些人更加轻视圣贤事业而无所忌惮。这些批评出语峭拔凝重，不可谓不严厉。

陈亮自然不肯示弱，在秋天的这封回信中分别予以回应。一、对于朱熹评价汉唐，陈亮还是坚守自己的认识，不同意汉唐事业成功是偶合于道，不同意完全出于利欲。二、对于坚守"自家光明宝藏"之说，陈亮采取了一个巧妙的比喻加以回应。他将"道"比作太阳，红日高悬处处光明，闭眼者开眼即见，即便举世皆盲，光明依然存在。更何况英雄豪杰中之出类拔萃者，其眼目如漆，有时闭眼胡做，固为圣门之罪人，及其开眼见道，以道的要求去做事，却指其为偶合，认为与盲眼者并无差别，实在是太过冤枉。陈亮认为这些豪杰即便闭着眼睛未尝不目光如炬，了然天道于胸中，其闭眼——做错事之时，不过是偶然有浮翳遮蔽了目光。三、仍坚持"点铁成金"之说。陈亮认为从历史实际来看，"才有人心便有许多不净洁"，现在看上去三代以前都无利欲，《诗》《书》记载事件如此干净，是因为"圣贤建立于前，后嗣承庇于后，又经孔子一洗，故得如此净洁"，承接先贤事业的人已经做了庇护、选择、过滤、阐释的工作。因先贤对历史作了选择性的传承与价值判断，陈亮反问朱熹难道忍见两千年间只有数儒得"光明宝藏"，而余人皆懵懂行事吗？如果真是如此，那就应做事做到底，彻底重新认识汉唐世界，阐释清楚当时天道与人道的关系，而不是独自窃喜有些微义理传承不绝而已。而且陈亮批评说许多眼如点漆者被指为盲人，但当世很多号为开眼者，却眼光平平、见识浅薄，其议论根本不值一提，更别说能弘扬天道使之长存于世了。四、对于"这些子殄灭不得"，陈亮则持讥讽态度，指出是"因吾眼之偶开便以为得不传之绝学"，这些人排斥异己、画地自限，认为只有自己传承了儒家正统之道，十分狭隘，实际上指责的就是强调正心诚意、推崇内心修养、以为内具足而后施之于事无不如意的道学一派。

论战进行到这个地步，实际上双方谁也无法说服谁，陈亮在此书开头说："抱此不满，秘书谓其亦何所乐也！"结尾说："亮之说话，一时看得极突兀，原始要终，终是易不得耳。"十分明确地表示自己内心的想法如果隐忍不发，不被人了解，实在不快，而且终究也不会改变自己的观点。我们也清楚地看到坚持儒家道统思想并以继承道统为己任的朱熹，不管陈亮怎样找到漏洞加以攻击，都逐个予以回应反击，他仿佛在自己的城垒之中，此城高大坚固，其主人据城从容应战；陈亮则像一个挑战的勇士前来叫阵，对战数个回合未分高下，但其艺业之精也着实让人感叹——文章咄咄逼人，论辩气势充足，言语切中要害，每令人抚卷称奇！

丙午复朱元晦秘书书^①

◎ 解题

这封书信是陈亮现存文集中写给朱熹的最后一封信，其中有具有总结性质的内容，也可以说是陈朱"义利王霸"之辩的一个小结。由朱熹丙午之后回信看，此后两人书信往来一直没有中断，直到陈亮中状元之后，仍写信互通消息，但陈亮后来写给朱熹的信件散逸，非常可惜，人们已不能看到后来的议论。从这些往来的信件中可知，两人自从因祭奠吕祖谦始相见后，数年之间讲论不断，虽意见不一致，但朋友之间的交往是真诚的。陈亮论辩时言辞尖锐，但对朱熹本人十分尊敬。从朱熹回信可知，陈亮几乎每年都在朱熹生日时派人赠送礼物，有时还附上祝寿的词作。朱熹也屡表谢意。朱熹来信也每存规谏关心之意，陈亮对此亦深知而感念，在与其他友人的书信中尝言："朱元晦、辛幼安相念甚至，无时不相闻。"（《与章德茂侍郎》第三，《陈亮集》卷二十七）君子之交，其言直、其义深、其情温，千载而下，读其文而令人追想其风采。

不获拜起居之问，又一年矣。七八月之交，子约处递到所惠书，备纫^[1]存念不忘之意。陆沉至此，如门下之着眼者几人，遥望门墙，每欲飞动。即日秋高气清，伏惟茂对令辰，天人显相，台候动止万福。千里之远，竟未能酬奉觞为寿之愿，雪梨甜榴四十颗。今

---

① 丙午：淳熙十三年（1186）。

岁乡间遭大风，梨绝难得，极大者仅如此。章德茂[2]得蜀隔织一缣，疏不甚佳，只堪麤裘用。苏笺一百，鄙词一阕，薄致祝赞之诚，不敢失每岁常礼尔。无佳物自效，切幸笑留！

[1] 纫：感佩不忘。　　[2] 章德茂：章森（？—1204），字德茂，绵竹（今属四川）人。宋孝宗淳熙十二年（1185）以大理少卿充贺金国生辰国信使。后任权吏部侍郎、知建康府、知江陵府、知兴元府等职。与陈亮交好。

向来往还数书，非敢与门下争辩，聊以明不敢自屈其说以自附和，以亮之畸穷[1]不肖，本应得罪于一世大贤君子，秘书独怜其穷，不忍弃绝之，亮亦因不敢自外于门下尔；世以相附和为党而欲加之罪者，非也。此数书亦欲为免死之计，见世之有力者亦使一读之，而秀才门[2]见其怪甚，相与传说流布，非有意流传之也。

[1] 畸穷：非常贫穷，困顿窘迫。这里强调经历、遭遇不佳。　　[2] 门：通"们"。

亮平生不曾会与人讲论，独伯恭于空闲时喜相往复，亮亦感其相知，不知其言语之尽。伯恭既死，此事尽废。子约、叔昌卒岁一番相见，不过寒温常谈，而安得有所谓讲切[1]者哉！来书问"有何讲论"者，犹以亮为喜与人语乎？兼之浙间议论，自始至末，亮并不晓一句。

[1] 讲切：讲论切磋。

道之在天下，至公而已矣，屈曲琐碎[1]皆私意也。天下之情伪，岂一人之智虑所能尽防哉，就能防之，亦非圣人所愿为也。《礼》曰："人藏其心，不可测度也。美恶皆在其心，不见其色也。欲一以穷之，舍礼何以哉！"[2]惟其止于理，则彼此皆可知尔；若各用其智，则迭相上下而岂有穷乎。圣人之于天下，时行而已矣，逆计[3]、预防，皆私意也。天运之无穷，岂一人之私智所能曲周哉，就能周之，亦非圣人之所愿为也。《易》有太极而生两仪，两仪生四象，四象生八卦，八卦定吉凶，吉凶生大业。故圣人“先天而天弗违，后天以奉天时”。[4] 先天者所以开此理也，岂逆计、预防之云乎！世疑《周礼》为六国阴谋之书，不知汉儒说《周礼》之过尔，非周公之本旨也。老庄之所以深诮[5]孔子者，岂非欲以一人之智虑而周天下乎，不知其本于至公而时行[6]也。秘书之学，至公而时行之学也；秘书之为人，扫尽情伪而一于至公者也。世儒之论，皆有官不容针私通车马[7]之意，皆亮之所不晓；故独归心于门下者，直以此耳。有公则无私，私则不复有公。王霸可以杂用，则天理人欲可以并行矣。亮所以为缕缕者，不欲更添一条路，所以开拓大中[8]，张皇幽眇[9]，而助秘书之正学[10]也，岂好为异说而求出于秘书之外乎！不深察其心，则今可止矣。

[1] 屈曲琐碎：这里指各家各派限于门户，而曲意贯彻自己主张的各种提法与议论。　[2] 引语句意为：人人都把心思深藏起来，难以测度。美好和丑恶皆在心中，不表现于颜面外表上。要想彻底弄清楚，除了礼还能用什么呢？语出《礼记·礼运》。　[3] 逆计：预测。　[4]《易·乾》：“《文言》曰：‘夫大人者，与天地合其德，与日月合其明，与四时合其序，与鬼神合其吉凶，先天而天弗违，后天而奉天时。’”意谓大人（圣人）因与天地合德，所以能行先天之道，故天也不违背他，后于天道而行事，也能顺应天时四序。　[5] 诮（qiào）：责备，讥讽。　[6] 时行：应天时而行。　[7] 官不容针私通车马：谚语，意思是指表面上官法严紧，私下却可宽容。陈亮用于此处，讥讽世间俗儒言论表面严守门户，内里却有不小漏洞。　[8] 大中：指无过与不及的中正之道。《易·大有》：“柔得尊位大中，而上下应之曰大有。”王弼注：“处尊以柔，居中以大。”高亨注：“象大臣处于尊贵之位，守大正之道。”　[9] 张皇幽眇：阐发张扬思想或著述中的深妙精微之义。
[10] 正学：谓合乎正道的学说。《史记·儒林列传》：“公孙子，务正学以言，无曲学以阿世！”

比见陈一之国录，说张体仁太博为门下士，每读亮与门下书，则怒发冲冠，以为异说；每见亮来，则以为怪人，辄舍去不与共坐。由此言之，此数书未能免罪于世俗，而得罪于门下士多矣；不止，则楚人又将钳我于市[1]。进退维谷，可以一笑也。甚欲走武夷为旬日之款，而近来亦自多病，眼前衮衮[2]，更摆脱不暇，且看冬仲如何。如闻生理亦颇费力，叶正则独以为"秘书不求容于世，吾人不当为姑息之爱以相累"，此言良有理。天下之事岂人智所可妆做而辏合哉！要之，今世学者终是信命不及，尚未暇其安于义也。如亮之谬戾[3]颠倒，分[4]与世违而无所恤，则又别论也。定叟[5]智出于父兄之外，而卒不免。虎狼、蝼蚁，正未易择。

[1]　则楚人又将钳我于市：楚元王刘交敬重穆生，常设醴以待；及其子戊即位，忘记设醴。穆生退曰："可以逝矣！醴酒不设，王之意怠，不去，楚人将钳我于市。"后因以"楚人钳"比喻杀身之祸，亦省作"楚钳"。典出《汉书》卷三十六《楚元王列传·楚元王刘交》。陈亮用此典进一步强调，其他不赞同他观点的学者，恐怕也会发难。　　[2]　衮衮：连续不断，众多。此处指眼前事情很多。　　[3]　谬戾：错乱，违背。　　[4]　分（fèn）：料想。《后汉书·顺帝纪》："自分必及祸。"　　[5]　定叟：张杓（jīn），字定叟，张浚次子，汉州绵竹（今属四川）人。本传附于《宋史》卷三六一《张浚传》，其中有评价："杓天分高爽，吏材敏给，遇事不凝滞，多随宜变通，所至以治辨称。南渡以来，论尹京者，以杓为首。"

亮方学为治圃之事[1]，亦欲治一二亭子，力所未能者甚多，其可及者又为风撤去。"洛阳亭馆是何人"，吾人真瓶中见粟[2]之人尔。连书求作《抱膝吟》，非求秘书妆撰而排连也[3]，只欲写眼前景物，道今昔之变，一为和平之音，一为慷慨悲歌，以娱其索居野处耳。信手直写，便自抑扬顿挫，何必过于思虑以相玩哉！去奴留待几日尽不妨，愿试作意而为之。

[1]　治圃之事：泛指田园营建之事。　　[2]　瓶中见粟：谓有微薄的粮食积存，借指书生清贫普通的生活。瓶：指盛米用的陶制容器，如甏（bèng）、

瓮之类。陶渊明《归去来兮辞》："幼稚盈室，瓶无储粟。" 　　[3] 妆撰：以美化修饰的方式去撰写。排连：排行相连，这里指铺排成文。

　　入秋脚气殊作梗，意绪极不佳，欲作一书，数日方能下笔，又不成语言，遣仆遂以蹉跎，秘书必察其非敢慢也。寿之宣教侍旁，为学日粹[1]，失子之戚今能置之[2]乎？台眷长少均庆！荆妇儿女附拜再四起居[3]。未承晤间，千万为世道崇护，亮不任区区之祷！

　　[1] 粹：纯正，美好。 　　[2] 失子之戚：指朱塾丧子之痛。置之：意指放在一边不再考虑。 　　[3] 荆妇：对人称己妻的谦辞。再四：连续多次，表恭敬。

◎研读

　　陈朱之间的讲论，始于武义明招堂和永康龙窟陈亮宅，初见面时当然并不可能说得很深入，但是已经交流了一些看法，也有分歧之处。朱熹后来在淳熙十一年（1184）给吕祖俭的信中有所提及："……所谓秦汉把持天下有不由智力者，乃是明招堂上陈同甫说底。"（《答吕子约》书二十二，《晦庵集》卷四十七）他在给陈亮的信中有云："《策问》前篇，鄙意犹守明招时说"（附录《答陈同甫》第三），也是指明招堂初次面论。当时观点并不激烈，因为并未深究。直到朱熹提出希望陈亮"绌去义利双行、王霸并用之说，而从事于惩忿窒欲、迁善改过之事，粹然以醇儒之道自律"（附录《答陈同甫》第四）的说法，陈亮觉得朱熹这种说法不仅对自己的学术概括不准确，而且指明的努力方向也不符合自己向来持身的准则，所以连书论理。辩论的高潮集中于甲辰秋书、乙巳三书之中。在这四封书信中，陈亮不仅谈了对自我的认识与定位，更集中笔力以汉唐为例谈事功、功利与天道的关系，天道与人道的关系，以及成人之论等问题。由于他性格直率，观点表达是比较充分而彻底的。在论辩的过程中，朱熹已经发现两人终究不可能互相认同，曾经说过"若犹未以为然，即不若姑置是事，而且求诸身，不必徒为谈谈，无益于道"（附录《答陈同甫》第八），表达了不必再继续议论的想法，但当时陈亮话犹未尽，故之后仍延续讨论。到这一封信，实际上陈亮也表现出比较明确的止战态度，信里他没有再突出强调二人之异，采取了一种在"求同"的大框架下认识其"异"的方式进行论述。

这个"同"便是两个基本前提，一为"道"、一为"圣人"。陈亮指出："道之在天下，至公而已矣……惟其止于理，则彼此皆可知尔。""道"是万物运行的本源，至公而无私，体现于世间便是"理"，是讲究一切问题的基础，如果不以理为基础，各运其智各持己见，终究是论说无穷而难有定论。"圣人"对于天下意义是体现出"时行"的状态，即能够因时而行、顺时而为，对于天地运行来说一切个人的推测、预设都没有用，因为个人的智虑难以穷尽这种纷繁复杂的规律，所以圣人才要"本于至公而时行"，以道为本源，应时而动。能认识"道"，就能够秉持至公之态度以看待事物；能追随"圣人"，就能够达到因应时势而采取行动的状态。这样的大前提在当时的语境中，任何一方接受起来都没有问题，这样陈亮也便于在这封带有总结性质的书信中给朱熹和自己定位，即随后说："秘书之学，至公而时行之学也；秘书之为人，扫尽情伪而一于至公者也。……故独归心于门下者，直以此耳。有公则无私，私则不复有公。"这里对朱熹的评价很高，而从当时朱熹的学术影响来看也确属当世执牛耳者，能担当得起这样的评价。随后才提了"异"的方面，但认为其"异"亦同归于一道。还是说到王霸问题，从历史发展来看，实际上历朝历代绝非单纯的王道、单纯的霸道，必然是错杂而用，所以陈亮说"王霸可以杂用，则天理人欲可以并行矣"，指出自己之所以多次论述这个问题，不是想独自创新一条路，而不过是想拓展朱熹所坚持的"正学",也不是要有意为异,"岂好为异说而求出于秘书之外乎!"

陈亮之所以能以这样的方式去论述,其实有个基本事实在,无论他怎样批判儒生、说成人之道非儒者一途,但从其基本身份和学术的基本特色来说,他还是一位儒生,他的学说也在儒家的框架之内。他只是瞧不起墨守成规、沉迷章句、平庸无聊的儒生,而不是厌恶所有儒生,否则也不可能如此尊敬朱熹了。钱穆论儒学流变时曾谈道:"史汉儒林传中序列诸儒,皆起汉初,而曾思孟荀不预。此乃一代之新儒,以传经言治为业,与战国诸儒之以明道作人为唱者,畸轻畸重之间有不同。此一区别,首当明辨。""汉儒言治道,必本于经术,而经籍之整理,事亦不易。……今再综合言之,汉儒之为功于当时者,一为治道之实绩,一为传经之专业。又复渐分两途,一则专务治术,一则专守经业。"(《朱子学提纲·先秦儒至汉儒的流变》)自从有了这样的传统,从汉代开始实际上儒生也基本各有偏重,或贯通经典讲求治术,或致力于注经传经,虽然并非每个儒生都可严格按此归类,但大体以这两途为主。偏重于治术的自然免不了考虑军国大事、论王论霸——趋于外王;偏重于传经解经者自然多用力于道德规范、内心修养——趋于内圣。"一句话,朱熹是弘扬'内圣'的,陈亮是鼓吹'外王'的,这就是儒家文化的一种奇妙的义利功德二相性——内圣外王。从这个意义上也可以说,朱熹与陈亮的义利王霸之辩其实就是内圣外王之辩,他们都是各自想在儒家'内圣外王'事业上'多着些针线',一个给'内圣'锦上添花,一个给'外王'雪中送炭,谁都没有超越儒家思想的藩篱。"(束景南《朱子大传·全方位的文化论战》)正是因为同在儒学的宏大体系之内,所以陈亮说自己只不过想开拓朱熹之学的范围,并非有意立异,也可以说得过去。

在陈亮这封书信里,有几句话值得注意:"亮平生不曾会与人讲论，独伯恭于空闲时喜相往复，亮亦感其相知，不知其言语之尽。伯恭既死，此事尽废。子约叔昌卒岁一番相见，不过寒温常谈，而安得有所谓讲切者哉！"吕祖谦愿意与陈亮交往，因为吕氏之学具有兼收并蓄的特色，且有与陈亮接近相通之处。朱熹就曾指出："其（吕祖谦）学，合陈君举（陈傅良）、陈同甫二人之学问而一之。永嘉之学，理会制度，偏考究其小小者，惟君举为有所长，若正则（叶适）则涣无统纪，同甫则谈论古今，说王说霸。伯恭则兼君举、同甫之所长。"（《宋名臣言行录》外集卷十三）学术上有相同的兴趣点，应该是吕、陈交往的基础。此外，陈亮之颖异才华与其独特的英雄气质，让他区别于一般士人，这也应该是吕祖谦欣赏的地方，所以多年来二人交往密切，从往来信件中可以看到无论是学术问题还是具体到文章的遣词用语，均相讲说。真挚的友情固未为稀，但这样能常相往复、切磋增益的朋友却不易得。所以陈亮感慨吕祖谦逝后，"奇文共欣赏，疑义相与析"之事便停止，其他熟悉的友人如子约（吕祖俭）、叔昌（潘景愈）虽然也相见，二人学问亦佳，但实际来说与陈亮并不在同一水平，所以也没法相互启发讲论。与朱熹的讲论当然并非出于有意，但是也有一些现实因素。陈亮之所以生起讲论之意，是觉得朱熹对自己的学术评价不够准确，况且当时又遭遇牢狱奇祸，方离囹圄，内心实难压抑别人对自己的误解，必须辩明；而朱熹的辩论一方面当然是学术问题的讨论，但另一方面则出于以道统为己任、维护学术正统的意图，而且这一方面可能更重要，因为朱熹每到一地都广泛与当地士人交往，既了解当地学术及各方面的情况，也希望扩大自己的影响，去浙东任职也不例外。朱熹在给其他人的信中曾谈到相关感受："顷岁入浙，从士大夫游。数月之间，凡所闻者，无非枉尺直寻、苟容偷合之论，心窃骇之。"（《晦庵集》卷三十八）甚至把这股功利思潮兴起的根源归之于吕祖谦，"婺州自伯恭死后，百怪都出。至如子约别说一般差异底话，全然不是孔孟规模，却做管商见识，令人骇叹！然亦是伯恭自有些拖泥带水，致得如此，又令人追恨也！"（《答刘子澄》书十一，《晦庵集》卷三十五）在与弟子论学时也谈道："陈同甫学已行到江西，浙人信向已多，家家谈王伯，不说萧何、张良，只说王猛；不说孔孟，只说文中子，可畏可畏！"（《朱子语类》卷一二三）对陈亮的影响，他感到有必要扭转，所以积极应战。陈亮与吕祖谦可谓是知音，与朱熹则绝对是对手。知音与对手，情态上不同，但能达到的启发思想、激发新见的效果却往往相同，陈亮、朱熹就是如此。就"义利王霸"问题的辩论成了中国思想史上的一个精彩瞬间而言，各种哲学史、思想史的著作历来都无法忽略这个片段。在往来信件中，陈亮曾经说过："尽布心腹，以求是正，留与千百年间做个说话，亦庶几不枉此一生一死矣。"（《乙巳春书之一》）作为后世的研读者看到这样的话语，没法不感慨他的先见与自信，这件事他无疑是做到了。"虽然他不敢把自己看成时代的第一人，但他深信自己的思想和举动有不可替代的价值。"（卢敦基《人龙文虎——陈亮传》第四章"以理学和史学研究为中心的时期"）当时是，现在亦如此！

还有一件事不得不提，陈亮在淳熙乙巳年（1185）春两封信及丙午年（1186）这一封书信中，都提到希望朱熹为他写《抱膝吟》。陈亮多次向朱熹求字及诗文，朱熹都答应了。唯独陈亮求为自家园中一处小轩作《抱膝吟》，朱熹久久未落笔。朱熹也说过原因，说陈傅良、叶适的同题作品已把意思说尽，自己不好落笔，但是真正的原因还是陈亮看重此篇要他创作，为人作诗文，尤其是题写其所居之处，自然要写出对方的精神与思想意趣，朱熹不想违心敷衍。"《抱膝吟》亦未遑致思，兼是前论未定，恐未必能发明贤者之用心，又成虚设。"（附录《答陈同甫》第九）陈亮于绍熙四年（1193）中状元后，给朱熹去信，信中仍提到求写《抱膝吟》之事。朱熹回信说："《抱膝》之约，非敢食言，正为前此所论未定，不容草草下语，须俟他时相逢，弹指无言可说，方敢通个消息。但恐彼时又不须更作这般闲言语耳。"（附录《答陈同甫》第十五）不作《抱膝吟》并不能说明朱熹固执，正可以看出朱熹对理论争论十分认真和执着，丝毫不容苟且宽假。这件小事同时说明两人在论战中各自坚守立场，谁也没有说服谁，直至陈亮去世，此篇终究未作。叶适说："同甫既修皇帝王霸之学，上下两千余年，考其合散，发其秘藏，见圣贤之精微常流行于事物，儒者失其旨，故不足以开物成务。其说皆今人所未讲。朱公元晦意有不与，而不能夺也。"（《龙川文集序》，《水心集》卷十二）的确如此。"这个争论，基本上是英雄主义和道德主义的一次对决"（韦政通《中国思想史》第三十八章"陈亮与叶适"），两个价值观、做事取向完全不同的人，虽然互相钦佩学问，但的确做不到相与融洽，更无法折服于对方！

送韩子师^①侍郎序

◎解题

　　给年辈、地位高于自己的人写赠序，一般都要颂扬对方的德行功业，但评说一州一府官员的政绩本非易事，要见其精神更是难上加难。良吏可圈可点者必多，到底说哪一件？刻画其精神肯定也要通过实事去写，笔墨周旋一番。这篇文章不仅不写对方具体的治理业绩，更不写其躬亲操劳之态，而是劈空落笔，运用传奇笔法直接写离任归去的最后一天，以百姓的态度说明一切，结尾的提问则意味深长。

　　秘阁修撰韩公知婺之明年，以"恣行酷政，民冤无告"劾^[1]去。去之日，百姓遮^[2]府门愿留者，顷刻合数千人，手持牒以告摄郡事^[3]。摄郡事振手^[4]止之，辄直前不顾，则受其牒，不敢以闻。明日出府，相与拥车下，道中至不可顿足^[5]，则冒禁行城上，累累^[6]不绝，拜且泣下，至有锁其喉自誓于公之前者。里巷小儿数十百辈罗马前，且泣下。君为之挖泪^[7]，告以君命决不应留，辄柴^[8]其关如不闻。日且暮，度不可止，则夺刺史车置道旁，以民间小舆舁^[9]至梵严精舍，燃火风雪中围守之。其挟舟走行阙^[10]，告丞相、御史者，盖千数百人而未止。又明日，回泊通波亭，乘间欲以舟去，

---

　　①韩子师：韩彦古（？—1192），字子师，延安（今属陕西）人，韩世忠幼子。高宗绍兴十八年（1148）直秘阁。后任知严州、知平江府等职。

百姓又相与拥之不置^[11]，溪流亦复堰断^[12]不可通。乡士大夫惧蝼蚁之微不足以回天听，委曲谕之，且却且前^[13]。久乃曰："愿公徐行，天子且有诏矣。"公首肯之。道稍开，公疾驰径去。后来者咎其徒之不合舍去，责诮怒骂，不啻^[14]仇敌。呜呼！大官，所尊也；民，所信也。所尊之劾如彼，而所信之情如此，吾亦不知公之政何如也，将从智者而问之。

    [1] 劾：检举揭发罪状。   [2] 遮：拦住。   [3] 牒：文书。摄郡事：代理州府事务的官吏。   [4] 振手：挥手。   [5] 顿足：以脚踩地，此处形容人拥挤，无立足之地。   [6] 累累：成群结队。   [7] 抆（wěn）泪：擦眼泪。   [8] 柴（zhài）：用柴木围护或覆盖、阻碍。《淮南子·道应》："柴箕子之门。"   [9] 舁（yú）：扛，抬。   [10] 挟（xié）：用，使用。《史记·白起列传》："乃挟诈而尽坑杀之。"行阙：行宫前的阙门，借指行宫，南宋都城临安相对北宋故地来说是皇帝临时驻跸之所，故称"行阙"。[11] 不置：不舍，不止。   [12] 堰断：受阻而断绝。   [13] 且却且前：一边（稍微）退让，一边让太守的队伍（缓慢）向前。却：退。   [14] 不啻：不亚于。

◎ 研读

    这是一篇论政叙事的杰作。文章记述韩子师为婺州太守，被言官以为政严酷弹劾丢官。韩子师离婺之日，先是数千百姓聚集府门，请韩太守留下，主持郡政者只敢收下百姓恳请挽留的文书，却不敢上报。次日，韩子师出府邸大门，百姓阻拦车骑，相拥道中，人多道不能容，有犯禁爬到城上者，拜且泣下，至于锁喉自誓。又有小孩百余，排列马前，不让离去。韩子师见状，拭泪告诉大家，君命不能违，不可久留，但百姓就是不听。到了晚上天寒风雪，百姓将太守的马车弃置路边，用民间小轿将韩子师抬至佛寺，点起篝火，围守不让走。也有不辞舟车劳顿上京请命希望韩太守留下的，数千百人不止。天明，韩子师至码头，欲乘舟去，百姓又相拥挽留不肯放行，来人之多至溪水断流。乡中的士大夫知道百姓之愿不足以动天听，不断地劝说，慢慢地辟开一条小道让韩公徐行。后来道路稍开，韩公急驰而去，继续前来的百姓转而痛骂前面的人为什么没有留住韩公，怒若仇敌。作者感慨：大官是我们所尊崇的，百姓是我们所信任的。大官用那样严重的理由弹劾韩子师，百姓对韩子师的信任却又如此真切。我也不知道韩子师为政如何，能不能找到一个智者请教正确的答案呢？

韩子师，即韩彦古，韩世忠幼子（《建炎以来系年要录》卷一五八、卷一六二）。《宋史·韩世忠传》提到官至户部尚书。康熙《金华府志》卷十一说其于乾道八年（1172）以秘阁修撰知婺州，那么此文应作于1173年。《陈亮集》卷二十七有《与韩子师侍郎》，细读该书，可知作于韩子师知婺州之前。其中有言："然贤士大夫间有私忧过计，以临安过于严为虑者。亮因语以韩丈往数为亮言：'作京辇与外郡不同。'又见梦锡叶丈言：'和州之政平易近民，百姓至今德之如父母。猛非所虑也，正恐其矫枉过直耳。'宇宙虽广，能明贤者之心能几人？本欲一见，面道区区，然乡邦之弊，决不能逃清鉴，老奸少猾锄其甚者，而肆为不法者亦移易一二以动其余，然后一切以平易近民之政行之。"由内容可知，韩子师为政以严著称，故陈亮去书为言，巧妙谏说。人们以为你在临安为政过严，我则跟他们解释说韩丈曾经跟我说过做京城的太守与治理外郡是不一样的。叶丈（叶衡，字梦锡）也曾经和我说过，您在和州施政平易近民，百姓至今感佩不忘，为政刚猛并不怕，关键不要矫枉过正即可。我的家乡那么一点小弊端，绝逃不过你的目光，只需对为非作歹的极端者稍微处理一二，其余一切以平易近民之政行之，因势利导，自然能达到良好的效果。

从如上书信的内容推导，韩子师治婺过严，或属真实。但陈亮这篇序文写出了百姓挽留韩子师的真切焦急之态，画面呼之欲出，情节曲折紧张，将政治的复杂性全面展露！起首极平淡，只写知婺州的韩子师遭弹劾，理由是"恣行酷政，民冤无告"，别无赘语。接下来并不分辨弹劾有无依据，也不写韩子师的政绩，而是直接写"去之日"百姓留韩子师无所不至，情绪一浪高过一浪。弹劾理由在民众的爱戴面前显得苍白无力。文读至此谁不会反问：这样的官员也要被弹劾吗？他会是"酷政"的实施者吗？为什么不让他继续做他擅长的事情？通篇无颂韩子师之语，也无批评有司的议论，只有从旁观者视角出发的记录、质疑，到底是高层统治者判断准确，还是百姓的看法准确？陈亮没有妄加推测，也没有简单地下断语，但抛出的这个问题很不简单。我们今天读这篇文章，可以说陈亮是表达了百姓心声，抨击高官昏庸。但是，一篇优秀的文章，可以容纳多重解读。我们为什么不能说韩子师的所为，有时百姓其实也并不全面了解，他们也只能看到某些侧面而已。所以，对百姓、对官员的评判有时也可能并不完全准确，有些官员表面上看很正直，暗中却胡作非为，百姓这时又怎么能够知晓？所以，陈亮文末说"将从智者而问之"，实在是大妙，能够引申拓展开去。文章看似没有结论，但对在其地历其事者，实则结论很清楚；文章看似已经结束，但推想古往今来官员与朝廷、百姓的关系，又给读者留下了很大的思考空间。陈亮散文行文注意把握章法与节奏，结构布置出人意表，能应事而变、平中出奇的特点，在这篇序文中得到了很好的呈现。

送吴允成运干序

◎解题

　　吴允成，生卒年不详，归安（今浙江湖州）人，绍兴二十七年（1157）进士。与陈亮交往始于其担任永康县尉之后，因从友人处闻听陈亮声名而主动拜访，遂订交。陈亮身陷囹圄时，吴允成曾有所帮助，后来两人交往更多。本来陈亮在吴允成任满离开永康时就想写一篇文章赠给他，但当时多病耽搁未成。三年之后，在宋光宗接受禅让登基的淳熙十六年（1189）十二月，陈亮写下了这篇文章。文中既表达了自己对当时士林官场中人物侈谈性理之学的看法，亦写出了吴允成为人为官的风采，并蕴含寄托勉励之意。

　　往三十年时，亮初有识知，犹记为士者必以文章行义自名，居官者必以政事书判自显，各务其实而极其所至，人各有能有不能，卒亦不敢强也。自道德性命之说一兴，而寻常烂熟无所能解之人自托于其间，以端悫[1]静深为体，以徐行缓语为用，务为不可穷测以盖其所无[2]，一艺一能皆以为不足自通于圣人之道也[3]。于是天下之士始丧其所有，而不知适从矣。为士者耻言文章、行义，而曰"尽心知性"；居官者耻言政事、书判，而曰"学道爱人"。相蒙相欺以尽废天下之实，则亦终于百事不理而已。[4]及其徒既衰，而异时熟视[5]不平者合力共攻之，无须之祸，滥及平人[6]，固其所自取者，而出反[7]之惨乃至此乎！

[1] 端悫 (què)：正直诚谨。《荀子·修身》："端悫诚信，拘守而详。" [2] 句意为：专门从事（看上去）高深莫测的学问以掩盖他们的无知无能。 [3] 句意为：（学习）具体的技艺、技能都（被）认为不足以（让他们）通达于圣人的学说。 [4] 句意为：相互蒙蔽欺骗使天下的实际事务尽被废弃，最终不过是各种事务均废弛而得不到（有效）处置罢了。[5] 异时：曾经，其他时候。熟视：注目细看，此处为关注之意。 [6] 句意为：泛滥波及普通人。 [7] 出反：一出一反，此处指事情的前后本末，即指道学势力在当时朝政中前后起落变化的状态。

三山吴允成，少以气自豪，出手取科目，随辄得之。来尉永康，遇事风生。[1]一日，枉车过余，讲客主之礼，若见所畏。且语余："子所交皆一世老苍，至等辈已是第三四行人。[2]叶同年为我言如此。我家世以官为家者也。我父自力于官事，而与世为忤[3]。子盍为我诵数前闻，而言其所以致此者！[4]"余惘然失叹，意以为虽知所从来而不敢言也。自是相与往来如旧故，纵谀其所长以暴白[5]于一时，虽老于吏道者亦知敬其人。文章、行义、政事、书判，并举兼能而不可掩，而道德性命之说政自不相妨也。[6]于其中间，余受无须之祸尤惨，而允成亦深察余心，左右扶持，虽惨不至于极，以此犹相欢而无间[7]也。

[1] 句意为：来永康做县尉，行事雷厉风行。 [2] 句意为：您所交往的人都是当世德高望重的长者，至于我们这一辈已经是晚三四辈的人了。等辈：此辈，这一类人。 [3] 忤：抵触。 [4] 句意为：您何不为我讲说以前的见闻，而谈论为什么会出现这样的情况！ [5] 暴白：显扬。 [6] 句意为：文章学问、品行道义、政事处理、书法与文理，各项能力均杰出擅长而不可掩盖，（即便）社会上流行道德性命之说也不能够妨碍（这样的人）。政：通"正"。 [7] 无间：没有间隙，指关系融洽、亲密。

及其去永康，余将叙其本末以累其行李，而多病因循[1]，念之耿耿。后三年，始克为之，盖新天子龙飞[2]之十二月九日也。而允成方俛首于将漕糟丘之职[3]，若新为吏者，其志向岂有穷哉！

[1] 因循：拖延。　　[2] 龙飞：帝王即位。　　[3] 俛（fǔ）首：低头，表示服从，此处指勉力任职。将漕：转运使司别称"漕司"，故云。糟丘：积糟成丘，代指酿酒之处，此处用来借指"监酒税"之职。

◎研读

序在古代是一种运用较多的文体，多用来作为书籍篇首之言，还有一大类就是赠序，惜别赠言的文字，内容多是对于所赠亲友的赞许、推重或勉励之辞，也有借赠序表达自己对于某一方面问题的观点与见解的。一般对于不太熟悉但仰慕作者求为赠序者，所写多是赞许颂扬的话语；对于交往密切的朋友，则能够比较直率地表达一些观点，这篇赠序属于后者。"于其中间，余受无须之祸尤惨，而允成亦深察余心，左右扶持，虽惨不至于极，以此犹相欢而无间也"，由这几句话语可以推知陈亮遭受牢狱之灾时，吴允成曾施以援手或予以方便，故虽被捕入狱，遭遇还未至于极度悲惨的境地，两人因为这样的原因而交往亲密无间。这也确实不是虚言，在陈亮现存词作里有《水调歌头·和吴允成游灵洞韵》一首，可见两人平常有诗文往复。面对这样相互了解的朋友，就能够谈一些比较深入的问题。

文章开篇即是重点，主要是批评当时士林官场中普遍存在废离实务、空谈性命的风气。陈亮认为："为士者必以文章行义自名，居官者必以政事书判自显。"这是良好而正常的状态，但自"道德性命"之学——性理之学兴起之后，天下士人丢弃了自己的本分，变得无所适从。读书士子往往耻言"文章、行义"，官员则往往耻言"政事、书判"，所热衷谈论的不是"尽心知性"，就是"学道爱人"，于是出现了上下相蒙而废弃实际事务的现象，这样持续下去必然导致政务荒疏无人理会。陈亮其实不是讨厌所有的理学人士，他对于朱熹就很尊敬，因为朱熹是学术与实务兼擅者。陈亮厌恶的是如下的类型：一、不学无术，以理学来掩盖自己空疏的俗儒。即"以端悫静深为体，以徐行缓语为用，务为不可穷测以盖其所无"者，表面上持守甚严、讲究修养，行动节制、说话慢条斯理，似乎深不可测，实际上胸无良策、言语乏味、面目可憎；二、大言不惭，不屑于从事实际事务者。即认为"一艺一能皆以为不足自通于圣人之道"者，每日大谈圣人之道，认为做具体事务的技能与知识不值一提，看上去胸有成竹，但真以事相试时，就会发现这种人完全无用，甚至成事不足败事有余。陈亮自己是"倚天而号，提剑而舞"（《自赞》，《陈亮集》卷十）的这样一个人，所推重者是管仲、诸葛亮这样能够顺应时代需要、成就不世功业的人物，在给皇帝的上书中也直言不讳地批评理学家是"风痹不知痛痒之人"，所以他之不能欣赏理学人士是出于本性，由来已久。在给其他人所写书信中也有与此信类似的批判，"二十年之间，道德性命之说一兴，迭相唱和，不知其所从来。后生小子读书未成句读，执笔未免手颤者，已能拾其遗说，高自誉道，非议前辈以为不足学矣。世之为高者，得其机而乘之，以圣人之道为尽在我，以天下之事无所不能，能麾其后生以自为高而本无有者，使惟己之向，而后欲尽天下之说一取而教之，顽然以人师自命"（《送王仲德序》，《陈亮集》卷二十四）。这一处说得也很严厉，指出后学小辈连基本文章学问还未掌握，就随波逐流崇尚谈理，而且这一段实际上连朱熹这样的倡道者也批评了，指出其中高明的人物趁着这样的时机，发表言论，认为自己的学说就是圣人之道的真传，吸引后生从学，以为师道在己，仿佛想要使天下学术归于一说。可见事功之学与道德性命之学分歧之大，不光议论不合，实际上为人、做事的风格都不合。

文章随后写对吴允成的印象以及相交的往事，允成是一个"以气自豪""遇事生风"者，这样干脆利索的人自然好相处，而且对陈亮执礼甚恭，还曾经向他请教过自己的父亲为什么"自力于官事，而与世为忤"这样的问题。文中虽说自己"不敢"谈论原因，但言下之意便是指吴父行事与当时的普遍风气不调和，自然无法官场得意。但是陈亮也指出，士人只要文章、行义、政事、书判均能兼擅，道德性命之说也自然不能够对他形成妨碍，这也是对吴允成的勉励。文章末尾谈迟为此文的原因，自然收束。赠序的写法与内容固有一般的程式，但运用之妙，是否能于成规之中纵横变化、新意迭出则取决于作者的思考。陈亮尝言："若夫布置开阖，首尾该贯，曲折关键，自有成模，不可随他规矩尺寸走也。"（《庶斋老学丛谈》卷中上）强调要随内容思考布局变化，不能亦步亦趋完全按照所学的基本规律去写，才能避免呆板僵化。以上所选两篇赠序均可以看出这样的特点，善为文者不仅善学，亦因真践实履，有自己独特的心得，其立心便不欲与人同，其笔力亦自能做到真不与人同。

众祭潘用和文

◎ **解题**

潘用和，生平及生卒年不详，由祭文可知是陈亮的同乡与友人，想来一生均在乡间，应属耕读持家之普通士人。这样的平凡士人不知有多少湮没无闻，消失于岁月长河之中，但陈亮这篇短小却充满温情的文字让人能把握这位普通士人的性格特点，亦感受到他们之间深挚牢固的友情。

呜呼！邻里亲戚，朋友故旧，此人情之至隆而人道之所由立也。岁时无事，杯酒相命，剧谈满引 [1]，恢谐笑谑，醉倒而不相责礼；其尤亲者则有笔砚文字之好，上穷千古，下极目前碎事，以致其切磋琢磨之意：此人情之至欢而人道之所由成也。俄而于朋辈之中夺其一人而去，使其徒回皇 [2] 四望，而目瞪舌僵，不知所以为策，徒能涕泪四垂，各道其平时悃款 [3] 欢爱之浅深，以为幽明契阔之候 [4]，此人情之至悲而人道之所由极也。平时朋类相从，颓然 [5] 无所是非于其间，使争心消伏而不见，惟吾用和是赖 [6]，而何以首当此祸耶！岂吉凶皆非善恶之谓，而所遭特顾其临时耶！[7] 千卷之书，独不如生前一杯酒，此吾徒所以为用和千古之叹，而寂寞身后之名要亦何足深计耶！八人之中，惟颐年相若，惟恂齿最少，同堂合哭以哀亡者之相去 [8] 一世，不知悲乐忧欢变故何时而遂已耶！生无所取，死无所愧。哀哀用和，致此一酹 [9]。

[1] 剧谈：畅谈。满引：斟满饮尽。 [2] 回皇：又作"迴皇"，彷徨不定，徘徊疑惑。 [3] 悃（kǔn）款：诚挚。 [4] 幽明：指生与死，阴间与人间。契阔：离合，聚散。 [5] 颓然：寂静、寂然的样子。[6] 赖：依赖，依靠。 [7] 句意为：难道吉凶都不是善恶的结果，而所遭遇到的事情只不过是（一种）临时偶然的（状况）！ [8] 相去：相距。[9] 酹（lèi）：把酒浇在地上，表示祭奠。

◎研读

　　人生哀痛之深巨者莫过于死别，亲朋故旧泉壤永隔，再无相见之日，怎能不令人哀毁动容。或抚棺伤恸，声泪俱下；或兼程来悼，饮泣默哀；或铭其赍志，感慨畴昔，交契亲密、眷慕深挚者岂能无一言以表达哀情与怀念之思？或为文字，或为歌诗，或为联语，作祝祷之文，寄托哀情，告慰九泉。以散文形式出现的祭悼性文字，最早是见于《尚书》中的《周书·金縢》，写周武王病笃，周公祈祷于三王，请以身代，史纳其祝册于金縢之匮中。其主要内容是祭天祈祷，虽非专门的哀悼文字，但悬念生死，情切骨肉，可算是哀祷性文字的萌芽之作。周代重礼，建立宗法制度，重视葬礼仪制，便出现了最早的悼祭文体"诔"，据《周礼》郑玄注："诔者，累也，累列生时行迹，读之以作谥。"现存最早的诔辞，为《左传·哀公十六年》所载鲁哀公的《孔子诔》。两汉以来，扬雄、杜笃、傅毅、张衡、蔡邕、卢植等人所作的诔辞先后出现，受人推崇，盛极一时。其体制的特点刘勰在《文心雕龙·诔碑》中有概括："选言录行，传体而颂文，荣始而哀终。论其人也，暧乎若可觌；道其哀也，凄焉如可伤。"即开篇列小传，记叙死者生平，以写颂扬之意；后半为四言诔辞，赞颂死者的德行功业，以为荣耀，寄托哀思。前半为散体，后半为韵文。这样的形制即为两千多年来哀祭文韵散结合的先声。与此同时，由辞赋派生出来的哀辞、吊文也相继出现，如贾谊、司马相如等人的作品，刘勰在《文心雕龙·哀吊》中总结其特点为："情主于伤痛，而辞穷乎爱惜。"其内容结构安排则与诔碑祭悼文类似。哀悼性的散体祭文，首推汉光武帝《临吊侯霸诏》，再则曹操《祭桥公文》。曹操的文章是正式以"祭文"命名哀悼文字之始，内容专以悼念死者为主，且追述往事，末尾用"尚飨"一词呼告，这种写法逐渐为社会各阶层所采用，成为后代祭文的基本形式。魏晋南北朝时期延续发展，主要采用骈文写作。唐宋时期，古文运动勃兴，虽骈体在祭文中仍盛行，但散文篇章显著增多，且名篇不断涌现，如陈子昂《祭韦府君文》，韩愈《祭十二郎文》《祭房君文》，白居易《祭浮梁大兄文》，李商隐《重祭外舅司徒公文》，苏轼《祭欧阳文忠公文》，等等。至此可以说祭文一体发展已相当成熟，而古人重葬仪，祭奠活动中祭文必不可少，有时是为自己拜祭所作，有时是应人之请代写，唐宋诸家文集中几乎都少不了这一类文章，可见对于写作祭文的重视。

陈亮散文最精华的部分是他的政论、史论，但是序、记、书、启、祭文、墓铭中也多有佳作，即如这篇《众祭潘用和文》。宋人的祭文与前代相比有一个较为显著的特点，即擅长议论，陈亮也不例外。短短的祭文却表达了两重递进、一重转折的意思，邻里亲戚、朋友故旧平日和谐相处，是"人情之至隆而人道之所由立也"；岁时相伴，或引酒谈谐，或切磋琢磨，是"人情之至欢而人道之所由成也"，由"立"进而"成"自然推进，文章的情绪似乎还在欢愉温情的道路上发展，然而突然转折，朋辈中有人奄忽而逝，震惊伤痛，抚念无已，是"人情之至悲而人道之所由极也"，一个"极"点出了无以复加的伤痛。情感于是从"日常的温暖情谊""无时不在的相伴"转变为——"不可或缺的怀念"！这样不仅给一般人看上去似乎平淡无奇的日常交往赋予了意义，更将人们平日认为理所当然的朋友情谊予以升华。"平时朋类相从，颓然无所是非于其间"，这是一个不炫耀不立异，似乎没法给人留下深刻印象的人，但现在没有一个人愿意失去他、没有一个人能接受失去他，因为正是他，能够做到使朋友们之间"争心消伏而不见"，言下之意人人都在怀想他对朋友的周全照顾与善意，这样写来情感之深挚自不待言。虽然是平淡的叙议结合的语言，没有痛彻肺腑的直接抒情与呼告，但传情效果极佳，在写法上突破了叙生平、记事迹、表达祭奠之情的窠臼。陈亮为人不喜落入俗套，行文也一样，其他祭文如《祭潘叔度文》《祭朱寿之文》《祭何茂恭文》《祭何子刚文》《祭吕东莱文》《祭石天民知军文》等，均各有特点，不重复采用相同的写法，而是因人因事顺势而为，或篇章、或命意、或语言各有新意，这样就使文章有纵横变化、摇曳生姿之态，能够吸引人去品读。

水调歌头·送章德茂大卿使虏

◎ **解题**

　　此词系送章森（字德茂）淳熙十三年（1186）使金贺金世宗完颜雍生辰（万春节）之作，《金史·交聘表》："（大定二十六年）三月己卯朔，宋试户部尚书章森、容州观察使吴曦等贺万春节。"由南宋临安至金上都（按：当时已迁都燕京）约需两月余，宋人著作如楼钥《攻媿集·北行日录》便有相关记载，而送行之作必然在命下之后与出发之前。《宋史·孝宗本纪三》记载淳熙十二年十一月壬辰，"遣章森等贺金主生辰"，故此词应作于该年十一月末至十二月初。词作送行并赞扬出使者的勇气，也表达了不屈于金、有朝一日必复北疆的豪壮之意。

　　不见南师久，漫说北群空。[1] 当场只手，毕竟还我万夫雄。[2] 自笑堂堂汉使，得似洋洋河水，依旧只流东。[3] 且复穹庐[4]拜，会向藁街逢[5]。

　　[1] 句意为：北方莫要因久不见南师北伐，便说宋朝无人。北群空：韩愈《送温处士赴河阳军序》："伯乐一过冀北之野，而马群遂空。"指没有良马，借喻没有良才。　　[2] 当场只手：言使者单枪匹马深入敌国。只手：只身，孤身。万夫雄：赞章森有力敌万夫的勇力与气概。李白《送公昌从信安王北征》："高谈百战术，郁作万夫雄。"　　[3] 句意为：堂堂大宋使者，岂能如河水东流一般长久地向敌方屈辱求和。自笑：自嘲苦笑，又有面对强敌的不屑之意。堂堂：形容仪态端正、魁伟、刚直。得似：是"哪得似""岂得似"的

省略。洋洋：水流盛大貌。《诗·硕人》："河水洋洋。"依旧只流东：表面指南宋仍秉承宋高宗以来的和议政策，但结合前句反问的语气强调不会如河水一般永久东流，暗示抗争反击之情。　[4] 穹庐：即毡帐，此指金廷。[5] 藁街：长安街名，汉代外族来朝时之居地。《汉书·陈汤传》："陈汤上书曰：'斩郅支首及名王以下，宜县头藁街蛮夷邸间。'"意谓金人终将被我诛灭，悬首藁街耳。

尧之都，舜之壤，禹之封[1]，于中应有，一个半个耻臣戎。万里腥膻如许[2]，千古英灵安在？磅礴几时通！[3] 胡运何须问，赫日自当中。[4]

[1] 封：封疆，此处指疆界、界域的范围。　[2] 句意为：故国沦于金虏，万里封疆皆为其腥膻之气所沾染。腥膻：代指金人，因金人食膻肉，以酪浆充饥渴。　[3] 句意为：浩然之民族正气几时才能充盈通达于中原大地之上，一洗耻辱？磅礴：形容气势盛大，广大无边。　[4] 句意为：金人气数将尽，大宋国运方如红日耀目中天。

◎ 研读

章森出使时所任职务是大理少卿试户部尚书，其职位相当于秦汉九卿，故同甫称曰"章德茂大卿"。章德茂的年辈应该长于陈亮，陆游《剑南诗稿》卷三有《简章德茂》七律一首云："造物无情吾辈老，古人不死此心传"，盖乾道八年（1172）壬辰在南郑作，时陆游48岁，向章德茂言"吾辈老"，则二人应年纪相仿，章森应比陈亮年长，但他们交往较多。陈亮集中写与章森的书信有4封，从信中内容看，第一书作于淳熙十三年（1186）秋，其余三封作于淳熙十四年及以后，故4封书信均晚于词作。但书信中很多信息有助于我们理解这首词作。一、书信中不仅谈论政治观点，也谈及其他友人的近况及生活事务，可见二人比较亲近，这就可以理解陈亮赋词抒怀的举动，如果是比较隔阂的友人仅出于礼节性目的送行，恐怕不会直抒胸臆。二、在陈亮看来，章森属于脾气投合、能够理解他的友人。陈亮于一世士大夫少所许可，"盖尝数至行都，而人物如林，其论皆不足以起人意"（《上孝宗皇帝第一书》），但对章森是十分推重的。《与章德茂侍郎》第一书云："侍郎开豁亮直，足以起士气；高明宏远，足以壮天朝。此舆论之所共归，不独游从之私也。"章森对陈亮也很赏识，"如亮已为天所摈弃，而门下独提拂奖与，如世间不可少之人"（《与章德茂侍郎》第四，《陈亮集》卷二十七）。而且陈亮总想找机会倾吐自己胸中的良策，"侍郎英雄磊落，不独班行第一，于今大抵罕其比矣。心之耿耿，每欲与侍郎剧谈一番，而坐有他客，欲吐辄止。屠龙之技，虽成何用！"（《与章德茂侍郎》第二，《陈亮集》卷二十七）给这样的友人写词，自然可以比较畅快地表达真实的想法。三、陈亮虽然没能进入官场，但是他交往广泛，并总是在适当的时机表达自己的志向，也期望朋友们这样去努力。与章森的交往就是这样，《与章德茂侍郎》第一书云："主上有北向争天下之志，而群臣不足以望清光，使此恨磊磈而未释，庸非天下士之耻乎？世之知此耻者少矣，愿侍郎为君父自厚，为四海自振，使已弃无用之人，时得一见，时通一书，发胸中之扫灭未尽者，岂不幸哉！"《与章德茂侍郎》第二书云："渡江安静且六十年，辛巳之变（绍兴三十一年，金完颜亮南侵）行三十年，和议再成又二十三年（隆兴和议成至写信时）。老秦（秦桧）掀天扑地，只享十六年之安（绍兴和议成至其病亡），通不过二十二年。今者文恬武嬉，宜若可为安静之计，揆之时变，恐劳圣贤之驰骛矣，不待天告而后知也。"了解了这些内容，就更容易理解为什么在送行的词作中有那么热切的期望，他不想放过任何一个有效的机会来表达自己的思想，并激发朝中有可能支持北伐的士大夫们的抱负与情怀。

　　词一开头，就把笔锋直指金人，警告他们别错误地认为南宋军队久不北伐，就没有能征善战的人才。"漫说北群空"用韩愈《送温处士河阳军序》"伯乐一过冀北之野，而马群遂空"的字面而反其意，以骏马为喻，说明此间大有人在。"当场"两句转入出使之事，意脉仍承接上句以骏马喻杰士，言章森担当重任，只身北赴敌国，必将以英雄气概震动金廷。无奈此次出使毕竟不是对等的两国交往，而是弱国向强国示好的礼节性拜会，如此情况哪能长久忍受，岂能如河水东流，年复一年如此？故"自笑"解嘲之后笔锋便转，发出了强狠之音，"藁街"本是汉长安城南门内"蛮夷邸"所在地，汉将陈汤曾斩匈奴郅支单于首悬之藁街，这两句就是在说今日且在金廷下拜，总有一天会让敌人付出流血的代价，恢复故土一统山河。上阕这一句以"宣言"作结，对章森出使给予精神上的鼓励与支持，情绪至此也被推高。下阕没有直接写使者此行与具体的行动，而是宕开笔墨，将中原放置于历史的纵线与当下的横线之中考量，由古圣先贤所缔造的一直绵延至今的中原古国，曾经拥有这广大土地的荣耀王朝的后裔们中难道没有"一个半个"耻于向金人称臣的志士？这其中自然包括有勇气承担出使任务的章森。"千古英灵安在？磅礴几时通？"的追问既苍凉又悲壮，苍凉者——英雄远去，如此壮丽山河被金人玷污践踏；悲壮者——古人长逝，但想往古来今英雄之辉煌伟业，为国捐躯之精神何在？民族大义何时得以伸张？后人难道不应以此自励自强？何时才能迎来正气与国运的磅礴伸张？最后两句总结全词，作者坚信不管敌人如何强大，南宋国运方如日中天，大有可为，期有成于将来。

　　章森的出使危险固然存在，使者勇气可嘉，但这个在当时已成惯例的行动，毕竟是有损民族尊严的示弱之举。作者没有局限于行动本身，而是在赞扬出使者的基础上，拓展时空境界，增大作品容量，增强作品意蕴之深度，充分调动和激发义愤之情。不仅受赠者，即便旁人，即便后人直至今天，见到这样的字句，谁能不为之动容？很多评论家都谈到陈亮以策论、檄文为词，固也，但如此气势张扬，不屈不挠，自是黄钟大吕之音，足以廉顽立懦。

念奴娇·登多景楼^①

◎**解题**

淳熙十四年（1187），宋高宗去世，陈亮觉得孝宗此时应该可以放手施行，重提恢复方略了。淳熙十五年二月，陈亮作金陵（今南京）、京口（今镇江）之行，观察长江沿岸形势，为再次给孝宗上书做准备。陈亮一贯不同意设都临安，主张建都金陵，以显向北用兵的决心。到了金陵，见地辟天开，精神朗慧，毕竟是一番京城模样。到京口之后，见江岸雄奇，更增感慨，遂作此词描绘京口形势并抒发北向争雄的决心。

危楼还望^[1]，叹此意，今古几人曾会？鬼设神施，浑认作，天限南疆北界^[2]。一水横陈，连冈三面，做出争雄势。六朝何事，只成门户私计！^[3]

[1] 还（huán）望：环顾四望。还：环绕。《左传·襄公十年》："十一月，诸侯之师还郑而南。" [2] 句意为：此为上天所设隔断南北的界限。《三国志·吴志·孙权传》注引《吴录》："魏文帝至广陵，临江观兵……有渡江之志。……见波涛汹涌，叹曰：'嗟乎！固天所以隔南北也。'" [3] 句意为：六朝成就了什么事业呢，不过倚此天险保护了少数世家大族的私利罢了！言下之意未能善用江山形势以北向争衡。

---

①多景楼：张邦基《墨庄漫录》："镇江府甘露寺在北固山上，旧有多景楼，尤为登览之最。盖取李赞皇《题临江亭》'多景悬窗牖'之句，以是命名。"

因笑王谢诸人，登高怀远，也学英雄涕。[1]凭却江山管不到，河洛腥膻无际。正好长驱，不须反顾，寻取中流誓[2]。小儿破贼，势成宁问彊对！[3]

[1] 句意为：笑王谢等人学英雄空洒涕泪，却无恢复神州的实际行动。《晋书·王导传》："过江人士，每至暇日，相要出新亭饮宴，周𫖮中坐而叹，皆相视流涕，导愀然变色曰：'当共戮力王室，克复神州，何至作楚囚相对泣耶？'"可见王导虽与宴，并未"学英雄涕"，故"王谢诸人"泛指当时士大夫中身居高位者。　[2] 中流誓：《晋书·祖逖传》："（逖）仍将本流徙部曲百余家渡江，中流击楫而誓曰：'祖逖不能清中原而复济者，有如大江！'辞色壮烈，众皆慨叹。"　[3] 句意为：南宋并不缺乏优秀统帅，一旦有利形势成就，哪里需要顾忌对手的强大！小儿破贼：《晋书·谢安传》："玄等既破坚，有驿书至。安方对客围棋，看书既竟，便摄放床上，了无喜色，棋如故。客问之，徐答曰：'小儿辈遂已破贼。'"彊对：强敌，彊同"强"。《三国志·陆逊传》："刘备天下知名，曹操所惮，今在境界，此彊对也。"

◎ **研读**

每一个有个性的创作者都有自己的关注焦点，这个焦点决定着他的意象选取、情绪表达、风格特征，这个焦点如同一个识别标记，看到某种类型或特点的作品就会让人自然联想到这位作家，陈亮就是这样一位极具辨识度的作家，因为他的杰出词作，几乎都和他的政治思想有关，也基本都是议论性的作品。这首《念奴娇》也不例外，通过实地考察，作者更坚定了自己的想法，借古论今，直接陈述政见与抱负。

登临览胜，或意兴昂扬，或踌躇满志，或杳渺怀人，或思家念远，或怅然若失，或愁绪万千……古来写登临之景的作品无数，思绪纷繁复杂。词人此际四顾环望，感慨无人能会其意，引起读者兴趣，好奇究竟是何"意"，自然引出之后的议论。而"今古"一语，暗示本篇将纵论古今之事。接下来两句，从江山形势的奇险引出对

"天限南疆北界"认识的批判。"鬼设神施"形容镇江一带山川形势极其险要，简直是鬼斧神工，非人力所能致。然而这样的险要山川不被当作进取之资，而是被看成自然划定之南北疆界，作为拒敌自保、苟且偷安的屏障，作者对此持有强烈的批判态度。"浑认作"三字即显示出这种亦讽亦慨的情绪。"一水横陈，连冈三面，做出争雄势"，镇江倚江而建，北面即为浩荡奔腾的长江，金山、焦山、北固山起伏呼应，雄峙江岸，这样的地理形势，正是进可攻退可守，足以与北方强敌争雄的形胜之地。"做出"一语，表达了词人的直观感受，这里用了拟人的手法，山川尚奋励如此，人当如何？在随后所上《戊申再上孝宗皇帝书》中也有对京口形势的描述："京口连冈三面，而大江横陈，江旁极目千里，其势大略如虎之出穴，而非穴之藏虎也。"与词作对读，正可互为注解，即便没到过镇江之人，也能了解其地作为战略要地的价值。实际上陈亮一直主张要充分利用长江边上诸城的有利形势，形成战略威慑并逐步推进北伐。《中兴论》云："夫奇变之道，虽本乎人谋，而常因乎地形。……朝廷徙都建业，筑行宫于武昌，大驾时一巡幸。虏知吾意在京洛……"《上孝宗皇帝第一书》云："陛下慨然移都建业，百司庶府，皆从草创，军国之仪，皆从简略。又作行宫于武昌，以示不敢宁居之意。……抚摩振厉于三数年之间，则国家之势成矣。"《戊申再上孝宗皇帝书》云："臣尝疑书册不足凭，故尝一到京口、建业，登高四望，深识天地设险之意……昔人以为京口酒可饮，兵可用，而北府之兵为天下雄。盖其地势当然，而人善用之耳。……天岂使南方自限于一江之表，而不使与中国而为一哉！"山川形势足以进取，关键是统治者缺乏远见卓识与足够的勇气。"六朝何事，只成门户私计"，表面上批判六朝统治者无能，实际上揭露南宋统治集团的苟安求和与六朝之萎靡不振并无二致，不过都是为少数贵族私门的利益考虑罢了。

下阕顺势仍从六朝事说起，起首用新亭对泣故事，"王谢诸人"

概括东晋豪门世家的上层人物，说他们空洒涕泪，却无克复神州的实际行动，借以讽刺南宋上层统治集团中有些人空有慷慨激昂的言辞，而无北伐的行动。"也学英雄涕"的讽刺是十分犀利的，让只会坐而论道者无处逃遁。接下来仍然是批判这些当权者凭借长江天险偏安一隅，哪里会去管中原地区长久为异族势力统治，人民呻吟辗转于铁蹄之下呢？这是对统治者"只成门户私计"的进一步批判。"管不到"非常逼真地刻画出了统治者的自私冷酷，本来是不想管、不欲管，现在以南北分疆而治为借口，干脆表示自己对中原无能为力。到这里，由江山形势引出对当权者的批判揭露已达极致，下面是陈亮词比较典型的笔法，末尾处往往转出新意。这里既做转折，又承接上阕"争雄"之语，正面写登临之抱负。在词人看来，凭借这样的有利地势，正可长驱北伐，无须瞻前顾后，应该像东晋祖逖一般，坚定心志克复中原。结尾两句承"长驱"之气势，进一步抒写必胜的乐观信念。情绪由先前的郁愤不平转向慷慨雄壮，意气风发，辞采飞扬，充分显示出词人豪迈爽朗的胸襟气度。

此词批判统治者一味苟安，不能利用大好山川形势以图进取，立意之佳自不必说，写作笔法亦妙。划江而治，六朝与南宋同；面对异族强敌，六朝与南宋同；朝廷中有恢复北伐与偏安求稳的不同意见，六朝与南宋同；当时亦弱，但当时也有人能奋力一击，面对异族兵临城下之危局以弱胜强，且有猛将时时欲一窥河洛，岂今日不能乎？全词所用典故不选其他时代，全用六朝典，大有深意，表面登临怀古，所关注的焦点则全在当下，再配以痛快淋漓之批判、慷慨激昂之情绪，感时忧世之意全出，而作者政论家的突出特点亦表露无遗。

贺新郎·寄辛幼安和见怀韵

◎解题

淳熙十四年（1187）冬①，陈亮约朱熹在紫溪（赣闽交界处）与辛弃疾（1140—1207，字幼安，号稼轩）相会。陈亮至上饶拜访辛弃疾后如期往紫溪等候朱熹。朱熹未至。于是陈亮与辛弃疾游赏议论，盘桓十日而别。别后，辛弃疾做《贺新郎》一首寄陈亮，陈亮以此阕和之。表达知音之意，并勉励彼此坚持北伐之志，奋斗到底。

老去凭谁说？看几番、神奇臭腐[1]，夏裘冬葛。父老长安今余几？后死无仇可雪。犹未燥当时生发[2]。二十五弦多少恨[3]，算世间、那有平分月[4]。胡妇弄，汉宫瑟。[5]

[1] 神奇臭腐：《庄子·知北游》："臭腐复化为神奇，神奇复化为臭腐。"此与下句"夏裘冬葛"，皆谓世事反复，变化极多。　　[2] 生发：《宋书·索虏传》，宋文帝元嘉七年（430）遣殿中将军田奇告北魏拓跋焘曰："河南旧是宋土，中为彼所侵，今当修复旧境，不关河北。"焘大怒，谓奇曰："我生头发未燥，便闻河南是我家地，此岂可得！河南必进军，今权当敛戍相避，须冬行地净，河冰合，自更取之。"陈亮《中兴论》云："南渡已久，中原父老，日以殂谢，生长于戎，岂知有我！昔宋文帝欲取河南故地，魏太武以为'我自生发

---

①诸家《辛弃疾年谱》《陈亮年谱》均据朱熹文集中答陈亮书信的部分内容，将陈、辛、朱鹅湖、紫溪之约确定在淳熙十五年（1188），束景南《朱熹年谱长编》（卷下）对此有详细考证，确定为淳熙十四年，今从此说。

典。生发，即胎发。生发未燥即胎发未干，指孩童之时。　　［3］二十五弦：《史记·封禅书》："太帝使素女鼓五十弦瑟，悲，帝禁不止，故破其瑟为二十五弦。于是……益召歌儿作二十五弦及空侯，琴瑟自此起。"此处借琴瑟悲音泛写因北疆未复、宋金议和而弥漫于世间的怅恨。　　［4］那有平分月：钱起《归雁》："二十五弦弹夜月，不胜清怨却飞来。"月夜闻琴瑟之音，引无限悲情。此处合前文以琴瑟悲音写普遍的怅恨，喻指祖国山河不应分裂。　　［5］胡妇弄，汉宫瑟：写胡妇弹奏汉家乐器，喻指山河文化尽落异族之手。

树犹如此堪重别^[1]，只使君、从来与我，话头多合。行矣置之无足问，谁换妍皮痴骨^[2]！但莫使伯牙弦绝^[3]。九转丹砂牢拾取，管精金、只是寻常铁^[4]。龙共虎，应声裂。^[5]

[1] 树犹如此：指时光流逝。《世说新语·言语》："桓公北征，经金城，见前为琅琊时种柳，已皆十围，慨然曰：'木犹如此，人何以堪！'攀枝执条，泫然流泪。"庾信《枯树赋》作："树犹如此。"　　[2] 妍皮痴骨：《晋书·慕容超载记》："超自以诸父在东，恐为姚氏所录，乃阳狂行乞，秦人贱之。惟姚绍见而异焉，劝兴拘以爵位。召见与语，超深自晦匿，兴大鄙之，谓绍曰：'谚云"妍皮不裹痴骨"，妄语耳。'由是得去来无禁。"此处指己才不为人识，遭鄙弃而被埋没，然内心志向终不会更改。妍皮：谓俊美的外貌；痴骨：指资质愚钝。　　[3] 伯牙弦绝：《吕氏春秋·本味》载，伯牙鼓琴，钟子期听之，知其志在高山、流水，钟子期死，伯牙破琴绝弦，终生不复鼓琴。此处是将辛弃疾引为知音。　　[4] 句意为：尽管是精金，总是寻常铁炼成。"九转丹砂"之典，陈亮在《又乙巳春书之二》中也用到，见前文注。　　[5] 龙共虎，应声裂：以龙虎丹炼成迸裂丹炉而比喻功业成就。"九转丹砂"以下四句，为与辛弃疾共勉之词，坚定报国之志，熔铸锤炼，必有成功之时。

◎ 研读

陈亮写此词之前已与辛弃疾相识多年，淳熙五年（1178），陈亮赴临安上书，适逢辛弃疾由江西内调，为大理寺少卿，经吕祖谦之引见而订交，往来甚欢。其后辛弃疾或宦游各地或隐居上饶，陈亮上书没有结果，郁郁归乡，又时遭意外，二人遂不获相见，但相互之间因钦佩对方志趣议论而产生之思念之情则无时或释。此次二人本来约朱熹同在紫溪见面晤谈，但朱熹未能前来，于是陈、辛同游鹅湖及辛弃疾的带湖庄园，畅论天下大事。辛弃疾原词有序云："陈同甫自东阳来过余，留十日。与之同游鹅湖，且会朱晦庵于紫溪，不至，飘然东归。既别之明日，余意中殊恋恋，复欲追路。至鹭鸶林，则雪深泥滑，不得前矣。独饮方村，怅然久之，颇恨挽留之不遂也。夜半投宿吴氏泉湖四望楼，闻邻笛悲甚，为赋《贺新郎》以见意。又五日，同甫书来索词，心所同然者如此，可发千里一笑。"可见相见之欢，畅谈剧论激赏无已，意犹未尽，追友未得，故寄词抒怀。辛词上阕回忆在驿亭饮酒话别的情况，称赞陈亮风采气度既似陶渊明，又像诸葛亮，又借景写岁月蹉跎、南宋苟安，下阕写友情，又写内心极度的愁怨，这愁怨当然不仅因朋友离别而起，更主要的是国家危亡形势和其自身在南宋朝廷里的不幸遭遇所致。辛作直言者朋友情，暗寓者家国愁，用典如盐入水，倍增含蓄蕴藉，情词俱佳。

希望辛弃疾有词来记叙此次会面是陈亮的提议，如今面对老友如此深挚蕴藉的表达，陈亮提笔写下和词。陈亮词作上阕主旨在于议论天下大事。首句"老去凭谁说"，写知音难得，而年已老大，不唯壮志未酬，甚至连一个可以畅谈天下大事的同道都不易得。这是何等遗憾之事！借《庄子·知北游》中"臭腐复化为神奇，神奇复化为臭腐"和《淮南子》中所言"知冬日之箑，夏日之裘，无用于己，则万物之变为尘埃矣"，稍加变通，来指说世事不断反复变化，颠倒错乱，当下形势越发对国家不利，人们日渐丧失收复故土的希望。朝廷避地江南数十年，主和政策对人们的心理有极大的麻痹作用。经历"靖康之变"的一代纷纷谢世，后人却从胎发未干的婴孩时期就习惯于南北分立，视此为当然，并逐渐形成"无仇可雪"的错误认识，从而彻底丧失了民族自尊心和战斗的欲望，这是最令人担忧的问题。上阕最后四句，重申山河破碎之恨，以"二十五弦多少恨"，寓无限悲慨，再以"胡妇弄，汉宫瑟"感慨山河文化悉沦于异族之手，对朝廷迁延岁月柔懦无为的鞭挞之意亦在其中。

上阕以知音难觅发端写忧心国事，下阕承知音难觅之意写志趣相合；上阕发议论写忧愤，下阕言情绪抒怀抱。"只使君、从来与我，话头多合"令人感慨，其情之深沉热切令人眼眶发热，写出了二人建立在改变南宋屈辱现实这一共同理想基础上的真挚友谊。将要分别了只要此心相同无须多问挂念，即使世人都说他们是"妍皮裹痴骨"，到处遭到误解和攻击，北伐复土的志向也永不会变。然后，笔锋转向未来，"九转丹砂牢拾取，管精金、只是寻常铁"。以"九转丹砂"与辛弃疾共勉，希望能经得起熔炼，将"寻常铁"点炼成"精金"，为国家干一番事业。最后借龙虎丹炼成而迸裂出鼎，以此点铁，便成精金，渲染胜利时刻必将到来，且势不可当。

陈亮之词置之南宋词人中，虽非一流，但特点极其鲜明，以"意"言，其所写多为家国大义，只此一端便胜过多少浅斟低唱的俗调；以"气"言，其豪气冲霄、不可遏抑之抱负，使其作品精神发张，意气昂扬；以"情"言，虽少曲折蕴蓄之态，但悲壮慷慨尤为动人，此种倾向易流于浅白直露，但是陈亮才学宏富，下笔立意深切、造语雅切、善于用典，使作品在有限的篇幅中容纳的含义与内容大为增加。且其用典，一般不囿于原事，而是或正或反，或取其一端有所发挥，来表达自己欲传之意、欲写之情。所以，陈亮的词作看似容易理解，但有些字句需要反复思量才能理解其深意。如此词中数典，思其所来之处与所用之法益增意趣。词人巧思，岂徒然哉！

贺新郎 · 酬辛幼安再用韵见寄

◎解题

此词为和答辛弃疾《贺新郎·同甫见和再用韵答之》之作，时间或仍在淳熙十四年（1187）冬，迟则淳熙十五年春。词作仍承前首志在恢复之意，重点突出朝廷不能振作，致使天下士气销铄殆尽，此意在《上孝宗皇帝第一书》中有详细阐述，这里则写入赠答之词中。国家当此形势攸关之际，正需有英雄豪杰坚持北伐大业，同甫向以此自期，亦期之于辛幼安。

离乱[1]从头说，爱吾民、金缯不爱，蔓藤累葛[2]。壮气尽消人脆好[3]，冠盖阴山观雪[4]。亏杀我、一星星发。[5]涕出女吴成倒转[6]，问鲁为齐弱何年月[7]？丘也幸，由之瑟。[8]

[1] 离乱：由于金朝的侵略战争，致使人民转辗流离。　[2] 句意为：朝廷只知用财物换得苟安局面，却说为了老百姓而不爱金帛，真如藤上缠藤，纠缠不清。宋朝自真宗与辽岁币，仁宗对辽增岁币，徽宗时与金岁币，至南宋高宗与金议和亦许岁币，词人故如此说。累（lěi）：缠绕牵连。　[3] 脆好：犹柔弱。脆：轻，《后汉书·许荆传》："郡滨南州，风俗脆薄。"好：相善，友好。　[4] 句意为：派去金国的使臣畏敌庸懦，外交无任何进展，只不过走马往来徒见几番阴山雪景而已。冠盖：冠服和车盖，借指南宋使臣。阴山：今河套以北、大漠以南诸山的统称，当时其地在金朝统治下。　[5] 亏杀：辜负。星星：头发花白貌。　[6] 句意为：南宋向夷狄求和乃倒转之局面，是非常不合理的事情。《孟子·离娄上》："齐景公曰：'既不能令，又不受命，是绝物也。'涕出而女于吴。"《吴越春秋》："（阖闾）复谋伐齐，齐子使女为质

264

于吴。"此处借用齐国以中原大国而屈服于南蛮小国，以结姻的手段求和，势成倒转，喻指当时局面。　［7］句意为：宋弱金强的局面，何时能有所改变？《左传·哀公十四年》："孔丘三日斋，而请伐齐三。公曰：'鲁为齐弱久矣！子之伐之，将若之何？'"鲁、齐为邻国，鲁国被齐国所削弱，借指宋为金击败而变弱。　［8］丘也幸，由之瑟：语出《论语·述而》："丘也幸，苟有过，人必知之。"又《论语·先进》："由之瑟，奚为于丘之门。"丘：孔丘。由：仲由，字子路，孔子学生，性刚勇，弹起瑟来亦有刚猛之气。孔子不是不高兴子路弹瑟，而是不高兴他所弹的音调。陈亮反用其意，认为有仲由这样能弹雄壮瑟音者，是孔门之幸，言下之意是赞扬主张抗战具有刚勇之气者。

　　斩新换出旗麾别[1]，把当时、一椿大义[2]，拆开收合[3]。据地一呼吾往矣，万里摇肢动骨[4]，这话欛、只成痴绝[5]。天地洪炉谁扇鞴？[6]算于中安得长坚铁！[7]淝水破，关东裂。[8]

　　［1］句意为：应该起用更加精明强干者领导战事开创全新局面。斩新：即"崭新"。用李光弼代郭子仪为帅事。《新唐书·李光弼传》："其代子仪朔方也，营垒、士卒、麾帜无所更，而光弼一号令之，气色乃益精明。"［2］椿：同"桩"。大义：指抗金这一正义事业。　［3］拆开收合：指研判分析。　［4］摇肢动骨：大显身手。　［5］句意为：自己一生希望北伐收复中原的壮志，将被旁人笑为痴想，当作话柄。话欛：话柄。欛：同"把"(bà)。　［6］天地烘炉谁扇鞴(bèi)：《庄子·大宗师》："今一以天地为大炉，以造化为大冶，恶乎往而不可哉？"鞴：鼓风的皮囊、风箱。天地这座大洪炉，是谁在扇旺炉火熔铸冶炼？喻指天地大运、国家大事操持于谁之手？［7］句意为：洪炉中哪有长久不化的顽铁。喻指金国并非永远牢不可破。［8］淝水破：指东晋破前秦之淝水之战。关东裂：前秦战败之后慕容氏叛，《资治通鉴·晋孝武帝太元八年》载慕容垂语："若氏运必穷，吾当怀集关东，以复先业耳。"后果自立为后燕。此处用两事指南宋君臣只要上下齐心致力于抗金事业，就会有以弱胜强、恢复故土的一日。

◎研读

　　陈亮、辛弃疾此番连续唱和的作品均为佳作，精彩迭出。辛弃疾《贺新郎·同父见和再用韵答之》曰："老大那堪说。似而今、元龙臭味，孟公瓜葛。我病君来高歌饮，惊散楼头飞雪。笑富贵千钧如发。硬语盘空谁来听？记当时、只有西窗月。重进酒，换鸣瑟。　事无两样人心别。问渠侬：神州毕竟，几番离合？汗血盐车无人顾，千里空收骏骨。正目断关河路绝。我最怜君中宵舞，道'男儿到死心如铁'。看试手，补天裂。"作者坚持抗金恢复大业的热情和对民族压迫者、苟安投降者的深切憎恨凝聚笔端，力透纸背，周济云："稼轩不平之鸣，随处辄发，有英雄语，无学问语。"（《介存斋论词杂著》）词人这种慷慨悲壮之情，以健笔硬语倾泻而出，英气逼人。而且辛词更有创新之处，周济云："北宋词作多就景叙情……至稼轩、白石一变而为即事叙景。"（《介存斋论词杂著》）与以情为中心的情景交融不同，即事叙景是以叙事为主干，以抒情为血脉，以写景作为叙事的渲染与烘托。这首词上阕便采用了这种写法，在追忆"鹅湖之会"高歌畅饮时，以清冷孤寂的自然景物渲染环境气氛，从而鲜明地烘托出词人豪健奔放的情感。下阕直抒胸臆，表达对南宋统治集团的强烈批判和极欲一显身手的壮怀。

　　面对辛弃疾如此豪壮之情，陈亮哪能不悚然震动感慨万千，平日无处表露之忧国之思、壮怀激烈，遂倾吐而出。上阕回顾宋朝屈辱的历史。宋朝割地赔款以啖强敌的做法自北宋便开始：真宗时澶州城下以胜势而求和，岁送银绢；仁宗时银、绢又各增十万，作为使者参与谈判的富弼以为屈辱，终生不愿以此为功。金朝代辽兴起于北方，北宋又转而向金纳贡，数额有增无减，但是这种做法终究换不来和平，最终还是战败退守，仓皇南渡。宋仁宗尝言："朕所爱者，土宇生民尔，斯物（指银绢）非所惜也。"（《东轩笔录》）钱帛固然能换来一时的安宁，免去刀兵之祸，但不思强国进取来制服敌人，怎能洗脱懦弱屈辱之耻！何况这种情形延至南宋还是没能改变，反而更为严重，陈亮"爱吾民、金缯不爱"即讥刺这种无奈的现实，"蔓藤累葛"将统治者反复阐说求和大义终究苍白无力的状态传神写出。下边便写出了执行投降政策的恶果，士人风气柔懦，渐忘旧耻，毫无振作态度，堂堂中原大国被蛮夷之族玩弄于股掌之间，势成倒转。不由得悲从中来、怒由此发，愤激而言："丘也幸，由之瑟。"孔门应该为有子路这样的刚健者而感到庆幸，得无如今日幸有如你我这样不合时宜的坚持者，仍在主张举兵北伐！

有这样志向相合的友人，怎能不畅想未来，何况辛弃疾曾领兵驰骋，是有实战经历的文武全才。下阕词人情不自禁写如果有朝一日辛幼安能领兵出战，想必将如李光弼代郭子仪统兵，使局面焕然一新。想来鹅湖之会畅谈之际必有战事战略的谋议规划、分析研判，即所谓"把当时、一椿大义，拆开收合"。"据地一呼吾往矣，万里摇肢动骨"则是词人想象日后投奔辛弃疾所率兵马之后一展身手的情景，兴奋之情溢于言表。但接着情绪发生转折，仿佛歌至高昂处琴弦拨断，歌声随之戛然而止，人顿时清醒，发现所有这些设想，恐怕只是被旁人嘲笑的空想。但曲未终、意未尽，抚弦赓歌，这却是以与方才飞腾昂扬的激情所不同的沉雄勇毅，不管多么强大的敌人，只要同仇敌忾、坚定一心去面对，岁月自会给出答案。

写词自然不是研究史学预判未来，同甫自然也不能预料南宋会面对更为强大的对手，只是有了这样的词句，觉得南宋的历史便不全然荒芜颓废，士人亦不尽是喑哑无为。"龙川痛心北虏，亦屡见于辞……忠愤之气，随笔涌出，并足唤醒当时聋聩，正不必论词之工拙也。"（《蒿庵论词》）何况其词音节响亮，字句亦佳，固将传之久远，使此一种英雄气长存天地之间。

贺新郎·怀辛幼安用前韵

◎ **解题**

从"却忆去年风雪"可以确定此词作于淳熙十五年（1188），但这一首不是酬答来词，而是承接前两首之意，怀人兼自抒怀抱。心意相通者举世难得，年华老去、友人分袂，更增思念之情，然男儿志在天下，自不必歧路沾巾，单知志向所在便如对坐晤言。词作中流露出，最令陈亮担忧的还是国人陷于安逸，恐恢复大业终究成空，忧时之意溢于言表。

话杀浑闲说！[1] 不成教、齐民也解，为伊为葛？[2] 樽酒相逢成二老，却忆去年风雪。新著了[3]、几茎华发。百世寻人犹接踵[4]，叹只今、两地三人月[5]。写旧恨，向谁瑟？[6]

[1] 句意为：言辞讲论再多也不过是闲谈。杀：同"煞"，很。浑：直是。　[2] 句意为：难道能够期望普通百姓也懂得去做伊尹、诸葛亮的事业？言下之意是感慨自己的宏图方略无人理解。不成：用于句首，表示反诘。齐民：平民。　[3] 著（zhuó）：附着，添加。　[4] 句意为：为寻知己经历百世而犹继续不辍。《庄子·齐物论》："万世之后，而一遇大圣知其解者，是旦暮遇之也。"庄子此处的意思是指，此种道理常人无法理解，也许经过万世之后能遇到一个大圣人，了悟这个道理，也如同早晚遇着的一样。陈亮暗用此典于句中，形容知己之难遇。　[5] 两地三人月：李白《月下独酌》："举杯邀明月，对影成三人。"此处用之，意谓与辛弃疾分处两地，与月成三，概言知音之少，无限凄凉。　[6] 句意为：即便写出中原沦丧的旧恨，又能够向谁去倾诉呢？意指离别后找不到能理解自己的人。

男儿何用伤离别！况古来、几番际会，风从云合[1]。千里情亲长晤对，妙体本心次骨[2]。卧百尺高楼斗绝[3]。天下适安耕且老，看买犁卖剑平家铁。[4]壮士泪，肺肝裂！

[1] 风从云合：语出《易·乾·九五》："同声相应，同气相求，水流湿，火就燥，云从龙，风从虎"，本喻同类事物相引相从，此处借喻志同道合者聚首共事。 [2] 句意为：知己之间能够深刻体察对方的本心。次骨：入骨，形容程度极深。《史记·酷吏列传》："外宽，内深次骨。" [3] 卧百尺高楼斗绝：《三国志·陈登传》："许氾与刘备并在荆州牧刘表座，表与备共论天下人，氾曰：'陈元龙湖海之士，豪气不除。'……备问氾：'君言豪，宁有事邪？'氾曰：'昔遭乱，过下邳，见元龙。元龙无主客之意，久不相与语，自上大床卧，使客卧下床。'备曰：'君有国士之名，今天下大乱，帝主失所，望君忧国忘家，有救世之意，而君求田问舍，言无可采，是元龙所讳也，何缘当与君语？如小人，欲卧百尺楼上，卧君于地，何但上下床之间邪？'"句意表面为应学刘备卧百尺高楼，心忧天下忘怀私利。实则暗指如今辛弃疾胸怀大志，却闲居而不得用世。斗：通"陡"。 [4] 句意为：今天下太平安逸，百姓都想卖掉家中刀剑买锄犁，耕田终老，精钢宝剑尽化为百姓家寻常日用之铁。《汉书·龚遂传》："渤海左右郡岁饥，盗贼并起，二千石不能禽制。……（遂）乃躬率以俭约，劝民务农桑。……民有带持刀剑者，使卖剑买牛，卖刀买犊，曰：'何为带牛佩犊！'……吏民皆富实，狱讼止息。"平家：平民百姓之家。

◎研读

陈亮写作此词时距隆兴议和已25年，赵眘虽一直有北伐之意，大臣中言不可和者亦多有人在，但终究未再次出兵。朝政之痼疾积重难返，国势之危怠日甚一日，误国者庸碌随波谋求私利，爱国者直言招祸报国无门。辛弃疾便是遭人弹劾，罢官闲居上饶，陈亮自然也清楚其事。面对这样的现实，心忧天下者岂能无动于衷？上阕书写别后相思之情。想鹅湖相会纵横议论多么畅快，但此时回味颇觉凄凉，因为抱希望于统治者的理解与支持已经不太可能。陈亮于乾道五年（1169）上《中兴五论》，淳熙五年（1178）连上三书，就在与辛弃疾相会之后的淳熙十五年春夏再次赴阙上书，数次努力终无结果，这样的想法与心情普通百姓恐怕不理解也不关心。"不成教、齐民也解，为伊为葛？"还是不要再徒然讲说这些闲话。只是岁月迁逝，华发渐多，知音难遇又常分别。"百世"句用《庄子·齐物论》之典，及《战国策·齐策三》"千里而一士，是比肩而立；百世而一圣，若随踵而至也"语意，言相知之难。夫万世相遇之尚如旦暮，则百世相遇自如接踵，而知己之人，岂是接踵可得，故需不断追寻，以此而见其难也。"三人月"用李白《月下独酌》"举杯邀明月，对影成三人"之意，写相思之苦。有挚友却无机会常见面晤谈，孤独忧愤无所排遣，故云"写旧恨，向谁瑟"。下阕转为豪壮之语，男儿不可为离别低回婉转，一则大丈夫志在四方，风云际会，如得与天下豪杰共襄盛事，无须以别离为念。二则但能相互体察真心，虽远隔千里，亦如终日晤对。三则以刘备、许汜之典嘉许幼安志向高远。陈亮词虽然词锋直切，又多议论，但好在意不寻常、内蕴丰富，而又善作转折，颇擅节奏、情绪之变化调动。此词便是，方作豪壮之语，转而又写深切的忧虑，英雄固有、英雄固在，奈何天下人渐忘国之耻辱，安于眼前温饱，怎不令壮士扼腕叹息！

同为爱国志士，皆有抗敌主战之宏文良策，且为挚友，均善谱词，同具激昂慷慨之词风，而又互相激发赓歌联唱多首，篇篇皆为佳作，此事此情置之中国词史亦不多见，二人之才华确令人敬佩，而同甫以布衣平民心忧天下，终生持恢复之志不息，尤为难能可贵。中国"士"阶层向有"穷则独善其身，达则兼济天下"（《孟子·尽心上》）的传统，宋代士大夫更有突出之处。余英时先生在《宋代士大夫的政治文化概论——〈朱子文集〉序》（《士与中国文化》）一文中总结宋代士大夫政治文化发展时指出，第一阶段的高潮出现在仁宗之世，"在士大夫作为政治主体的共同意识方面，范仲淹所倡导的士大夫当'以天下为己任'的呼声则获得了普遍而热烈的回响"。第二阶段即熙宁变法时期，"在神宗与王安石之间，这时出现了一个共同原则：皇帝必须与士大夫'共定国是'。这是北宋政治史上一项具有突破性的大原则……也正是在这一原则之下，王安石才可以说：士之'道隆而德骏者，虽天子北面而问焉，而与之迭为宾主'；文彦博才可以当面向神宗说：'为与士大夫治天下'；程颢才可以道出'天下治乱系宰相'那句名言。尽管以权力结构言，治天下的权源仍握在皇帝的手上，但至少在理论上，治权的方向（"国是"）已由皇帝与士大夫共同决定"。第三个阶段即南宋时期，虽然有所变化，但并未脱离熙宁以来所确定的基本型范。这一阐述特别有助于我们去理解宋代士大夫高昂的政治热情与他们身上极强的"主体性"，由此来看，陈亮的确是一个突出的例证，其未能进入官场一显身手是一大遗憾。陈亮虽未做官，但这亦未妨碍他发挥政治主体性倾尽才华为国献策，并吟咏篇什，以写其心！

水龙吟·春恨

◎解题

此为即景写情之作，无特殊表现对象与背景，描绘春景之外，暗蕴游子思妇、相思念远之意，正是题目中"恨"字寄意所在。因无涉时政与明确的事件，故不能确定其创作时间。

闹花深处层楼，画帘半卷东风软。春归翠陌，平莎茸嫩[1]，垂杨金浅[2]。迟日催花，淡云阁雨[3]，轻寒轻暖。恨芳菲世界，游人未赏，都付与，莺和燕。

[1] 平莎（suō）：连片平铺的莎草。 [2] 金浅：指新生叶片的嫩黄色。 [3] 阁雨：雨停。阁同"搁"。

寂寞凭高念远。向南楼、一声归雁。金钗斗草[1]，青丝勒马[2]，风流云散。罗绶分香[3]，翠绡封泪[4]，几多幽怨！正销魂，又是疏烟淡月，子规声断。

[1] 金钗斗草：以金钗作赌注斗草。斗草：古代民俗，《荆楚岁时记》："五月五日谓之浴兰节，四民并踏百草之戏。"唐人称"斗百草"。 [2] 青丝：马缰。 [3] 罗绶分香：以香罗带赠别留念。 [4] 翠绡封泪：以拭泪的丝帕寄情。《丽情集》："灼灼者，锦城官中妓，御史裴质与之善，及裴召还，灼灼每遣人以软绡聚红泪为寄。"翠绡，青绿色丝质手巾。

◎研读

漫笔春情春景，抒写悲春伤秋、离愁别恨的诗词在几乎每一位古代作家的诗文集中都有几首。其高下之别，以摹景来说，在于能否写出春天的清新气息与景物的微妙变化，以见今日此处之不同。因为同写春景，很容易雷同；相思悲愁之情绪，亦很普遍，要区别于他人作品，也要找到独特的切入点，写出此"恨"之深切与悲愁。

词作上阕起首点出主人公居所场景，繁花深处的小楼，"闹"写春之盛，"深"则传达出曲径通幽之意趣，"层楼"则写出小楼之高，只这一句已可知主人公是富贵之家的女子。如此热闹的春天，年轻人怎能忍耐寂寞，偏偏此间"画帘半卷"，暗示主人公意兴阑珊。虽然处在小楼绝佳景致之中，却并不想卷帘赏景，甚至不想让窗外锦绣繁华之春意打扰自己。"东风软"一方面写春风柔和、环境安静；另一方面也渲染出窗中人慵懒之态，仿佛"她"只是倚在窗边，任微风吹拂，心思却不在此处。"春归"三句，写主人公暂收思绪，远望窗外，阡陌焕然新绿、嫩草平铺，垂杨新叶显出鹅黄之色，一派蓬勃生机，令人喜悦。但春日又是这样易逝而多变，"迟日"三句写春天催开繁花，但几日便会落红无数，方才丽日晴空，转眼小雨新停，正是乍暖还寒时节，暗示主人公心情之多变而难以平静。正是这样的心绪让她不愿出门踏青赏景，所谓"恨芳菲世界，游人未赏"。只有莺燕翻飞的春天似乎有些寂寞，但更寂寞的是楼中人。

在上阕渲染场景的基础上，下阕聚焦于人。主人公之所以不能在欣欣向荣的春日里感到喜悦，是因为"凭高念远"引发愁绪，心念远人，更增寂寞。"向南楼、一声归雁"，北雁南归，思念之人可曾归来？接下来的场景则非眼前景色了，"金钗斗草，青丝勒马"是回想往日春天里与自己喜爱之人共同出游。当时斗草为戏、信马由缰，多么快乐，而今风流云散，只剩一人凭窗独坐。"罗绶分香"三句则写当日分别时的不舍，而今忆及，多少幽怨涌上心头。沉入回忆不觉时光流逝，再看窗外已是轻烟薄笼暮色沉沉，白日又去，子规声断，然相思之意却难以停歇！

初看这样的词句，似觉不应出自陈亮手笔，但人的感情是多面的。陈亮为人固然刚健豪放、爽朗洒脱，其词最佳者当然是议论勃发、英气逼人与时政相关的作品，但我们也不能要求作家时时刻刻绷紧心弦，不得有半点家国情怀之外的思绪。明代毛晋尝言："《龙川词》一卷，读至卷终，不作一妖语、媚语，殆所称不受人怜者欤！"（《龙川词跋》）后来看到本篇及其他六首婉丽词作，他修正自己的观点云："偶阅《中兴词选》，得《水龙吟》以后七阕，亦未能超然。"（《龙川词补跋》）"未能超然"并不是毛病，心思灵巧者见景见情生发意绪，本属自然。对陈亮来说摹景传情，并非不能，只不过不常亦不愿多用力于此。此词曾被选入《花庵词选》《词综》等集中，自是因为其情辞俱佳，韵致动人。

附录：朱熹寄陈同甫书（15篇）

一

数日山间从游甚乐，分袂不胜惘然。君举已到未？熹来日上剡溪，然不能久留，只一两日便归，盖城中诸寄居力来言不可行，深咎前日衢婺之行也。如此则山间之行不容复践，老兄与君举能一来此间相聚为幸。官舍无人，得以从容，殊胜在道间关置车中，不得终日相语也。君举兄不敢遽奉问，幸为深致此意，千万千万！

《战国策》《论衡》二书，并自注《田说》二小帙，并往观之，如何也？所定《文中子》，千万携来。陈叔达说有韩公所定《礼仪》，尚未及往借也。别后郁郁，思奉伟论，梦想以之。临风引领，尤不自胜。（按：此壬寅岁书）

二

君举竟未有来期，老兄想亦畏暑，未必遽能枉顾，势须秋凉乃可为期。但贱迹孤危，力小任重，政恐旦夕便以罪去耳。

旱势已成，三日前犹蒸郁，然竟作雨不成。此两日晨夜凄凉，亭午惨烈，无复更有雨意。虽祈祷不敢不尽诚，然视州县间政事，无一可以召和而弭灾者，未知将复作何究竟也。本欲俟旬日间力恳求去，缘待罪文字未报，未敢遽发。今遂遭此旱虐，如何更敢求自便？但恐自以罪罢，则幸甚，不然则未知所以为计也。不审高明将何以见教也？

新论奇伟不常，真所创见。惊魂未定，未敢遽下语，俟再得余篇，乃敢请益耳。

婺人得钱守，比之他郡，事体殊不同。他人直是无一点爱人底心，无医治处也。赵倅之去甚可惜。鄙意亦欲具曾救荒官吏殿最以闻，以方俟罪，嫌于论功，遂不敢上。不知钱守曾再奏否？若其遂行，实可惜也。

《书义破题》真张山人所谓"著相题诗"者，句意俱到，不胜叹服。他文有可录示者，幸并五篇见教，洗此昏愦也。

向说方岩之下伯恭所乐游处，其名为何？其地属谁氏？幸批示近刊伯恭所定《古易》，颇可观，尚未竟，少俟断手，即奉寄。但恐抱膝长啸人不读此等俗生鄙儒文字耳。社中诸友朋坐夏安稳。山间想见虚凉，无城市歊烦之气，比所授之次第亦可使闻一二乎？可与立者未可与权，愿明者之审此也。（按：此答陈氏壬寅"不获听博约之诲"书）

三

病中不能整理别头项文字，闲取旧书讽咏之，亦觉有味，于反身之功亦颇有得力处，他亦不足言也。示谕见予之意甚厚，然仆岂其人乎！明者于是乎不免失言之累矣。《震》之九四，向来颜鲁子以纳甲推贱命，以为正当此爻，尝恨未晓其说，今同甫复以事理推配，与之暗合如此，然则此事固非人之所能为矣。附讬之戒，敢不敬承，然其事之曲折未易纸笔既也。叔昌所云，初实有之，盖意老兄上未及于无情，而下决不至于不及情，是以疑其未免乎此；今得来谕，乃知老兄遂能以义胜私如此，真足为一世之豪矣。而区区妄意，所谓浅之为丈夫者，又以自愧也。

　　武夷九曲之中，比缚得小屋三数间，可以游息。春间尝一到，留止旬余。溪山回合，云烟开敛，旦暮万状，信非人境也。尝有数小诗，朋旧为赋者亦多。薄冗无人写得，后便当寄呈求数语。韩丈亦许为作记文也。此生本不拟为时用，中间立脚不牢，容易一出，取困而归。自近事而言，则为废斥；自初心而言，则可谓爱得我所矣。承许见顾，若得遂从容此山之间，款听奇伟惊人之论，亦平生快事也。但闻未免俯就乡举，正恐自此骞腾，未暇寻此寂寞之滨耳。

　　《策问》前篇，鄙意犹守明招时说；后篇极中时弊，但须亦大有更张，乃可施行。若事事只如今日，而欲废法，吾恐无法之害又有甚于有法之时也。如何，如何？去年十论大意，亦恐援溺之意太多，无以存不亲授之防耳。后生辈未知三纲五常之正道，遽闻此说，其害将有不可胜救者，愿明者之反之也。妄意如此，或未中理，更告反覆，幸幸。《李卫公集》一本致几间，此公才气事业，当与春秋战国时何人为比，幸一评之，早以见寄，幸甚。（按：此答陈氏癸卯秋书）

四

　　比忽闻有意外之祸，甚为惊叹。方念未有相为致力处，又闻已遂辨白而归，深以为喜。人生万事真无所不有也。比日久雨蒸郁，伏惟尊候万福。归来想诸况仍旧，然凡百亦宜痛自收敛，此事合说多时，不当至今日，迟顿不及事，固为可罪；然观老兄平时自处于法度之外，不乐闻儒生礼法之论，虽朋友之贤如伯恭者，亦以法度之外相处，不敢进其逆耳之论，每有规讽，必宛转回互，巧为之说，然后敢发。平日狂妄，深窃疑之，以为爱老兄者似不当如此，方欲俟后会从容面罄其说，不意罢逐之遽，不及尽此怀也。今兹之故，虽不知所由，或未必有以召之，然平日之所积，似亦不为无以集众尤而信谗口者矣。老兄高明刚决，非吝于改过者，愿以愚言思之。绌去义利双行、王霸并用之说，而从事于惩忿窒欲、迁善改过之事，粹然以醇儒之道自律，则岂独免于人道之祸，而其所以培壅本根，澄源正本，为异时发挥事业之地者，益光大而高明矣。荷相与之厚，忘其狂率，敢尽布其腹心。虽不足以赎稽缓之罪，然或有补于将来耳。不审高明以为如何？悚仄悚仄！（按：此甲辰四月书）

五

昨闻汹汹，常托叔度致书奉问，时犹未知端的，不能无忧。便中忽得五月二十六日所示字，具审曲折，喜不可言。且得脱此虎口，外此是非得失，置之不足言也。林和叔过此，又得闻其事首末尤详，是亦可叹也已！还家之后，诸况如何？所谓少林面壁，老兄决做不得，然亦正不当如此，名教中自有安乐处。区区所愿言者，已具之前书矣。大率世间议论，不是太过，即是不及，中间自一条平稳正当大路，却无人肯向上头立脚，殊不可晓。老兄聪明非他人所及，试一思愚言，不可以为平平之论而忽之也。偶有便，匆匆未暇索言。（按：此答陈氏甲辰五月二十六日托朱秀才转致书）

六

九月十五日，某顿首再拜同甫上舍老兄：夏中朱同人归，辱书，始知前事曲折，深以愧叹！寻亦尝别附问，不谓尚未达也。兹承不远千里，专人枉书，尤荷厚意。且审还舍以来，尊候万福，足以为慰。而细询来使，又详归路戒心之由，重增叹骇也。事远日忘，计今处之帖然矣。熹衰病杜门，直此生朝，孤露之余，方深哽怆；乃蒙不忘，远寄新词，副以香果佳品，至于裘材，又出机杼，此意何可忘也！但两词豪宕清婉，各极其趣，而投之空山樵牧之社，被之衰退老朽之人，似太不著题耳。

示谕缕缕，殊激懦衷。以老兄之高明俊杰，世间荣悴得失本无足为动心者；而细读来书，似未免有不平之气。区区窃独妄意：此殆平日才太高，气太锐，论太险，迹太露之过；是以困于所长，忽于所短，虽复更历变故，颠沛至此，而犹未知所以反求之端也。

尝谓"天理""人欲"二字，不必求之于古今王霸之迹，但反之于吾心义利邪正之间，察之愈密则其见之愈明，持之愈严则其发之愈勇。孟子所谓"浩然之气"者，盖敛然于规矩准绳不敢走作之中，而其自任以天下之重者，虽贲育莫能夺也。是岂才能血气之所为哉！老兄视汉高帝唐太宗之所为而察其心，果出于义耶，出于利耶？出于邪耶，出于正耶？若高帝，则私意分数犹未甚炽，然已不可谓之无；太宗之心，则吾恐其无一念之不出于人欲也，直以其能假仁借义以行其私，而当时与之争者才能知术既出其下，又无仁义之可借，是以彼善于此而得以成其功耳。若以其能建立国家，传世久远，便谓其得天理之正，此正是以成败论是非，但取其获禽之多，而不羞其诡遇之不出于正也。千五百年之间，正坐如此，所以只是架漏牵补过了时日，其间虽或不无小康，而尧、舜、三王、周公、孔子所传之道，未尝一日得行于天地之间也。若论道之常存，却又初非人所能预，只是此个自是亘古亘今常在不灭之物，虽千五百年被人作坏，终殄灭他不得耳。汉唐所谓贤君，何尝有一分气力扶补得他耶！

至于儒者成人之论，专以儒者之学为出于子夏，此恐未可悬断。而子路之问成人，夫子亦就其所及而告之，故曰"亦可以为成人"，则非成人之至矣。为子路，为子夏，此固在学者各取其性之所近，然臧武仲、卞庄子、冉求中间插一个孟公绰，齐手并脚，又要文之以礼乐，亦不是管仲萧何以下规模也。

向见《祭伯恭文》，亦疑二公何故相与聚头作如此议论，近见叔昌子约书中说话，乃知前此此话已说成了。亦尝因答二公书，力辨其说，然渠来书说得不索性，故鄙论之发亦不能如此书之尽耳。老兄人物奇伟英特，恐不但今日所未见，向来得失短长，正自不须更挂齿颊，向人分说。但鄙意更欲贤者百尺竿头进取一步，将来不作三代以下人物，省得气力为汉唐分疏，即便脱洒磊落耳。李、孔、霍、张，则吾岂敢，然夷吾景略之事，亦不敢为同甫愿之也。

武夷诸诗能为下一语否？韩记陆诗纳呈。韩丈又有《櫂歌》，今并录去也。大字甚荷不鄙，但寻常不欲为寺观写文字，不欲破例。此亦拘儒常态，想又发一笑也。寄来纸却为写张公集句《座右铭》去，或恐万一有助于积累涵养、晬面盎背之功耳。闻曾到会稽，丘宗卿颇款否？更曾与谁相见？项平父未受代否？曾游山否？越中山水气象，终是浅促，意思不能深远也。武夷亦不至甚好，但近处无山，随分占取做自家境界。春间至彼，山高水长，红绿相映，亦自不恶。但年来窘束殊甚，诗成屋未就，亦无人力可往来，每以为念耳。

来人不欲久留，草草布此，不能尽所欲言。无物可伴书，古龙涎二两，钟乳四两，藤枕一枚，幸视入。更有《近思录》两册，并以唐突，勿怪，勿怪！尊嫂、郎、娘均庆。徐子才今在何处？或见，幸为致意。向寒，珍重为祷。有人之城，谩作数字寄叔度处，恐有便来此也。引领晤对，临风怅然，不宣。熹顿首再拜。（按：此答陈氏甲辰离棘寺归书）

七

熹顿首再拜同父上舍老兄：自顷人还，不得再附间，日以驰情。专人至此，忽奉诲示，获闻即日春和，尊候万福，感慰并集。且闻葺治园亭，规模甚盛，甚恨不得往同其乐而听高论之余也。"楼台侧畔杨花过，帘幕中间燕子飞"，只是富贵者事，做沂水舞雩意思不得，亦不是躬耕陇亩、抱膝长啸底气象，却是自家此念未断，便要主张将来，做一般看了。窃恐此正是病根，与平日议论同一关键也。所需恶札，一一纳去。但《抱膝诗》，以数日修整破屋，扶倾补败，丛冗细碎，不胜其劳，无长者台池之胜而有其扰，以此不暇致思，留此人等候数日，竟不能成，且令空回，俟旦夕有意思，却为作，附便以往也。二公诗皆甚高，而正则摹写尤工，卒章致意尤笃，令人叹息。所惜不曾向顶门上下一针，犹落第二义也。

君举得郡，可喜，不知阙在何时。正则闻甚长进，比得其书甚久，不曾答得，前日有便，已写下而复遗之，今以附纳，幸为致之。观其议论，亦多与鄙意不同，此事尽当商量，但卒乍未能得相聚，便得相聚，亦恐未便信得及耳。

令外舅何丈何时物故？今乃葬耶？墓额亦已写去，似却胜六字。然回首向来道阁相见，如昨日事，而便有幽明之隔，人世营营，欲何为耶？

《座右铭》固知在所鄙弃，然区区写去之意，却不可委之他人，千万亟为取以见还为幸，自欲投之水火也。他所诲谕，其说甚长。偶病眼数日未愈，而来使留此颇久，告归甚亟，不免口授小儿别纸奉报。不审高明以为如何？业已觉昏涩，不能尽所欲言，惟冀以时自爱。临纸不胜驰情。二月十四日，熹顿首再拜上状。（按：此乙巳春书）

八

来教累纸，纵横奇伟，神怪百出，不可正视，虽使孟子复生，亦无所容其喙，况于愚昧蹇劣，又老兄所谓贱儒者，复安能措一词于其间哉！然于鄙意实有所未安者，不敢雷同，曲相阿徇，请复陈其一二，而明者听之也。

来教云云，其说虽多，然其大概，不过推尊汉唐，以为与三代不异；贬抑三代，以为与汉唐不殊。而其所以为说者，则不过以为古今异宜，圣贤之事不可尽以为法，但有救时之志，除乱之功，则其所为虽不尽合义理，亦自不妨为一世英雄。然又不肯说此不是义理，故又须说天地人并立为三，不应天地独运，而人为有息；今既天地常存，即是汉唐之世只消如此，已能做得人底事业，而天地有所赖以至今。其前后反覆，虽缕缕多端，要皆以证成此说而已。若熹之愚，则其所见固不能不与此异，然于其间又有不能不同者，今请因其所同而核其所异，则夫毫厘之差，千里之缪，将有可得而言者矣。

来书"心无常泯，法无常废"一段，乃一书之关键。鄙意所同，未有多于此段者也；而其所异，亦未有甚于此段者也。盖有是人则有是心，有是心则有是法，固无常泯常废之理。但谓之无常泯，即是有时而泯矣；谓之无常废，即是有时而废矣。盖天理人欲之并行，其或断或续，固宜如此。至若论其本然之妙，则惟有天理而无人欲。是以圣人之教人，必欲其尽去人欲而复全天理也。若心则欲其常不泯而不恃其不常泯也，法则欲其常不废而不恃其不常废也。所谓"人心惟危，道心惟微，惟精惟一，允执厥中"者，尧、舜、禹相传之密旨也。夫人自有生而梏于形体之私，则固不能无人心矣；然而必有得于天地之正，则又不能无道心矣。日用之间，二者并行，迭为胜负，而一身之是非得失，天下之治乱安危，莫不系焉。是以欲其择之精而不使人心得以杂乎道心，欲其守之一而不使天理得以流于人欲，则凡其所行，无一事之不得其中，而于天下国家无所处而不当。夫岂任人心之自危，而以有时而泯者为当然；任道心之自微，而幸其须臾之不常泯也哉！

夫尧、舜、禹之所以相传者既如此矣，至于汤武，则闻而知之，而又反之以至于此者也。夫子之所以传之颜渊曾参者此也，曾子之所以传之子思孟轲者亦此也。故其言曰："一日克己复礼，天下归仁焉。"又曰："吾道一以贯之。"又曰："道不可须臾离也，可离非道也。是故君子戒慎乎其所不睹，恐惧乎其所不闻。"又曰："其为气也，至大至刚，以直养而无害，则塞于天地之间。"此其相传之妙，儒者相与谨守而共学焉，以为天下虽大而所以治之者不外乎此。然自孟子既没，而世不复知有此学。一时英雄豪杰之士，或以资质之美，计虑之精，一言一行偶合于道者盖亦有之，而其所以为之田地根本者，则固未免乎利欲之私也。而世之学者，稍有才气，便自不肯低心下意做儒家事业、圣学功夫，又见有此一种道理，不要十分是当，不碍诸般作为，便可立大功名，取大富贵，于是心以为利，争欲慕而为之。然又不可全然不顾义理，便于此等去处，指其须臾之间偶未泯灭底道理，以为只此便可与尧、舜、三代比隆，而不察其所以为之田地本根者之无有是处也。

夫三才之所以为三才者，固未尝有二道也。然天地无心而人有欲，是以天地之运行无穷，而在人者有时而不相似。盖义理之心，顷刻不存则人道息，人道息则天地之用虽未尝已，而其在我者则固即此而不行矣。不可但见其穹然者常运乎上，颓然者常在乎下，便以为人道无时不立，而天地赖之以存之验也。夫谓道之存亡在人，而不可舍人以为道者，正以道未尝亡，而人之所以体之者有至有不至耳；非谓苟有是身则道自存，必无是身然后道乃亡也。天下固不能人人为尧，然必尧之道行，然后人纪可修，天地可立也。天下固不能人人皆桀，然亦不必人人皆桀，而后人纪不可修，天地不可立也。但主张此道之人，一念之间不似尧而似桀，即此一念之间便是架漏度日，牵补过时矣。且曰"心不常泯，而未免有时之或泯"，则又岂非所谓半生半死之虫哉！盖道未尝息而人自息之，所谓"非道亡也，幽厉不由也"，正谓此耳。惟圣尽伦，惟王尽制，固非常人所及，然立心之本，当以尽者为法，而不当以不尽者为准。故曰："不以舜之所以事尧事君，不敬其君者也；不以尧之所以治民治民，贼其民者也。"而况谓其非尽欺人以为伦，非尽罔世以为制，是则虽以来书之辨，固不谓其绝无欺人罔世之心矣。欺人者人亦欺之，罔人者人亦罔之，此汉唐之治所以虽极其盛，而人不心服，终不能无愧于三代之盛时也。

夫人只是这个人，道只是这个道，岂有三代、汉、唐之别？但以儒者之学不传，而尧、舜、禹、汤、文、武以来转相授受之心不明于天下，故汉唐之君虽或不能无暗合之时，而其全体却只在利欲上。此其所以尧、舜、三代自尧、舜、三代，汉祖唐宗自汉祖唐宗，终不能合而为一也。今若必欲撤去限隔，无古无今，则莫若深考尧舜相传之心法，汤武反之之功夫，以为准则而求诸身；却就汉祖唐宗心术微处痛加绳削，取其偶合而察其所自来，黜其悖戾而究其所从起，庶几天地之常经，古今之通义，有以得之于我；不当坐谈既往之迹，追饰已然之非，便指其偶同者以为全体，而谓其真不异于古之圣贤也。且如约法三章固善矣，而卒不能除三族之令，一时功臣无不夷灭；除乱之志固善矣，而不免窃取宫人私侍其父，其他乱伦逆理之事往往皆身犯之。盖举其始终而言，其合于义理者常少，而其不合者常多；合于义理者常小，而其不合者常大。但后之观者于此根本功夫自有欠阙，故不知其非而以为无害于理，抑或以为虽害于理而不害其获禽之多也。

观其所谓"学成人而不必于儒，搅金银铜铁为一器而主于适用"，则亦可见其立心之本在于功利，有非辨说所能文者矣。夫成人之道，以儒者之学求之，则夫子所谓成人也；不以儒者之学求之，则吾恐其畔弃绳墨，脱略规矩，进不得为君子，退不得为小人。正如搅金银铜铁为一器，不唯坏却金银，而铜铁亦不得尽其铜铁之用也。荀卿固讥游夏之贱儒矣，不以大儒目周公乎？孔子固称管仲之功矣，不曰小器而不知礼乎？"人也"之说，古注得之，若管仲为当得一个人，则是以子产之徒为当不得一个人矣。圣人词气之际，不应如此之粗厉而鄙也。其他琐屑，不能尽究。但不传之绝学一事，却恐更须讨论，方见得从上诸圣相传心法，而于后世之事有以裁之而不失其正。若不见得却是自家耳目不高、闻见不的，其所谓洪者乃混杂而非真洪，所谓惯者乃流徇而非真惯，窃恐后生传闻，轻相染习，使义利之别不明，舜跖之涂不判，眩流俗之观听，坏学者之心术，不唯老兄为有识者所议，而朋友亦且陷于收司连坐之法，此熹之所深忧而甚惧者，故敢极言以求定论。若犹未以为然，即不若姑置是事，而且求诸身，不必徒为诙诙，无益于道，且使卞庄子之徒得以窃笑于旁而阴行其计也。（按：此亦答陈氏乙巳"去秋辱答教"书）

九

示谕缕缕，备悉雅意。然区区鄙见，常窃以为亘古亘今只是一体，顺之者成，逆之者败，固非古之圣贤所能独然，而后世之所谓英雄豪杰者，亦未有能舍此理而得有所建立成就者也。

但古之圣贤，从本根上便有惟精惟一功夫，所以能执其中，彻头彻尾无不尽善。后来所谓英雄，则未尝有此功夫，但在利欲场中头出头没，其资美者乃能有所暗合，而随其分数之多少以有所立，然其或中或否，不能尽善，则一而已。来谕所谓"三代做得尽，汉唐做得不尽"者，正谓此也。然但论其尽与不尽，而不论其所以尽与不尽，却将圣人事业去就利欲场中比并较量，见有仿佛相似，便谓圣人样子不过如此，则所谓毫厘之差、千里之谬者，其在此矣。且如管仲之功，伊吕以下谁能及之？但其心乃利欲之心，迹乃利欲之迹，是以圣人虽称其功，而孟子董子皆秉法义以裁之，不少假借。盖圣人之目固大，心固平，然于本根亲切之地，天理人欲之分，则有毫厘必计、丝发不差者。此在后之贤所以密传谨守以待后来，惟恐其一旦舍吾道义之正，以徇彼利欲之私也。今不讲此，而遽欲大其目，平其心，以断千古之是非，宜其指铁为金，认贼为子，而不自知其非也。若夫点铁成金之譬，施之有教无类、迁善改过之事则可，至于古人已往之迹，则其为金为铁固有定形，而非后人口舌议论所能改易久矣。今乃欲追点功利之铁，以成道义之金，不惟费却闲心力，无补于既往，正恐碍却正知见，有害于方来也。若谓汉唐以下便是真金，则固无待于点化，而其实又有大不然者。盖圣人者，金中之金也；学圣人而不至者，金中犹有铁也。汉祖唐宗用心行事之合理者，铁中之金也，曹操刘裕之徒，则铁而已矣。夫金中之金，乃天命之固然，非由外铄，淘择不净，犹有可憾；今乃无故必欲弃舍自家光明宝藏，而奔走道路，向铁炉边查矿中拨取零金，不亦惑乎！

帝、王本无异道，王通分作两三等，已非知道之言；且其为道，行之则是，今莫之御而不为，乃谓不得已而用两汉之制，此皆卑陋之说，不足援以为据。若果见得不传底绝学，自无此蔽矣。今日许多闲议论，皆原于此学之不明，故乃以为笆篱边物而不之省，其为唤银作铁，亦已甚矣。

来谕又谓："凡所以为此论者，正欲发儒者之所未备，以塞后世英雄之口而夺之气，使知千涂万辙，卒走圣人样子不得。"以愚观之，正恐不须如此费力，但要自家见得道理分明，守得正当，后世到此地者自然若合符节，不假言传；其不到者，又何足与之争耶！况此等议论，正是推波助澜，纵风止燎，使彼益轻圣贤而愈无忌惮，又何足以闭其口而夺其气乎？

熹前月初间略入城，归来还了几处人事，遂入武夷。昨日方归，冗甚倦甚，目亦大昏，作字极艰，草草布此，语言粗率，不容持择，千万勿过！其间亦有琐细曲折，不暇尽辨，然明者读之，固必有以深得其心，不待其词之悉矣。

何丈墓文，笔势奇逸，三复叹息不能已。挽诗以心气衰弱，不能应四方之求，多所辞却；近不得已，又不免辞多就少，随力应副，往往皆不能满其所欲。今若更作此，即与墓额犯重，破却见行比例矣。且乞蠲免，如何，如何？《抱膝吟》亦未遑致思，兼是前论未定，恐未必能发明贤者之用心，又成虚设。若于此不疑，则前所云者，便是一篇不押韵、无音律底好诗，自不须更作也。如何，如何？（按：此答陈氏乙巳"比者匆匆奉状"书）

十

诲谕缕缕，甚荷不鄙，但区区愚见，前书固已尽之矣。细读来谕，愈觉费力，正如孙子荆"洗耳""砺齿"之云，非不雄辨敏捷，然"枕流漱石"终是不可行也。已往是非不足深较，如今日计，但当穷理修身，学取圣贤事业，使穷而有以独善其身，达而有以兼善天下，则庶几不枉为一世人耳。

十一

方念久不闻动静，使至，忽辱手书，获闻近况，深以为喜。且承雅词下逮，郑重有加，副以蜀缣、佳果、吴笺，益见眷存之厚。顾衰病支离，霜露凄恻，无可以称盛意者，第增愧怍耳。"吃紧些儿"之句，尤荷高明假借之重，然鄙儒俗生何足语此？咏叹以还，不知所以报也。

熹今年夏中粗似小康，涉秋两为乡人牵挽，蔬食请雨，积伤脾胃，遂不能食，食亦不化。中间调理稍似复常，又为脚气发动，用药过冷，今遂大病，疲乏不可言。丹附乳石，平日不敢向口者，今皆杂进，尚未见效。意气摧颓，如日将暮，恐不得久为世上人矣。来谕衮衮，读之惘然，反覆数过，尚不能该其首末，盖神思之衰落如此，况能相与往复上下其论哉！

向来读书颇务精熟，中间亦幸了得数书，自谓略能窥见古人用心处，未觉千岁之为远。然亦无可告语者，时一思之，以自笑耳。其间一二有业未就，今病，已矣，不能复成书矣。不知后世之子云尧夫复有能成吾志者否！然亦已置之，不能复措意间也。只今日用功夫养病之余，却且收拾身心，从事于古人所谓小学者，以补前日粗疏脱略之咎，盖亦心庶几焉而力或有所未能也。同甫闻之，当复见笑。然韩子所谓"敛退就新懦，趋营悼前猛"者，区区故人之意，尚不能不以此有望于高明也。如何，如何？

此外世俗是非毁誉，何足挂齿牙间？细读来书，似于此未能无小芥蒂也。大风吹倒亭子，却似天公会事发，彼洛阳亭馆又何足深羡也？尝论孟子"说大人，则藐之"，孟子固未尝不畏大人，但藐其巍巍然者耳。辨得此心，即更掀却卧房，亦且露地睡，似此方是真正大英雄人。然此一种英雄，却是从战战兢兢、临深履薄处做将来，若是血气粗豪，却一点使不著也。伯恭平时亦尝说及此否？此公今日何处得来，然其于朋友不肯尽情，亦使人不能无遗恨也。

《抱膝吟》久做不成，盖不合先寄陈叶二诗来，田地都被占却，教人无下手处也。况今病思如此，是安能复有好语道得老兄意中事耶！

承欲为武夷之游，甚慰所望。但此山冬寒夏热，不可居，惟春煖秋凉，红绿纷葩，霜清木脱，此两时节为胜游耳。今春才得一到而不暇宿，秋来以病未能再往，职事甚觉弛废。若得来春命驾，当往为数日款也。

但有一事处之不安，不敢不布闻。私居贫约，无由遣人往问动静，而岁烦遣介存问生死，遂为故事。既又阙然不报，而坐受此过当之礼，虽兄不以为谴，而实非愚昧所敢安也。自此幸损此礼。因人入城时，以一二字付叔度子约俾转以来，亦足以道情素，不为莫往莫来者矣。如何，如何？（按：此答陈氏丙午"不获拜起居"书）

十二

熹衰病如昨，不足言。但所见浅滞，只是旧时人。承谕正则自以为进，"后生可畏"，非虚言也。想已相见，必深得其要领，恨不得与闻一二。然自度愚暗，于老兄之言尚多未解，政使得闻，决是晓会不得。如前书所报一二条，计于盛意必是未契；又如今书所谕"过分不止"之说，亦区区所未谕。如仆所见，却是自家所以自处者未能尽绝私意之累，而于所以开导聪明者未尽其力尔。故《夬》以五阳之盛而比一阴，犹欲决之，故其繇曰："扬于王庭，孚号有厉，告自邑，不利即戎，利有攸往。"盖虽危惧自修，不极其武，而扬庭孚号，利有攸往，初不顾后患而小却也。

拙诗前已拜禀。大字固当如戒。但恨未识钱君，不知其所谓正与大者为如何，未敢容易下笔也。来诗有"大正志学"之语，逢时报主，深悉雅志。此在高明必已有定论，非他人所得预，然所谓"不能自为时"者，则又非区区所敢闻也。但愿老兄毋出于先圣规矩准绳之外，而用力于四端之微，以求乎究公之所乐，如其所以告于巍巍当坐之时之心，则其行止忤合，付之时命，有不足言矣。就其不遇，独善其身以明大义于天下，使天下之学者皆知吾道之正，而守之以待上之使令，是乃所以报不报之恩者，亦岂必进为而抚世哉！佛者之言曰："将此身心奉尘刹，是则名为报佛恩。"而杜子美亦云："四邻耒耜出，何必吾家操。"此言皆有味也。夫圣贤固不能自为时，然其仕久止速，皆当其可，则其所以自为时者，亦非他人之所能夺矣。岂以时之不合而变吾所守以徇之哉！（按：据此书中所引陈氏语，知陈氏文集失收原书）

十三

熹恳辞召命，不蒙开允，反得除用，超异非常，内省无堪，何以胜此！已上免奏，今二十余日矣，尚未闻可报，踧踖不自胜。来书警诲，殊荷爱念。然使熹不自料度，冒昧直前，亦只是诵说章句，以应文备数而已，如何便担当许大事！况只此侥冒，亦未敢承当。老兄之言，无乃太早计乎！然世间事思之非不烂熟，只恐做时不似说时，人心不似我心。孔子岂不是至公至诚，孟子岂不是粗拳大踢，到底无著手处。况今无此伎俩，自家勾当一个身心尚且奈何不下，所以从前不敢容易出来，盖其自知甚审，而世间一种不相识、有公论底人，亦莫不知之；只是吾党中有相知日久、相爱过深者，好而不知其恶，误相假借，以为粗识廉耻而又年纪老大，节次推排，遂有无实之名，以至上误君父之听，有此叨窃。每中夜以思，悚惧惭怍，无以少答上下之望，未尝不发汗沾衣也。不意以老兄之材气识略过绝流辈，而亦下同流俗，信此虚声，将欲强僬侥以千钧之重，而不忧其覆跌狼狈以误知人之明也！辞免人行已久，旦夕必有回报。似闻后来庙论又有新番，从官已有以言获罪而去者，未知事竟如何。封事虽无高论，然恐无降出之理。万一果如所传，则孤踪尤是不复可出。自今以往，牢关固拒尚恐不免于祸，况敢望入帝王之门乎！彼去都城不远，想已见得近日爻象矣。万一再辞不得，即不免束装裹粮，为生行死归之计。

承许见访于兰溪，甚幸，但恐所说话处。向来子约到彼，相守三日，竟亦不能一吐所怀。或先得手笔数行，略论大意，使未相见

间预得绅绎，而面请其曲折，庶几犹胜匆匆说话不尽，只成闲追逐也。（按：此戊申岁书）

十四

熹所遣人，度月半前后到都城，不知岁前便得归否。但迁滞之见，书中已说尽，自看一过，亦觉难行，次第八九分是且罢休矣。万一不如所料，又须别相度，今亦不可预定耳。来教所云，心亦虑之，但鄙意到此转觉懒怯。况本来只是间界学问，更过五七日，便是六十岁人，近方措置种得几畦杞菊，若一脚出门，便不能得此物吃，不是小事。奉告老兄，且莫相撺掇，留取闲汉在山里咬菜根，与人无相干涉，了却几卷残书，与村秀才子寻行数墨，亦是一事。古往今来多少圣贤豪杰，韫经纶事业不得做，只怎么死了底何限，顾此腐儒，又何足为轻重；况今世孔、孟、管、葛自不乏人也耶！来谕"恐为豪士所笑"，不知何处更有豪士笑得？老兄勿过虑也。（按：此答戊申岁书，陈氏文集亦缺原书）

十五

自闻荣归，日欲遣人致问，未能，然亦尝附邻舍陈君一书，于城中转达，不知已到未也？专使之来，伏奉手诲，且有新词厚币佳实之贶，感刻不忘之意，愧怍亡喻。然衰晚病疾之余，霜露永感。每辱记存始生，过为之礼，祇益悲怆，自此告略去之也。比日秋阴，伏惟尊候万福。熹既老而病，无复强健之理。比灼艾后，始粗能食，然亦未能如旧，且少宽旬月，未即死耳。

新词宛转，说尽风物好处，但未知"常程正路"与"奇遇"是同是别？"进御"与"不进御"相去又多少？此处更须得长者自下一转语耳。

老兄志大宇宙，勇迈终古，伯恭之论，无复改评。今日始于后生丛中出一口气，盖未足为深贺。然出身事主，由此权舆，便不碌碌，则异时事业亦可卜矣。但来书诸论，鄙意颇未尽晓。如云"无动何以示易"，不知今欲如何其动？如何其易？此其区处，必有成规，恨未得闻其详也。又如"二者相似而实不同处"，亦所未喻。若如鄙意，则须是先得吾身好，党类亦好，方能得吾君好，天下国家好。而所谓好者，又有虚实大小久近之不同。若自吾身之好而推之，则凡所谓好者，皆实皆大而又久远；若不自吾身推之，则弥缝掩覆，虽可以苟合于一时，而凡所谓好者，皆为他日不可之病根矣。盖修身事君初非二事，不可作两股看。此是千圣相传正法眼藏，平日所闻于师友而窃守之，今老且死，不容改易。如来谕者，或是诸人事，宜非老仆所敢闻也。不知象先所论，与此如何？向见此公差强人意，恨未得款曲尽所怀耳。

此中今夏不雨，早稻多损。秋初一雨，意晚稻可望，今又不雨多日，山间得霜又早，次第亦无全功。幸日下米价低平，且尔遣日，未知向后如何耳。《抱膝》之约，非敢食言，正为前此所论未定，不容草草下语，须俟他时相逢，弹指无言可说，方敢通个消息。但恐彼时又不须更作这般闲言语耳。人还，姑此为报。未即会晤，千万以时自爱，倚俟诏除。（按：此癸丑九月二十四日答书，陈氏文集亦缺原书）

后　记

　　这部选注作品集是"浙江文化研究工程（第二期）"重点课题"《龙川文集》选注"的成果。项目要求选注本中的每一部著作起首要有"导读"，要求可读性强，写法有新意，在吸引读者兴趣的同时又不遗漏作者生平重要事迹及对其思想要义的呈现。关于选文，指导意见是：尽量在注重选文思想史上价值的同时，适当兼顾完整性，以呈现人物思想的不同侧面；选编篇目需考虑原文独立性与读者可读性的平衡，在长度上有所取舍。每一篇作品均要有"解题""注释""研读"。选注本主要供具有中等文化程度以上读者提高文化素养、了解古籍精华之用。

　　此项目由我们两人共同承担。导读由卢敦基负责。选注由庄国瑞负责。导读选取陈亮一生中几个最有代表意义的故事，力求体现陈亮一生刚毅坚执的行事风格、思想风貌和独特个性。选注选取了陈亮的文章20余篇、词作数首。为追求完整性，均采取全文选录的方式。另外，为完整展现陈亮、朱熹论战的全貌，方便读者阅读，附录朱熹书信15篇。所选文章均依据邓广铭先生点校的《陈亮集》（增订本）。

　　陈亮文章具有思想性强、用典较多、不易读通的特点，"注释"与"研读"投入了不少精力。注释以简注为主，难处参以详注，侧

重于解字注音、解释语词、阐释典故、解释文意等；研读部分侧重
于阐释作者思想精微处。但由于笔者眼界所限、学力不足，虽经反
复修改，仍难免有不妥之处。谨望学界高明不吝赐正。

卢敦基　庄国瑞

2023 年 6 月 20 日